印度五千年簡史

從古代文明的廢墟到新興的超級大國

約翰・祖布日茨基 John Zubrzycki 著

黃中憲 譯

目次

發音、地名、日期小注

為輔助發音，梵語詞語、人名、地名長期以來皆使用變音符，直至蒙兀兒帝國時期為止。

晚近幾十年，印度許多城市揚棄其殖民地時代的名稱，於是 Calcutta 變成 Kolkata，Bombay 如今的官方名稱則是 Mumbai。本書出現的地名，則根據所探討的時期，使用該時期所用的名稱。為便於讀者理解，針對古地名亦附上今名，於是 Kāñcī 如今是 Kanchipuram，Kashi 則是今日的 Varanasi。從古代以迄蒙兀兒王朝時期，重要歷史人物的生歿年和在位時期，也一併附上。

ā	car
ī	queen
ū	boot
ṛ	rig
ṃ	類似 uncle 裡的 n
ś（顎音）	shame
ṣ（捲舌音）	dish
ṅ（軟顎音）	sung
ñ（顎音）	canyon
ṇ（捲舌音）	renown
ṭ	tub
ḷ	able

歷史年表

古印度

西元前約一百五十萬年	印度境內開始有人
西元前約六萬五千年	遷出非洲的人類抵達印度
西元前七千年	最早的農業證據
西元前約三三〇〇～前二六〇〇年	早期哈拉帕文明
西元前約二六〇〇～前一九〇〇年	成熟期哈拉帕文明
西元前約二〇〇〇～前一五〇〇年	雅利安人遷出中亞
西元前約一九〇〇～前一三〇〇年	晚期哈拉帕文明
西元前約一二〇〇～前一一〇〇年	《梨俱吠陀》編纂
西元前約八〇〇～前三〇〇年	《奧義書》編成
西元前約五九九～前五二七年	大雄，耆那教創始者
西元前約五六三～前四八三年	悉達多・喬達摩，佛教創始者
西元前約四〇〇～前三〇〇年	《摩訶婆羅多》和《羅摩衍那》編成
西元前三二六年	亞歷山大大帝入侵北印度

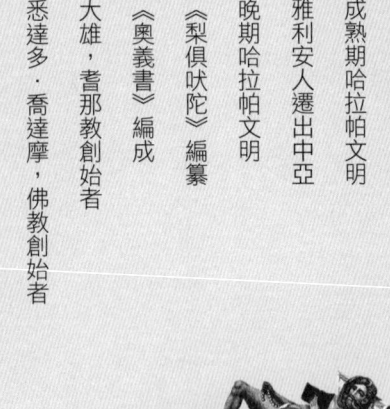

帝國時期

西元前約三二二～前一八五年	孔雀帝國
西元前約一〇〇～西元後二四〇年	派往中國的最早期佛教傳教團
西元前一三五～西元後一五〇年	貴霜帝國
西元約一〇〇～五〇〇年	犍陀羅藝術昌盛於北印度和阿富汗
西元約三二〇～五五〇年	笈多帝國
西元約二〇〇～四〇〇年	《愛經》完成
西元約四五五年	匈那人第一次入侵
西元約六〇六～六四七年	戒日王在位
西元約七一二年	阿拉伯人占領信德
西元約三〇〇～八八八年	甘吉的帕拉瓦人
西元約八七一～九〇七年	朱羅王朝興起
西元一〇〇四～一〇三〇年	加茲尼的馬哈茂德襲擊印度
西元一一九二年	普利特毗羅闍．喬漢敗於塔拉因之役
西元一二〇六～一五二六年	德里蘇丹國
西元一三三六～一五六五年	毗闍耶納伽羅王朝

六大蒙兀兒皇帝時期

西元一五二六～一五三〇年　巴布爾在位

西元一五三〇～一五四〇年
一五五五～一五五六年　胡馬雍在位

西元一五五六～一六〇五年　阿克巴在位

西元一六〇五～一六二七年　賈汗季在位

西元一六二七～一六五八年　沙賈汗在位

西元一六三二～一六五四年　泰姬瑪哈陵興建

西元一六五八～一七〇七年　奧朗則布在位

殖民地時期

西元一六〇〇年　英國東印度公司（EIC）創立

西元一七三九年　波斯人納迪爾・沙劫掠德里

西元一七五六　加爾各答的「黑洞」地牢

西元一七五七年　普拉西之役

西元一七六五年　英國東印度公司取得孟加拉收稅權

西元一七七三年　東印度公司管理法明訂設立總督和監督委員會

殖民地時期

西元一七九九年　提普・蘇丹敗於塞林伽巴丹

西元一八一三年　特許狀法允許基督教傳教士入印

西元一八一七～一八一八年　第三次英國-馬拉塔戰爭，英國征服印度

西元一八五六年　達爾豪西勛爵下令併吞阿瓦德

西元一八五七年　印度大起事或印度兵叛變

西元一八五八年　印度歸英王直接管轄

西元一八七六年　女王維多利亞成為印度皇后

英國統治時期

西元一八八五年　印度國大黨創立

西元一九〇五年　孟加拉一分為二

西元一九〇六年　穆斯林聯盟創立

西元一九一八年　甘地在比哈爾第一次展開不合作運動

西元一九一九年　阿姆利則慘案

西元一九三〇年　印度國大黨要求自治

西元一九三一年　甘地出席倫敦圓桌會議

英國統治時期

西元一九四二年　通過英國人「撤離印度」決議，國大黨領袖入獄

西元一九四六年八月十六日　真納宣布「直接行動日」

西元一九四七年八月十四～十五日　巴基斯坦、印度脫離英國獨立

獨立印度時期

西元一九四七年十月　喀什米爾印巴戰爭

西元一九四八年一月三十日　甘地遭暗殺身亡

西元一九五〇年一月二十六日　印度正式成為共和國

西元一九五二年　第一次大選

西元一九六二年　中印邊界戰爭

西元一九六四年五月二十七日　尼赫魯去世

西元一九六五年九月　印巴為喀什米爾爆發戰爭

西元一九六六年一月　英迪拉·甘地成為總理

西元一九七一年十二月　印度部隊強攻錫克教金殿

西元一九八四年十月三十一日　英迪拉·甘地遭暗殺身亡；拉吉夫·甘地成為總理

獨立印度時期

西元一九九一年五月二十一　拉吉夫．甘地遭暗殺身亡

西元一九九一年　國會發動全面經濟改革

西元一九九二年十二月六日　印度教狂熱分子拆掉阿約提亞的巴布爾清真寺

西元一九九八年　印度人民黨組成聯合政府

西元一九九八年五月　印巴核試

西元一九九九年五月　格爾吉爾衝突

西元二〇〇四年五月　曼莫漢．辛格出任總理

西元二〇〇八年十一月　孟買遭恐攻

西元二〇一四年五月　納倫德拉．莫迪出任總理

西元二〇一六年十一月　廢鈔

西元二〇一九年五月　印度人民黨贏得二度執政權

西元二〇二一年三～六月　第二波新冠肺炎奪走成千上萬人性命

引言

「不管你能針對印度說出什麼千真萬確的話，其反面說法也切合事實。」

——英國經濟學家瓊・羅賓森（Joan Robinson）

在一九四二年八月九日清晨的孟買維多利亞車站，印度國大黨領袖尼赫魯和其九名同僚被推上火車，遭解送至艾哈邁德納格爾堡（Ahmadnagar Fort）。此堡位在今日馬哈拉施特拉邦悶熱的山上，一七〇七年，六大蒙兀兒皇帝的最後一位——奧朗則布（Aurangzeb），就死在此堡裡，死時刮起的那陣旋風，風勢「強到把營地裡所有帳篷吹垮……毀掉村子，拔起樹木。」在英國人治下，艾哈邁德納格爾已改闢為高安全規格的監獄。尼赫魯將會在牢裡待上兩年九個月。在英國人統治期間，他九次入獄，這次待的時間最久，罪行是發動「撤離印度」（Quit India）運動——國大黨告訴英國人，若指望印度全力支持英國打二戰，就要同意讓印度立即獨立，為逼英國人同意，國大黨孤注一擲祭出此舉。尼赫魯獲釋時，二戰已快結束。

日後出任印度總理的尼赫魯，曾形容艾哈邁德納格爾是某種「柏拉圖筆下的洞穴」——囚犯在其中只能隱約看到周遭的動靜。但他從監獄放風場頂上的天空得到慰藉，「白天飄著朵朵彩雲……夜裡繁星點點。」在此堡的高牆內，則是另一番景象——尼赫魯的那一小批獄友，係印度政治、學術、社會各界的代表人士。他們交談的語言，係印度四種古典語——梵語、巴利語、阿拉伯語、波斯語——以及超過六種印度現代語，包括印地語、烏爾都語、孟加拉語、古吉拉特語、馬拉塔語（Marathi）、泰盧固語（Telugu）。尼赫魯思忖道，「有如此豐富資源供我取用，唯一的限制是我從中得益的能力。」有許多時間可種花蒔草，即興舉辦研討會，思索國內各地的情勢。一如先前在獄中之所為，尼赫魯趁此機會飽讀其所熱愛的歷史、政治經典名著，把那些理念融入他的寫作裡。

《發現印度》（*The Discovery of India*，一九四六）編纂於炎熱的漫漫長日裡，是尼赫魯最知名的著作。他謙稱此書只是「觀念的大雜燴」——一趟穿越過去但也「窺探未來」的旅程。此書許多部分的確如其所言，把諸多不相干的想法放在一塊。但他開門見山就提出一個關鍵性的疑問：「除了具體可見的方面、地理方面，印度還是什麼？」在最後一章，他很有自信的答道：印度是「一個一致卻又豐富多元的文化體，諸多矛盾的綜合體，並由強固但不可見的數股線把這些矛盾維繫在一塊……印度是迷思和想法，是夢想和願景，但也非常真實、無時不在、無處不在。」

尼赫魯的結論讀來既含糊又矛盾，或許讓有心學好印度歷史者感到氣餒，但印度既是想法又是實體已存在數千年，兼容多種宗教、文化、語言、民族和種姓。尼赫魯於一九五三年某場演說中指出，「印度具有過去那種集大成的傳統」，還說「水流向它，人河流入它，和印度之洋混而為一，無疑在那裡促成改變，既影響它，又受它影響。」

尼赫魯認為「發現印度」的重要性是天經地義、理所當然的。但對許多外人來說，要完成「印度之旅」（passage to India，在此借用佛斯特〔E. M. Foster〕的小說標題）並不容易。這個國家的文化、語言紛然雜陳，貧富差距懸殊，多種宗教和儀式混雜交織，其歷史不但悠長費解，且受到越來越多質疑，因而，只有意志堅定之人，才不致望而怯步。要把彼此重疊的文化、政治、社會流變，融為一部條理分明且包羅廣泛的敘事，似乎是不可能的任務。誠如孟加拉籍作家暨學者尼拉德・喬杜里（Nirad Chaudhuri，一八九七～

一九九九）在一九五〇年代時所寫的，印度「如此廣土眾民，構成例外的個體很可能多達數百萬。」

不管印度的複雜性給學生和歷史學家設下什麼難關，若未記取此國之過去和現在所帶來的教訓，則太愚蠢。印度擁有世上最古老的文明，係世上最大的民主國家，亞洲東部、西部間的支點，也是咄咄逼人的印度洋強權。如今它正迅速改變，徹底揚棄數十年來主導其經濟的社會主義實驗，試著適應新的世界秩序。在這個新世界秩序裡，印度的不結盟主張——不靠向兩大強權的任何一個——顯得越來越無足輕重。

印度還未能像中國那樣擁有光鮮亮麗的高鐵、燦爛耀眼的大都會，或擁有為世界各地熱愛新科技的消費者生產筆記型電腦和智慧手機的大工廠，也未得到其民選領袖的善加治理，以至於潛力從未充分發揮。印度擁有豐富的天然資源，還有眾多受過高等教育、具跨國工作能力的勞工，前景大受看好。二〇二五年時，全世界勞動年齡人口會有五分之一是印度人，會有十億印度人透過智慧手機彼此互通聲息並和世界連結。目前中印兩國人口都接近十五億大關，但印度的人口據認會在二〇二七年超過中國。屆時印度前五大城市的經濟規模，會相當於今日塞爾維亞、保加利亞之類的中等收入國家。新冠肺炎爆發前，印度穩步向前，照市場匯率衡量，很可能在二〇三一年時成為世上第三大經濟體，僅次於中國和美國。

中國的歷史可依據王朝更迭，清楚分割為元或明或清之類的朝代，印度的歷史則不然，而是同時分立著自成一體且相互較勁的權力中心。即使在帝國擴張最盛時，印度的三大王朝——孔雀、笈多、蒙兀兒——也未控制印度次大陸全境。直到一八一八年馬拉塔人敗於英國人之手，才由英國人完成對印度全境的控制。但即使那時，占去印度陸塊四成面積和印度三分之一人口的各個土邦，仍保有名義上某種程度的獨立地位。

要在此書裡交待印度次大陸上每個統治者的在位時期、大大小小各王朝的興衰、每場爭奪領土、財富之戰役的結果，或是交待印度在科學、文學、藝術之類領域對世界的貢獻，會是自找麻煩，徒然把諸多人民、年代和流於粗淺的宣告凌亂塞在一塊。要把印度五千年史濃縮在三百多頁的書裡，同時傳達這些精微奧妙之處，始終不是易事，卻屬必要。

地名演變

對於過去長途跋涉翻過興都庫什山抵達今日巴基斯坦旁遮普省平原的商人和入侵者來說，第一個重大的地理障礙是 Sindhu（印度河）。波斯人發不出 s 音，於是把此河稱作 Hindu 河。西元前四世紀希臘人來到印度時，把 H 拿掉，印度河就成了今日所知的 Indus 河，河另一邊則被稱作 Ἰνδία，即 India 的字源。亞美利加（America）和澳大利亞（Australia）之名係外人所創，與殖民地時代之前當地居民對自己土地的稱呼毫無關係；同樣的，India 一詞原本並不盛行，十六、十七世紀時，歐洲商人把葡屬印度（Estado da Índia）、荷蘭的東印度公司（Vereenigde Oost Indische Compagnie）、法國的印度公司（Compagnie des Indes）、英國的東印度公司陸續帶到印度，India 一名才確立。更常見的名稱是印度斯坦（Hindustan），意指「印度河土地」（land of the Indus），而非指「印度人或印度教徒的土地」（Land of the Hindus）。在二十世紀初期之前，「印度斯坦人」（Hindustanee）這個通稱，通常用來指來自當時英屬印度的人。

印度的梵語名是婆羅多（Bharata），在十三世紀典籍《毗濕奴往世書》（*Viṣṇupurāṇa*）

中，此詞被定義為：「位在大洋以北、雪山以南的國度，人稱婆羅多，因為那裡住著婆羅多（王）的後代。寬九千里格，是善行之地，因為善行，人上天堂，或得到解脫。」印度憲法第一條即載：「印度，即婆羅多，應為聯邦制。」

從地理上說，要界定數千年來印度和印度文明的範圍，相對較容易。約一億八千萬年前，超大陸岡瓦納開始解體，印度板塊以一年十五公分左右的速度往東北方向漂移，直到將近五千五百萬年前撞上歐亞板塊，創造出世上最高的山脈喜馬拉雅山脈，才停止漂移。今日所謂的印度次大陸，就以這道兩千五百公里長的山脈為其北界。印度次大陸呈四邊形，其東緣是叢林密布的山脈，印緬兩國便是以此為界；西邊座落著興都庫什山脈，歷來數波入侵的軍隊，就取道其中的波倫、開伯爾兩山口進入印度。這塊次大陸的南界則是像矛尖伸入印度洋的一座巨大半島。

如今，這塊次大陸上有五個國家，其中印度的幅員最廣，如果把主權歸屬有爭議的喀什米爾整個算進來，南北長將近三千兩百公里，東西寬兩千九百公里，面積共將近三百三十萬平方公里。在這五個國家中，印度的人口最多，住了約十四億人。除了與其他四國（巴基斯坦、尼泊爾、不丹、孟加拉）接壤，也與中國、緬甸為鄰。印度也是世

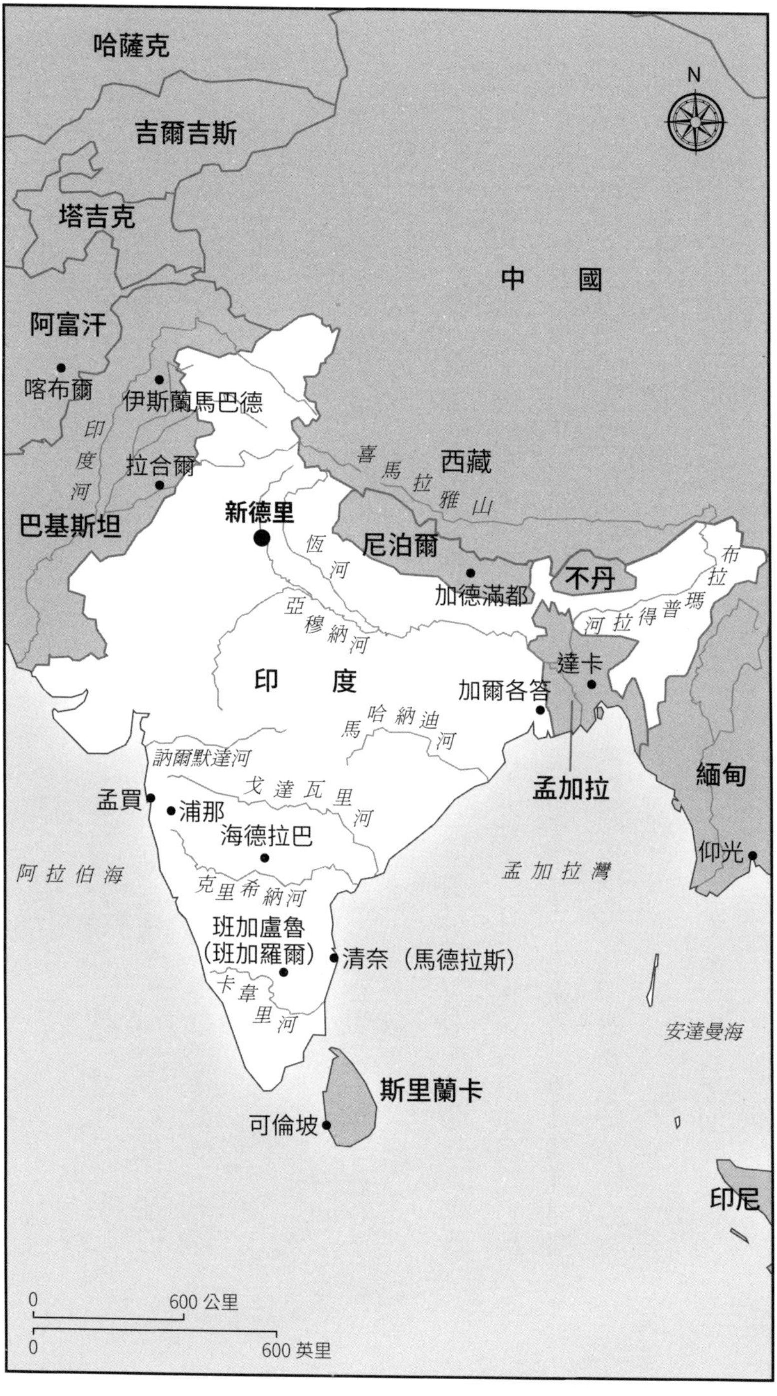
哈薩克
吉爾吉斯
塔吉克
中　國
阿富汗
喀布爾
伊斯蘭馬巴德
印度河
拉合爾
巴基斯坦
新德里
西藏
喜馬拉雅山
恆河
尼泊爾
加德滿都
不丹
布拉瑪普得拉河
亞穆納河
印　度
達卡
加爾各答
哈納迪河
訥爾默達河
孟加拉
緬甸
戈達瓦里河
孟買
浦那
海德拉巴
仰光
阿拉伯海
孟加拉灣
克里希納河
班加盧魯
（班加羅爾）
清奈（馬德拉斯）
卡韋里河
安達曼海
斯里蘭卡
可倫坡
印尼
0
600 公里
0
600 英里
N

上人口密度最高的國家之一，每平方公里四百人左右，比中國高了一倍。

一如興盛於尼羅河的埃及文明與底格里斯河、幼發拉底河畔的美索不達米亞文明，印度最早的文明也是在肥沃的恆河、印度河氾濫平原上發展起來。恆河發源於東北部的根戈德里（Gangotri），穿過喜馬拉雅山脈，然後往東，與布拉瑪普得拉河合流後，形成世上最肥沃的三角洲之一，今日印度的西孟加拉邦和獨立國家孟加拉都在此三角洲上。溫迪亞（Vindhya）山脈東西橫貫，將此次大陸一分為二，南邊是德干高原，高原兩側分別是東高止山脈、西高止山脈。德干高原和南印度的大河，則為訥爾默達（Narmada）、戈達瓦里（Godavari）、克里希納（Krishna）、卡韋里（Kaveri）。

在印度，最讓人期待的官方公告莫過於一年一度的雨季預報。西南季風從六月吹到九月，帶來的雨水占了印度年降雨量約八成。印度東北部部分地區，年降雨量高達一萬四千毫米；西部拉賈斯坦邦的塔爾沙漠，年降雨量則可能少至一百毫米。由於印度只有一半的農地能獲得灌溉系統支援，西南季風攸關印度農業收成的好壞。當雨季降雨不足，將導致糧食價格上漲，拉低農村收入，連帶可能使政府倒台。

印度次大陸的河川、山脈、海岸線，座落著諸多印度宗教聖地。位於恆河畔的瓦拉納西（Varanasi），又名伽屍（Kashi），意為「光城」，是崇拜濕婆神的印度教聖地，在印度教徒眼中的神聖地位，一如麥加之於穆斯林、梵蒂岡之於天主教徒、耶路撒冷之於猶太人。對印度教徒來說，這裡是精神解脫之地。在這裡死去，能得到解脫（*moksha*，即擺脫無休無止的生死輪迴）。位於更上游處的普拉亞格拉傑（Prayagraj），地處恆河、亞穆納河、神話裡甚受尊崇的薩拉斯瓦蒂河（Saraswatī River）三河交會處，舊稱阿拉哈巴德（Allahabad），係世上最大規模人類聚會——每十二年一次的大壺節（Kumbh Mela）——的所在地。虔誠朝聖者帶著裝了恆河聖水的壺罐，前往散布於山脈、河川、海岸線上的數十個聖地。蘇非行者（Sufi mystics）屬於較注重精神修煉的穆斯林，在上一個千年初期來到印度，也建立了網狀分布的聖祠（*dargah*），例如位於德里的尼札穆丁・奧利亞（Nizamuddin Auliya）和阿傑梅爾（Ajmer）的穆伊努丁・奇什蒂（Mu'inuddin Chishti）的聖祠，後者是僅次於麥加、麥地那之外的伊斯蘭聖地。縱橫交錯於印度大地的朝聖路線網上，還有著錫克教徒、耆那教徒、佛教徒、基督教徒所尊崇的聖地。

雖然印度次大陸四周有高山、海洋作為天然屏障，但還是阻擋不了新文化、新農技、新語言、新宗教、乃至新戰法趁隙而入，在此生根茁壯。先是游牧民族雅利安人從中亞接著是亞歷山大大帝的軍隊；從中國西部來了貴霜人（Kuśāṇas），從中亞乾草原來了匈那人（Hūṇas，即與匈人有親緣關係的一個部落）；西行求法的中國朝聖者，則是千里跋涉來到那爛陀之類的學術重鎮。那爛陀被認為是世上第一所大學，在那裡教授的學科，從佛學到煉金術、天文學，形形色色。西元七世紀伊斯蘭文明興起，透過貿易和武力征服擴展其勢力範圍，並在德里蘇丹國、蒙兀兒王朝建立時達到最盛期。而即使在十七世紀蒙兀兒王朝最強盛時期，葡萄牙人、荷蘭人、法國人、英國人等歐洲列強在印度都還是有根據地。

在這個千年期間，印度宗教、思想、科學的影響力也擴及到境外遠處，從十進位制、瑜伽、寶萊塢電影到素食，把這一切種種事物帶給世人。透過英國殖民統治，多個印度語詞進入了英語：bungalow, polo, gymkhana, loot, mogul, jungle, thug，而這些只是其中犖犖大者。在遭英國人統治的兩千年前，印度就已展現其軟實力。西元前二四〇年，在印度北部華氏城舉行了佛教第三次公會議（「結集」），阿育王（西元前約二六八～前二三二年在位）曾指示該會議遣使赴九國宏揚佛法。而早在西元一世紀時，印度教勢力就遠及印尼的爪哇、峇里兩島。一九六〇、七〇年代，瑪哈禮希・馬赫西・優濟（Maharishi

Mahesh Yogi）之類的導師，向披頭四宣說超覺冥想（transcendental meditation）的益處，在西方家喻戶曉，成千上萬西方人因此走上嬉皮之路。

印度給世界的另一個顯著饋贈，係散居海外各地的印度人。印度僑民達一千八百萬左右，係世上最大的僑民族群。世人一想到西方古典音樂的指揮家，就會想到祖賓·梅塔（Zubin Mehta）；奈·沙馬蘭（M. Night Shyamalan）的電影，則催生出「帶有意想不到之轉折的驚悚電影」；谷歌、推特、微軟等多家大企業的執行長皆為印度裔。二〇二一年一月，賀錦麗（Kamala Harris）宣誓就職，成為美國史上第一位南亞裔的副總統，正體現了印度僑民在世界分布之廣。她的老家位在離清奈約三五〇公里的圖拉森德拉普拉姆（Thulasendrapuram）村，就職儀式透過智慧手機實況呈現於老家鄉親眼前時，眾人燃放爆竹，分發作為宗教供品的甜點和花，並到當地廟宇祈求她幸福安康。

尼赫魯曾把印度吸收、保存外來思想的能力比擬為反覆書寫的手稿（palimpsest）——並未徹底抹除先前所寫文字，而在其上一再反覆書寫的古代手稿。這部簡史就是要把那一層層寫上的東西，生動呈現於讀者眼前。

Chapter

01

失落的文明

一八五六年，木爾坦-拉合爾鐵路工程的承包商威廉·布蘭頓（William Brunton），為築路堤所需的道碴找到絕佳來源——他在哈拉帕（Hrappā）這個小村落，發現成千上萬形狀一模一樣的窯燒磚。這些磚塊原本埋在一連串土堆裡，多年來當地人從這些土堆挖出磚塊，作為房子建材。這個消息後來傳到印度考古調查所的創辦人亞歷山大·康寧翰（Alexander Cunningham，一八一四～一八九三）耳中。一八七三年，康寧翰考察了拉維（Ravi）河岸綿延將近一公里的一連串廢墟，推斷它們是西元前四世紀亞歷山大之軍隊所留下的希臘人聚落的遺物。由於很多磚石已遭移除，當時他斷定這裡的保存價值不大，從而把這個最重要的考古發現之殊榮留給日後的考古學家。

康寧翰所收集的人造物中，有一件小印章，比郵票大不了多少，用光滑的黑皂石製成，上面刻有一頭公牛，公牛上方則有六個符號。由於公牛背部沒有隆肉，六個符號與任何已知的印度語言的字母並無相似之處，他因此認定這個印章來自他處。後來同一地點又陸續挖出刻有象、牛、犀牛之類的動物印章，上面皆有神祕符號。

有些印章後來送到大英博物館，其中一個，刻劃了具有類似獨角獸之角的母牛，出現在尼爾·麥葛瑞格（Neil MacGregor）二〇一〇著作《看得到的世界史》（*A History of*

這個印章上的動物，原被認定是獨角獸，如今被認為是公牛。哈拉帕文明的印章含有南亞最早的文字，而且此文字尚未破解。

the World in 100 Objects）裡。誠如這位大英博物館前館長所指出的，這件小小的印章會改寫世界史，把印度文明往前推到比任何人原本所認為的還要早上數千年。

看出這些印章非同小可者，係接續康寧翰考古工作的約翰・馬歇爾爵士（Sir John Marshall，一八七六～一九五八）。一九二〇年代，他要人進一步挖掘哈拉帕和後來人稱摩亨佐-達羅（Mohenjo-daro）的遺址。摩亨佐-達羅意為「亡者之墳墩」，位於哈拉帕南方數百公里處，在當時英屬印度和今日巴基斯坦信德省境內。馬歇爾立即看出兩遺址有連帶關係。在這兩個地方，有許多人造土墩分布在一度昌盛之城市的遺址上。後來，在東起亞穆納河、

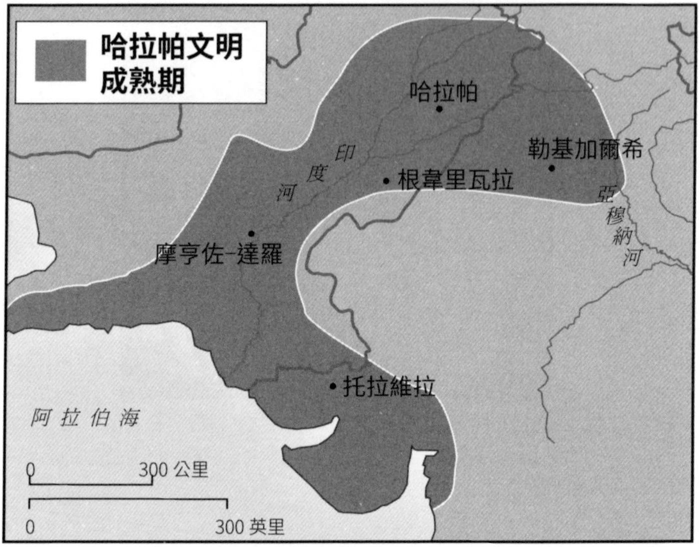

哈拉帕文明成熟期的地圖。哈拉帕文明又名印度河文明，前一名稱來自首個發現的遺址之名，且由於此文明的分布範圍不限於印度河地區，此名稱如今較受青睞。

西至今日的阿富汗的這塊區域，有數十個類似遺址陸續出土，世人理解到，西元前約三三〇〇至前一三〇〇間，這裡是世界最大文明（以面積計）的所在地。

在馬歇爾之前，沒有實體證據證明有比亞歷山大大帝（西元前三五六～前三二三）還早的印度文明。亞歷山大的軍隊西元前三二六年抵達印度河岸，而來自此年代前後的考古遺物，幾乎全是佛教之物，其中許多雕像有希臘影響的痕跡。

馬歇爾一面繼續挖掘，一

面驚訝於這些出土文物是如此獨一無二。首先，他發現，在所有遺址挖掘出的那些珍貴的磚塊，形制都一模一樣。各個聚居地皆採類似的棋盤狀布局，街道寬度依其重要性高低，遵守固定的比率。遺址裡有宏偉的公共建築、似乎是公共澡堂的建築、先進的公共衛生系統，彰顯城市計畫之高明，比上古世界任何已知的城市計畫都進步許多，而且直到十八世紀初，土邦主賈伊・辛格一世（Jai Singh I）為齋浦爾訂定城市計畫，才又有如此先進的設計出現於印度。就連用於買賣的砝碼和度量衡都是一致的。

在數十個遺址中，馬歇爾找到以黏土和青銅製成的玩具和小雕像、首飾和炊煮輔助用品、粗陋的農具、彩繪陶器殘片、製成中空鳥狀的哨子、乃至赤陶捕鼠器。然後是那些印章——至目前為止已發現將近五千個——有些帶有人形圖案，有些則像大英博物館裡那個類似獨角獸的神祕牛一樣，帶有動物圖案。一九二四年九月，馬歇爾得意宣布：「就像施利曼在提林斯和邁錫尼、史坦因在突厥斯坦的沙漠，考古學家揭露久遭遺忘之文明的遺址，這樣的事並不常有。但此刻，我們似乎就要在印度河平原上取得這樣的成就。」

如今我們知道，在西元前二五〇〇年，也就是吉薩金字塔建成時的前後，比巨石陣從威爾特郡的原野立起還早一百年左右之時，哈拉帕文明已來到鼎盛時期，其涵蓋範圍超過一百萬平方公里，面積比埃及、美索不達米亞兩文明加總還要廣。但與同時間並立且較出名的其他文明不同的是，我們對這個重要文明的認識少之又少。始終沒有如羅塞塔石碑之類的文物出土，供後人破解印章上那些無所不在的符號。

過去一百五十年間，屢屢有人為了破解這些符號，試著將它們和婆羅米文（Brāhmī，今日大部分南亞字母的祖先）、蘇美文、埃及文、古斯拉夫文、乃至復活節島朗格朗格文（rongorongo）拉上關係，但都徒勞無功。有些歷史學家和語言學家以大部分銘文簡短為由（「寫下」十個以上符號的物件，占所有文物不到百分之一），推測這些印章上根本沒有文字，它們只是用來表明所有者身分的工具——某種簡陋的條碼。

如果這是某種文字，哈拉帕文明會是上古世界具有讀寫能力的社會之中規模最大的，而且堪稱是最先進的社會。印度次大陸要到西元前三世紀阿育王在位時，才有書寫證據出現。除非考古學家無意間發現一個埋在地下的圖書館或檔案館，這個文字——如果真是文字的話——仍是個未解之謎。

考古學家嘗試為哈拉帕文明擬出大事年表，但苦於無法確認此社會究竟如何統治管理並運作。沒有一個建築看起來像是宮殿或禮拜所；此文明走到後期，才出現防禦設施，出土的武器也不多；沒有精心設計的墓地，意味著社會平等的程度為上古世界其他任何地方所不能及。至於是否存在以國王或女王為首的統治階級，尚待確認。

由於遠至伊拉克、安曼、中亞都有類似的印章，據此可知這也是個大型貿易帝國。哈拉帕文明拿黃銅、金、錫、象牙——或許還有棉花——與美索不達米亞交易，並進口青銅、白銀、寶石（例如天青石）。但經過一個世紀的挖掘，這個繁榮且先進的文明如何創立和因何消失，仍存在許多未解之謎。

由於欠缺明確的證據，為填補此缺漏，許多說法應運而生。搶先破解此符號的競爭心態導致偽造之事頻生，例如將印章上原本的圖像改成馬（在吠陀儀式裡馬是頗重要的動物）。這些贗品的出現，大多出於一個需要，即為當代印度國的創立打造連綿不斷的世系。晚近幾十年，印度教民族主義史學家便致力於將哈拉帕文明和他們所認定始於西元前第三個或第四個千年的印度教的起源掛鉤，藉此使印度教成為南亞最古老的宗教。

最早的印度人

如果說一九二〇年代初期的考古發現一舉把印度文明的開端往前推了數千年，二〇一〇年代則會因為印度人始祖研究的非凡成果而為後人所謹記。藉由分析骨骸中的DNA，科學家已能描繪出人類移入印度的路線圖，鑑定出最早的農業專家，乃至斷定種姓制度這個社會階級體系的起始年代。

根據考古發現（例如厄利垂亞境內的海灘貝塚），我們能斷定現代人，也就是智人，在七萬年前左右移出非洲，穿過阿拉伯半島，橫越今日伊拉克和伊朗，約六萬五千年前抵達印度次大陸。在那裡，他們遇見被稱作「古人類」的群體。由於除了發現於訥爾默達河岸、據斷定存在於約二十五萬年前的一個頭顱，未有其他化石證據，我們無法知道這些人的身分。在南印度發現舊石器時代工具，把這些古人類的活動時間往前推到一百五十萬年前，使他們成為非洲境外最早的人類。隨著現代人在這塊次大陸上較肥沃的區域定居，人口急劇增加，在約四萬五千年前至兩萬年前這段期間，印度晉升為世界人口的中心。

根據DNA年代斷定法，西元前八千年左右，人類從今日伊朗境內札格羅斯（Zagros）地區南部或中部往東展開第二波遷徙。有個地處偏遠的無名村子，連住在該區域的人都不知道有此一地，可找到哈拉帕文明的前身。梅赫爾加爾（Mehrgarh）位在巴基斯坦俾路支省，此省是沒有法律的部落區，位在印度次大陸西陲。一九七〇年代後期在此挖掘的考古學家，找到肥沃月彎以外最早的農業證據。當時人類在此種了大麥之類的作物，馴化的動物包括牛、瘤牛，可能還有山羊；建築從四室至十室的住所，大小不一，較大的建築很可能用於存放穀物；陪葬的飾物用海貝、天青石等半寶石製成。考古學家還發現世上最早的棉織物。

梅赫爾加爾曾是重要的創新中心，創新不只表現在農業上，也表現在陶器、石器、黃銅使用上。約莫在西元前二六〇〇至前二〇〇〇年間，梅赫爾加爾遭棄，被附近更大的鎮取代，然而它所引發的農業革命，成為哈拉帕文明的基礎。

世上第一個世俗國家？

歷史學家把哈拉帕文明分為三個階段。早期哈拉帕文明，存在於約西元前三三〇〇至前二六〇〇年，屬原始城市（proto-urban）文明。他們用陶輪製陶，種植大麥和豆類，馴化牛、綿羊、山羊、水牛、鹿、豬。此文明幅員甚廣——已出土的文物分布，最西遠至印度河-恒河平原，最南達今日古吉拉特邦的卡奇沼澤地（Rann of Kutch）。但這個階段的文明仍有許多未知。在摩亨佐-達羅之類地方，廢墟分布於比目前挖掘深度還要深的數公尺處，由於採取保存優先於挖掘的方針，可能還得花上許多年，此文明的情況才有機會比較明朗。

成熟期哈拉帕文明存在於西元前二六〇〇至前一九〇〇年，被認為是都市化的最盛期，但村落仍多於城市。在諸多聚居地，護城城堡、穀倉、公私建築形式不一，但從最大到最小的建築都經過某種程度的規畫。灌溉設施頗先進，因而能種出一連串作物，也已知用犁耕田。遺址曾發掘出狗的遺骨，意味狗已經馴化。成熟期人口據估計為四十萬至百萬不等。

由於未有證據證明此時期有大型王陵、王宮或廟宇、常備軍或奴隸，因而，形成中央集權帝國的可能性不高，但可能存在某種國家結構。從上層下至村落層級，陶藝、製磚之類的手藝都一模一樣，可推測出此時應有專精於一門手藝的世襲團體或行會，以及發展完備的內部貿易體系。到了成熟期，在印章上所看到的符號已開始標準化；賭博盛行——在摩亨佐-達羅等地所發現的數十個赤陶立方體骰子就是明證；已種植棉花以製布，而且可能以棉花和西亞交易。

雖然未發現可明確歸類為廟宇的大型建築物，但幾可確定當時存在某種宗教意識形態——就目前已瞭解的哈拉帕信仰體系和印度教發展過程，兩者關連之處實在多到讓人無法視而不見。人跪拜在菩提樹前，菩提樹中有著可能是神的人物——這樣的圖像很常見（印度教和佛教都把菩提樹視為聖樹）。沐浴是哈拉帕文明的重要組成部分，也是印度教儀式的最重要組成部分。而看來像是火祭壇的東西、動物獻祭的證據或是使用卐這個符號，都會讓人想起印度教儀式。

哈拉帕信仰與印度教有連帶關係的最有力證據，係一件人形印章，此人戴著角狀頭飾，採瑜伽坐姿，身邊有虎、象、水牛、犀牛四種動物。這件印章高一英寸，其上的人物被

「獸王」印即濕婆神原型一說，先後受到尼赫魯（Jawaharlal Nehru）和印度教民族主義史家欣然採信。

稱作帕修帕蒂（Pashupati），即「萬獸之王」。馬歇爾認為那是「濕婆原型」，即濕婆的早期樣式——濕婆是印度教其中一位主神，被視為創造、毀滅之神。

但誠如美籍印度學學者溫蒂・多尼格（Wendy Doniger）所指出，針對此人物有許多具啟發性的、或刻意的解釋，多半「受到特定歷史情勢和詮釋者追求的目標」，而與濕婆的關連只是其中一種而已。同樣的，豐乳女人赤陶小雕像可能是印度教女神的原型，也有可能僅只是對女性胴體的讚美。可以確認的是，這批從中亞遷出的部落汲取了既有的神祇和信仰體系。如果這些所謂的神祇原型的人物無法證明一個脈絡一致的宗教體系，那麼就意味著，哈拉帕文明可能是世上第一個在治理上不受宗教約束的世俗國家，若是如此，那就比歐洲啟蒙時代早了四千年。

哈拉帕文明覆滅於西元前一三〇〇年，是什麼因素導致此文明衰落，如今仍莫衷一是。根據後來的宗教典籍所述，善於使用雙輪馬拉戰車、好戰的游牧民族入侵，徹底摧毀了此文明的城市。一九四四至一九四八年的印度考古調查所所長默提莫・惠勒（Mortimer Wheeler）爵士就主張此說，發出如下名言：「根據各個線索佐證，凶手是因陀羅（Indra）！」因陀羅即雅利安人的戰神。

但往後的考古記錄卻無法繼續支持此說。從出土的骨骸看不出城市曾遭到攻擊，數個遺址的挖掘報告卻指出，該處曾發生一連串水災，而板塊運動導致地表抬升可能使災情加劇。哈拉帕文明覆滅的其他可能原因，還包括河川改道、森林砍伐、水的鹹度越來越高，以及幾波新移民帶來疾病。伍茲霍爾海洋研究所（Woods Hole Oceanographic Institution）的一組科學家，在二〇一二年發表了一份大型研究報告，認為使河川乾涸或季節性斷流的一場長期乾旱，係最可能的凶手。此一說法頗為盛行。二〇一八年，科學家劃分出一個新的地質時期——梅加拉亞期（Meghalayan）。此時期始於西元前二二〇〇年左右的一場長期乾旱，此乾旱不只導致印度境內文明滅亡，也讓埃及、美索不達米亞、中國境內文明走向衰敗。

吠陀經

如果說我們因為無法破解哈拉帕符號，以至於無法拼湊出西元前一三〇〇年之前的故事、歷史人物、可靠的大事年表，那對接下來一千五百年的瞭解依舊甚淺，則有幾個原因。印度文明史的下一個章節，是由好幾波自外移入的游牧民族塑造而成，而這些牧民除了遺留工具、武器和陶器殘片，只留下少許線索。但吠陀經這部龐大、複雜的神聖詩集，大大彌補了考古遺物的不足。

吠陀經以梵語編成，最初靠名叫婆羅門的祭司口述代代相傳，構成印度教的基礎。每天早上為喚醒神祇而念誦的曼荼羅（mantra）和把屍體擺在火葬堆上時所念的禱文，已口耳相傳千百年。口語傳誦極為精確，因而，開始以文字記錄吠陀時，北方喀什米爾的版本和次大陸最南端泰米爾納德（Tamil Nadu）的版本幾乎一模一樣。歐洲人自十六世紀就開始研究吠陀，但直到十八世紀後期，才解開這些頌歌的作者之謎。我們如今所知的印度早期歷史，係靠語言學填補了其中的空白，而非考古學。

博學的威廉・瓊斯在一七七〇年、二十四歲時出版了他的第一本書，即從波斯文翻為法文的波斯國王納迪爾・沙（Nader Shah）的傳記。一年後，他出版了《波斯語文法》（*A Grammar of the Persian Language*），成為往後數十年學波斯語的必讀書籍。一七八三年九月他搭船來到加爾各答，在胡格利河河岸的昌德帕爾碼頭（Chandpal Ghat）上岸，而在這之前，他就已立志「要比歷來任何歐洲人更加瞭解印度」。一年後，他創立亞洲會（Asiatic Society）。

瓊斯搭船前去印度，係為就任孟加拉最高法院法官一職。他認為，法官判事若要公正，必須掌握印度教律法的源頭，為此，必須懂梵文典籍。他遇上的第一道難題，係找到老師。他找上的高階種姓婆羅門，個個都不願向外人教授這個神聖語言，所幸有位精通梵語的醫生同意收他為徒。瓊斯學梵語文法時，注意到它和某些歐洲語言有驚人相似之處。他把研究結果寫成〈論亞洲單詞的拼法〉（On the orthography of Asiatic words），收錄於《亞洲研究》（*Asiatic Researches*）第一卷。在此文中，他確立了印歐語族。梵語學者托馬斯．特勞特曼（Thomas Trautmann）曾說此文對於「找到印度之地位的計畫」貢獻甚大。

接著，瓊斯研究印度教神祇、歐洲神祇的相似之處後，推斷不只有一個語族，還有一個宗教家族。羅馬神傑納斯（Janus）成了象頭神伽內什（Ganeśa）；丘比特則對應於因陀羅；黑天（Krishna）等同於阿波羅；薩杜恩（Saturn）、諾亞、摩奴（Manu）都是同一創世神話裡的參與者。對瓊斯來說，印度教是古希臘羅馬多神教在當世的代表。

他推測，語言、宗教出現這種合流現象，只有一個原因說得通，即遷徙。從波蘭至

專欄

威廉．瓊斯：「梵語雖然古老，其結構卻妙不可言。它比希臘語完善，比拉丁語豐富，比這兩種語言都要精煉，但在動詞字根和文法形態上，梵語和這兩種語言的相似程度之高，絕不可能出於偶然；如此高的相似程度，凡是考察這三種語言的語言學家，都不可能不認為它們系出同源，但其源頭的語言或許已不存在。出於類似的理由，儘管不是那麼有力的理由，我認為哥德語、凱爾特語雖然混雜了大不相同的方言，仍與梵語系出同源；或許也可把古波斯語歸為同一語族。」

外烏拉爾（trans-Ural）這片廣闊的乾草原，曾是講印歐語之人共同的家園。史學家已在敘利亞北部找到印歐語的最早使用證據：約莫西元前一三八〇年，米坦尼（Mitanni）、西台兩國國王簽和約時，召請某些神祇作見證。其中至少四個神——烏魯瓦納斯（Uruvanass）、米特拉斯（Mitras）、因達拉（Indara）、納薩提亞（Nasatia）——與印度教神伐樓拿（Varuṇa）、密特拉（Mitra）、因陀羅、雙馬童（Nasatya）性質相當。此條約意味著米坦尼人雖然講當地的胡里恩語（Hurrian），他們的統治者卻取了聽來像是印度-雅利安語的名字，而且乞靈於印度-雅利安神。

從這些乾草原遷徙出去的游牧民自稱阿利亞人（Ārya）——古波斯人自稱（伊朗）Iran，而 Ārya 即是 Iran 的字源，也是 Eire（愛爾蘭語的 Ireland）的字根；Eire 是在這場大遷徙裡所拓殖的最西部土地。在印度落腳的雅利安人馴化了馬，使用能載上三人的輕型馬拉雙輪戰車。他們養牛、熔青銅以製作工具和武器，而且一如哈拉帕人，賭博。

吠陀經講到一次突如其來的入侵，把哈拉帕文明摧毀殆盡。雅利安人憑藉馬拉戰車隊，在因陀羅之類的戰神——在雅利安人的眾神裡又有馬爾斯、宙斯、索爾（Mars, Zeus, Thor）等不同稱呼——鼓舞下，摧毀了殘存的哈拉帕文明，征服了達薩人（Dāsa）——六萬年前第一波移入印度者的後代。

此入侵說於英國人統治時期開始盛行，當時英國學者欲找到省事的辦法來合理化他們動武征服印度之舉。然而此說的問題有兩個：一是沒有考古證據支持此入侵假設，二是此說法未能解釋從哈拉帕文明滅亡至雅利安人到來之間長達兩百年的考古記錄空白。

如今，對古墓葬地做的DNA檢測，證實了考古學家長年以來的推測：雅利安人入侵並非單獨一次，而是前後幾波的遷徙，移入者與並存於印度的多種文化互動，把形形色色的本土文化逐漸帶進雅利安人圈子裡。

釐清此疑問的最重要著作是東尼・約瑟夫（Tony Joseph）的《早期印度人：談我們的祖先和我們來自何處》（*Early Indians: The Story of Our Ancestors and Where We Come From*，二〇一八）。全面評估過晚近的DNA檢測和研究成果後，他推斷今日印度人「基因來自移入印度的幾次遷徙；從『遠古』就存在的血統純正的群體、種族或種姓之類東西並不存在」。然而此說遭印度教民族主義歷史學家視為異端。誠如約瑟夫所說明的：

許多右翼人士無法接受自己是從他處來到印度一說，因為這會使梵語和吠陀經不再是印度文化的唯一且根本的來源，這也意味著，在印度史上留下不可抹滅之印記的強大哈拉帕文明，在他們到來之前就存在。

由於歷史記錄上存有空白，即使DNA證據表明哈拉帕文明早於吠陀文明，那些堅信吠陀文明早於哈拉帕文明的人還是不為所動。這一爭辯大概不會有蓋棺論定的一天。編纂於西元前一一〇〇至前六〇〇年的文學作品卷帙浩繁，但在解讀上莫衷一是，一如印度早期歷史裡的許多事物，少有定論。

吠陀印度和羅闍的興起

四部吠陀經典中，《梨俱吠陀》（*Ṛg Veda*）最古老且最重要。史學界漸漸有共識，認為此經典初編於西元前一一〇〇年左右，或者再早個一百年。《梨俱吠陀》共有一〇二八首對神的讚歌，分編為十卷（mandala），各卷長短不一，歷經數百年編成。沒有證據顯示雅利安人會製作神像；與神溝通靠的是曼荼羅（禱文），而非靠雕像。獻祭時，唱誦者會喝名叫索瑪（*soma*）的致幻性飲料，並反覆唸誦曼荼羅。孟加拉籍諾貝爾文學獎得主泰戈爾（一八六一～一九一四）說它們是「以詩的形式表達人對令人驚奇、敬畏之萬物的集體反應」。

《娑摩吠陀》（*Sama Veda*，歌曲的知識）由供人唱誦之用的詩節構成，其中大半詩節取自《梨俱吠陀》；《夜柔吠陀》（*Yajur Veda*）則是一連串供執行儀式之用的散文詩或曼荼羅。第四部吠陀——《阿闥婆吠陀》（*Atharva Veda*），與雅利安時代之前印度居民的儀式、迷信和咒文有關。其中某些居民可能是石器時代印度居民的祖先；其他人則是在人類移出非洲後，來到印度的達薩人或部落民。他們共同的習俗，係行巫術和魔法，相信咒文、咒語的功效，認為透過咒文、咒語，人能得到比神還厲害的法力。雅利安人未著手打壓這些信念，反倒予以吸收。

負責傳述吠陀的婆羅門，利用其所具備的知識把持著重要儀式。在《梨俱吠陀》裡，將近四分之一的讚歌提到戰神暨雨神因陀羅，分量居次者是火神阿耆尼（Agni）和太陽神蘇利耶（Surya）。

根據吠陀經文裡提到的地名，第一批移入的雅利安人落腳於七河（Sapta Sindhu）地區。Sindhu 指的是印度河，另外五條河是其支流，還有一條河是老早就斷流的薩拉斯瓦蒂河。吠陀社會以部落和氏族為中心，吠陀經文裡大概提到三十個。經文中描述了多場戰役，其中提到的敵人究竟是真實存在，還是神話人物，難以斷定。在類似古印度版《冰與火之歌：權力遊戲》的十王之役（Battle of the Ten Kings）裡，最能清楚看到這點。十王之役地點在拉維河岸，交戰一方是雅利安人國王蘇達斯（Sudās），另一方為十個首領所組成、性質不明的同盟。這十個首領可能是「失勢的雅利安人」或達薩人。此役的勝敗，並非取決於高明的武器或戰術，而是念誦禱文。

早期雅利安人屬農業社會，倚賴馬和乳牛，牧草地甚受看重。他們是惡名遠播的偷牛賊，專攻比較宗教學的歷史學家凱倫．阿姆斯壯（Karen Armstrong）甚至把他們比擬為來自美國西大荒的牛仔。牛的地位有多崇高，在今日印度幾乎是老生常談——境內大部分的邦都禁食牛肉——但在吠陀印度，還沒這麼穩固。《梨俱吠陀》有個詩句談到禁吃牛肉，但另一個詩句說只要宰殺手法符合儀禮且人道，在婚禮上可吃牛肉。

吠陀文明早期階段的社會以部落為基礎。位居社會結構最頂層者是戰士酋長，在《梨俱吠陀》裡被稱作羅闍（raja）——與拉丁語的 *rex*（王、領袖之意）相近。羅闍並非擁有無限權力的君主，諸多部落由名叫薩巴（*sabhā*）、薩米提（*Samiti*）的議事會治理。薩巴是由長老組成的委員會，長老主持法院和議事會，組成某種聯盟或共和國；薩米提則由所有自由的部落民組成。羅闍一職為世襲，但一般來講需要得到前述這兩個組織同意，才得以坐上羅闍之位。羅闍騎馬上戰場時，會有御用祭司陪同，念誦禱文，以及執行打勝仗所需的儀式。

雖然吠陀和後來《摩訶婆羅多》等諸多典籍把重點擺在宗教上，我們還是據此拼湊出這個上古社會的面貌，儘管史學家巴夏姆（A. L. Basham）等學者提醒我們：「想要根據《摩訶婆羅多》重建西元前十世紀印度的政治史、社會史，會和試圖根據馬洛禮（Malory）的《亞瑟之死》（*Morte d' Arthur*）來寫羅馬人剛撤走後的不列顛史一樣徒勞。」但巴夏姆也認為《摩訶婆羅多》有個值得認真看待的例外：這部史詩提到發生於俱盧之野（Kurukshetra）的戰役，交戰一方是般度族（Pāṇḍavas），由五個兄弟領軍，並得到他們的堂兄弟暨戰車御手黑天助陣，另一方是他們的堂兄弟俱盧族（Kauravas），交手地點位在今日新德里附近某處，以般度族獲勝收場。考古遺物證實該處的確發生過一場戰役，

《薄伽梵歌》係《摩訶婆羅多》裡俱盧之野大戰開打前，黑天（立者）和阿周那（跪者）之間的對話。

但年代據推斷為西元前九世紀初，而非《摩訶婆羅多》所說的西元前三一〇二年。這究竟是該史詩裡所描述的大戰，或者其實只是場小衝突，形諸文字時被人說成大戰，不大可能有釐清的一天，在政治激情充斥的印度大環境下尤然。

《摩訶婆羅多》成書於西元前四世紀至西元三世紀間，係最著名的印度教史詩，而且是世上最長的史詩——長度約為《伊里亞德》和《奧德賽》加總的十倍。凡是印度教傳及之地，都可見到取材自《摩訶婆羅多》，描寫俱盧（Kuru）部落兩敵對氏族這場戰役的場面，柬埔寨吳哥窟的浮雕和爪哇皮影戲只是其中兩個例子。一九九〇年代後期，這部史詩搬上印度國營電視台「全印電視台」，每週播放一集，連播了九十四週，每到播放時間，全印人民幾乎全停下一切活動，坐在電視機前。

《摩訶婆羅多》最著名的篇章是《薄伽梵歌》（*Bhagavad Gītā*，或稱《神之歌》）——由神祇黑天和般度族王子阿周那（Arjuna）兩人的對話構成。阿周那問為何竟要和他的堂兄弟廝殺，黑天回道，殺掉他的堂兄弟是他的職責：「死於自己的職責裡，就是生；活在他人的職責裡，就是死。」不管代價多大，都必須以客觀情況，而非以個人利益或情緒，指導自己行事。如今《薄伽梵歌》在印度教徒裡的名氣，就如同《新約聖經》在基督徒裡的名氣。一九四五年，原子彈之父歐本海默（J. Robert Oppenheimer）在新墨西哥州看過原子彈第一次試爆後，就是拿《薄伽梵歌》的一個詩句描述他當時的心情：「這下我成了死神，毀滅世界的人。」

根據某些典籍，例如詳述吠陀儀式的《百道梵書》（*Satapatha Brahmana*），我們知道雅利安文化和社會的中心地帶，從西元前十世紀左右，開始往東移向道阿卜地區（Doab，即恆河、亞穆納河之間的地帶）。如今這裡是阡陌縱橫農地，正遭印度最高速的都市擴張浪潮蠶食鯨吞，但過去，誠如英格蘭籍歷史學家約翰・基伊（John Keay）所說的，「綠意盎然、濕氣重、遍布森林和沼澤的荒野，近似西伯利亞的熱帶泰加群落森林。」

這些叢林，地力高於較乾燥的西印度土地，但難以清除。不過，它們終究支撐起更稠密的人口，在西元前八〇〇年左右催生出第一批城市，例如伽屍（今瓦拉納西）和哈斯蒂納普爾（Hastināpura）。拜較先進的技術之賜，開始出現可籠統稱之為以地理性實體為基礎的共和國。鐵的使用據推斷始於這個時期前後，但鐵器品質不佳。直到這個千年中期，得益於較先進的冶爐，才開始有末端包鐵的犁可用，從而促成大面積作物種植，催生出一批勞動力。這一往東擴張之舉的另一個特點，係出現名叫彩繪灰陶、較先進的陶器。藉由考察此灰陶的殘片，我們得以斷定雅利安人漸漸遷移至今日比哈爾邦邊界，往南遷至訥爾默達河。

印度次大陸社會分層的證據在哈拉帕文明時期就存在，但隨著膚色較淺、說梵語的雅利安人日益和膚色較深的達薩人混合，社會分層更加明確，血統純正與否變得重要。至西元前第一個千年中期，雅利安人、達薩人的社會階層已擴大為瓦爾那（*varnas*）制，即階級制，其基礎一如今日印度教的許多方面，皆由《梨俱吠陀》的詩句得到制度化。

〈原人歌〉（Poem of the Primeval Man）假設有一個從開天闢地之初就被創造出來的社會秩序，且會永遠存在。這首詩歌描述原人的身體被肢解為四個瓦爾那（顏色之意）。原人之口化為婆羅門，婆羅門把持火祭（*yajna*）之類儀式，藉此取得權勢地位。有如古老的演算法一般，吟誦吠陀讚歌的聖語時需要力求精確，否則，聖語就毫無價值。這些讚歌極具威力，能促使神行善或為惡。婆羅門祭司（*purohita*）懂這些讚歌和儀式，能夠透過這一知識促使祈禱者必得豐收、生子或打勝仗。

原人的手臂化為剎帝利（*kṣatriya*），即由統治者和戰士構成的階級；軀幹化為吠舍（*vaiśya*），大體上由小農、商人、農場主構成。最低階的瓦爾那是首陀羅（*śūdras*），即僕人，由腳化成，非雅利安人和通婚所生的達薩雅利安人屬之；更下層者是賤民（Untouchables），即不具種姓地位的人，從事最卑賤的粗活，例如掃街、清除糞便。

前三個瓦爾那被劃定為再生族（*dvija*），第二次出生後，才有參與儀式的權利。首陀羅則被拒於這個種姓制度之外，永遠困在較卑下的地位不得翻身，無從躋身再生族。瓦爾納可說是種姓制度的前身，西元一世紀起，種姓制度開始變得神聖不可侵犯。今日印度憲法雖明訂根據種姓歧視他人是不合法的，但種姓制度仍是印度社會的一大特點。

因此，我們可以把吠陀後期（西元前一一〇〇～前五〇〇）雅利安人社會的基本面貌界定如下：使用梵語，儘管梵語仍是口頭用語；採用祭司置於國王之上的社會分層體制；經濟主要以養牛為基礎；神祇眾多，其中大多與西方神祇相似；靠吠陀經來執行支配社會各種層面的儀式，而從賭博到結婚、死亡都受這些儀式支配。

雖然城市人口增加使貿易有所成長，但社會性質以農業為主，意味著貿易往來還在雛形階段。直到西元前六世紀為止，沒有證據顯示雅利安人使用貨幣或存在商人階層。吠陀經也完全未提到書寫，但略而不提書寫，可能係因為祭司把書寫視為創新之舉，並不樂見。雅利安人看重火化甚於土葬，很可能係因為火和儀式上的純淨有關連。而輪迴轉世的概念——此生幸福或悲苦全憑前世的作為，則直到《奧義書》（*Upanishads*）這部文獻集編成後，才變得根深蒂固。

從吠陀經和《摩訶婆羅多》之類史詩的數千詩節，勉強可一窺當時的風貌，但西元前第一個千年中期之前的印度史，誠如巴夏姆所哀嘆的，依舊是個「有許多缺塊的拼圖……缺乏有趣的軼事和有趣的人物，從而使專業、業餘歷史學家的研究都無法生動討喜起來。」看法的分歧則使這段歷史的面貌顯得更加撲朔迷離，其中有些分歧源於對歷史證據的詮釋差異，有些則肇因於研究歷史者懷有純意識形態性的目的。

然而吠陀時代後期也是一個新歷史時代的分水嶺。神話和傳說的時代，首度轉型為王國與遠見型領袖擅場的時代。其中最重要的此類領袖是佛陀——泰戈爾口中「歷來世上最偉大的人」。

Chapter

02

宗教革命分子

一九五六年十月十四日，安倍德卡爾（B. R. Ambedkar，一八九一～一九五六）——印度憲法的起草者和印度賤民的領袖——站在那格浦爾市將近五十萬人的群眾面前，宣布放棄他出生就皈依的印度教信仰，改信佛教。在場大多人也跟著效法安倍德卡爾，使此次大會成為史上最大規模的改宗行動。接下來數年，三百多萬賤民投入佛教懷抱，藉此迅速擺脫以種姓為基礎、使他們淪為印度教社會最底層的體制。一九六一年人口普查時，印度境內佛教徒人數大增，達到十年前的十六．七一倍。

在佛陀（西元前約五六三～前四八三）的母國印度，二十世紀中期時，除了信佛教的偏遠王國拉達克和印度東北部的寥寥幾個佛教徒社群，在其他地方，佛教徒已幾乎絕跡。安倍德卡爾在印度振興佛教，既是宗教、倫理現象，也是社會現象。在改信佛教之前，他已發展出名叫新乘佛教（Navayana Buddhism）的新教義。這一佛教流派揚棄出世、輪迴、出家之類觀念，但保留慈悲、平等之類理念，而安倍德卡爾運用這些理念，打造出某種以實際行動改造社會的主張。

安倍德卡爾小幅度的調整，表面上看來甚為激進，其實不然。佛教初現於印度時，就是對吠陀婆羅門主義之嚴苛正統觀念的反動。所有人，不拘哪種信仰和社會階層、不拘男女，都可成為佛陀弟子。

本名悉達多．喬達摩的佛陀，西元前五六六至前五六三年間生於尼泊爾南部的王族家庭，死於約八十年後。根據佛教傳說，佛陀誕生出於神的介入：他的母親摩訶摩耶夢見一頭大白象入其子宮（大白象是國王威嚴和權威的象徵），然後，悉達多從她身脇產出，由半人半神的「天人」（*devas*）手捧金網接住，生產過程其母毫無疼痛。悉達多環顧四周，開口道：「天上天下，唯我獨尊。」有賢人受請解讀這一奇事，發現在這個小孩的雙手雙腳上有輪狀印痕，預言他長大後會成為強大的國王或偉大的宗教導師。

西元前第一個千年中期是思想蓬勃發展的時期——不只在印度，在文明世界的其他地方亦然。在中國，孔子闡述其學說；在希臘，早期哲學家如蘇格拉底探索何為真理；在近東，希伯來先知傳播舊約聖經的意旨。

在印度，主要營畜牧生活的雅利安人，其半游牧文化漸漸被以農業為基礎、住在城市的社會取代。出生率於是劇增。希臘史學家希羅多德西元前五世紀著書時，曾描述印度是世上人口最多的國家。此時開始出現地區性王國和以集群為中心建立的共和國。地區性王國，以憍薩羅（Kosala）和摩揭陀（Magadha）為最大，前者位在今北方邦東部，後者在今比哈爾邦境內。這兩個王國的統治者向其溫順的國民課稅，藉此得以建立龐大軍隊，打造有效率的政府。統治者的強大，不再倚賴其吠陀婆羅門顧問的法力加持，而是憑藉其政治手腕和軍力。

拒斥吠陀經且不接受婆羅門支配社會的新異端也漸成氣候。對非婆羅門來說，印度教有許多無法理解之處；吠陀經的讚歌很複雜，教義也與日常生活關連性不大；吠陀神祇敵不過老早就在路邊小祠裡受人膜拜的在地自然神、生育神；獻祭儀式，尤其是涉及殺掉動物的獻祭儀式不再受看重，婆羅門的權威基礎跟著遭削弱；階級在精神生活裡的角色受到質疑，較弱勢者因此大舉投入拒斥吠陀時期嚴格等級體制的新教派。

《奧義書》是編纂於西元前八〇〇至前三〇〇年的吠陀文獻集，介紹生死輪迴（*saṃsāra*）觀。《奧義書》教諭世人，靈魂轉世投胎取決於個人生前的作為。善有善報，惡有惡報；進入涅槃（*nirvāṇa*），人即永遠擺脫生死輪迴。這類觀念催生出對得救之道的必然追求。出世於是成為接下來新興宗教的基礎概念，深深影響了印度和許多亞洲地區。

在恆河平原的遼闊森林裡，對得救的追求和對婆羅門儀式主義、排他性的抵抗，體現在雲遊苦行者和托缽僧身上。他們往往赤身裸體，一頭纏結的亂髮，竭力在忍耐工夫

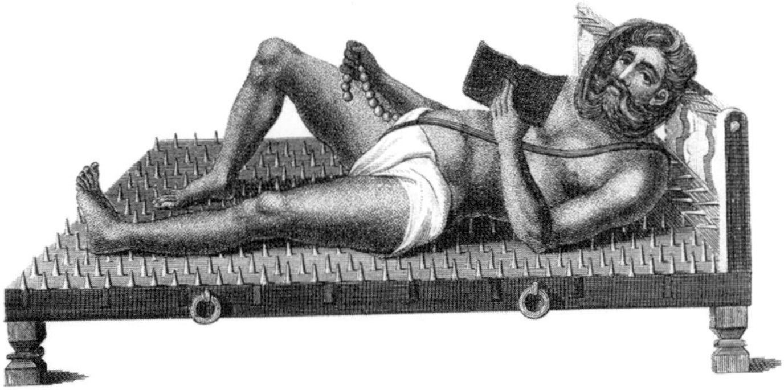

苦行者近乎全裸躺在釘床上的刻板形象，大概始於西元前八〇〇至前三〇〇年這時期，在當時，出世成為《奧義書》的中心思想。

上勝過他人，同時駁斥對方的宗教資歷，以吸引他人投入其宗教門下。這一形而上的抗議、抵抗文化，成為揚棄婆羅門教義、拒斥婆羅門神權說的新信仰堅實的支持力量。

覺悟之道

悉達多．喬達摩的父親是釋迦部族的統治者，該部族奉憍薩羅王國為宗主國。他在父親位於劫比羅城（Kapilavastu）的宮裡長大，劫比羅城即今日尼泊爾德賴（Terai）低地地區的藍毗尼（Lumbini）鎮。悉達多生活優渥，父親為了不讓他知道外界的真實樣貌，「每個小時提供（他）

新的歡樂」。有天，年約十八歲的悉達多很想看看宮牆外的世界，便進入一園子，在那裡遇見老人、病人、屍體和雲遊苦行者，首度見識到人世的苦。他前三個見到景象代表老、病、死，使悉達多領悟到人生在世苦之無所逃和生命的無常，不論貧富或出身皆然；而苦行者則揭露了超脫於短暫塵世之道，提供了離苦的辦法。

悉達多誓言效法那位苦行者，於是拋棄妻小、宮殿、財富與王袍，過出世生活。接下來六年，他加入恆河平原的雲遊托缽僧行列，跟著他們嚴厲苦行，嘗試數種得救之法。最終，使他悟道的是靠著冥想，而非苦行。悉達多小時候會坐在蘋果樹的樹蔭裡，以杜絕感官之欲和惡念頭上身。他想起先前這些體悟，開始於菩提樹下打坐冥想，誓言不成正覺，絕不起身。經過數日禪坐，他終於領悟苦和無常的真正本質，為如何離苦、克服無常擬了辦法，從而成佛（覺者）。如今，人稱佛陀悟道之處為菩提伽耶（Bodh Gayā）。

悟道之後的佛陀接著前往位於聖城伽屍附近的鹿野苑，對五名他之前的同伴宣講「轉法輪」。他先是提倡「中道」——苦行和沉迷於世俗之樂都應避免，仇恨、嫉妒、憤怒亦然，然後宣揚關於苦之本質、起源、中止的「四聖諦」。為終結苦，必須行「八正道」，

在「四門遊觀」傳說中，佛陀說他某次苦行時進食甚少——一天只六粒米——致使「身體變得極瘦……我往肚子摸，以為會摸到肚皮，結果卻抓到我的脊椎」。

亦即正語、正業、正命、正念、正定、正見、正思惟、正精進。

這次說法為佛教世界觀打下基礎。佛教世界觀是一組環環相扣的論點，認為無明是人世苦難的因。無明源於人未能理解人世的本質，亦即未能理解人生各方面都離不開苦，諸行無常。無知於無常，因而有苦。

最後，他提出諸法無我。輪迴的要義，在於無一物可從一世轉移到另一世，因此藉由抑制沉迷和支配欲，人就忍受得了自己的處境。如果生前積下足夠的功德，就能臻於涅槃，擺脫永無止盡的生死輪迴。

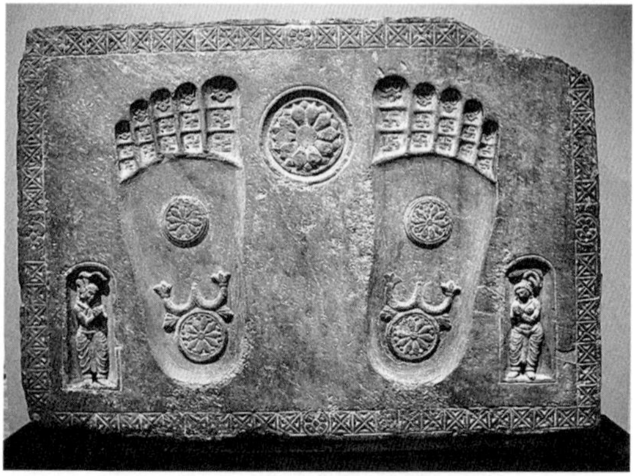

早期佛陀的象徵有大輪（*cakra*）、菩提樹、朝上的手或腳印等。

佛陀所宣講的道理，完全未提到創世者或救世主。佛陀認為精神上的權威並不存在，也禁止拜偶像。於是，佛教其實是與既有的宗教相得益彰，而非取代了它們。至於佛教是宗教還是哲學的爭辯，如今仍未歇。

佛陀的教誨被稱作「法」（*dharma*）。「法」這個詞包含了多個相關的意義，例如法律、職責、正直、道德、虔誠等。在佛陀的教誨裡，「法」指的是人一套牢牢立基於哲學層次上、為人處世的準則。後來佛陀提升到神之地位，係他的信徒所為。

鹿野苑五弟子成為佛教僧伽（*sangha*，即僧團）的核心成員。僧伽迅速擴及整個北印度，任何人，不分性別和社會地位高低，都可

二〇一一年人口普查，印度各大宗教占比

印度教	827,578,868	80.5%
伊斯蘭教	138,188,240	13.4%
基督教	24,080,016	2.3%
錫克教	19,215,730	1.9%
佛教	7,955,207	0.8%
耆那教	4,225,053	0.4%
其他／未表明宗教信仰者	7,367,214	0.7%

加入。捐錢、捐物可積功德，僧院隨之致富，也使僧院有錢從事更多傳教活動。

以個人長遠的影響催生出宗教革命的精神領袖，不只佛陀一人。後來，印度爭取獨立期間，聖雄甘地取用耆那教的非暴力（*ahiṃsā*）和真理（*satya*）原則來推動獨立運動。耆那教創始人伐達摩那（Vardhamāna，約西元前五九九～前五二七）一如佛陀，也是剎帝利武士氏族的子弟。三十歲時，即和佛陀約略同時，開始雲遊托缽，但持續了十二年，比佛陀多了一倍時間。他的苦行也更為嚴苛，包括一次長達六個月的齋戒，且悟道時並非舒服坐在樹蔭裡，而是已跪坐於烈日下兩天半。他成為全知者（*kevalin*）和勝者（*jina*）；耆那（Jain）教之名

即衍生自「勝者」這個稱號。

人稱大雄（Mahāvīra）的伐達摩那，在接下來三十年帶著一群弟子遊歷北印度。但由於嚴苛的苦行且較不注重傳教，耆那教傳播速度慢於佛教。西元前約五二七年大雄去世後，接連數位傑出的導師得到帝王贊助，旃陀羅笈多・孔雀（Candragupta Maurya，西元前三二二～前二九七在位）即是其一。

耆那教一如佛教反對婆羅門教。其基本信念，係眾生——從人至最微小的昆蟲，都有靈魂或生命力（*jiva*）。這一生命力是非暴力（不傷害其他生物）的緣由。耆那教的天衣派（Digambara）把此觀念發揮到極致，該派僧人一絲不掛四處走動，除了用來裝水的葫蘆、用來清掃地面的孔雀羽、用來防止不小心吸入昆蟲的薄紗面罩，身無長物。他們在夜裡不能點蠟燭，以防飛蛾撲火身亡。根據最嚴格的耆那教傳統，只有這些「天衣」僧能得道。

犁土會殺害昆蟲，因此耆那教徒避農從商。這讓耆那教徒成為當今印度最富有的族群，稱雄於銀行業、珠寶業。從古吉拉特邦帕蘭普爾（Palanpur）這個小鎮發展出的大型耆那人網絡，即控制了全球九成左右的鑽石切割、琢磨行業。

隨著佛教、耆那教興盛，創建兩宗教所在的國家也跟著國力大興。西元前五世紀初期，在阿闍世（Ajātaśatru，西元前四九二～前四六一在位）統治下，摩揭陀國成為當時印度次大陸上最強大的王國。頻毗娑羅（Bimbisara，西元前五四四～前四九二在位）是開明君主，極景仰佛陀，其子阿闍世弒父後篡位，消滅與之抗衡的憍薩羅國、毗提訶（Videha）國，征服從尼泊爾喜馬拉雅山脈至孟加拉灣的大片土地。最重要的，他遷都至恆河畔的華氏城，該城是北印度極有利可圖之河運貿易的中心。阿闍世之後的國王，大多是弒父篡位者，在西元前四世紀初建立起強大的難陀（Nanda）王朝。

印度的「凱撒」

難陀王朝版圖之廣，係當時印度史上所首見，但比起迅速擴張的亞歷山大帝國，仍相形見絀。亞歷山大（西元前三五六～前三二三）的軍隊從雅典出征，控制了西亞許多地方。西元前三三一年，他進軍波斯，打敗阿契美尼德王朝末代君主大流世三世，然後揮軍越過興都庫什山，占領喀布爾周邊區域，接著於西元前三二六年渡過印度河。但此時，這支大軍已不再是所向披靡，堅不可摧。數年的強行軍和硬仗，加上對河對岸的情況感到害怕，他的士兵已身心俱疲。抵達比亞斯河（Beas River）時，亞歷山大的將領擔心部隊叛變，勸他調頭，他迫於形勢不得不照做。

亞歷山大征服之舉所具有的意義未有定論。身為第一個入侵印度的「西方人」，十九世紀的英國拓殖者譽之為先驅者，使亞洲接觸西方文明的偉大帝國英雄。他高明的戰術和有時流於魯莽的英勇雖然啟發了日後的印度統治者，但他既無長遠的戰略規畫，也缺乏有效的治理。於是誠如愛爾蘭籍印度學家文森・史密斯（Vincent Smith）所指出：「印度未被希臘化，繼續過著『光榮孤立』的日子，不久就忘掉馬其頓風暴掠過之事。」

亞歷山大的撤退路線順著印度河而下，船隻駛經神祕的哈拉帕文明城市遺跡，沿途留下零星的駐守部隊，指派總督治理攻占的領土。亞歷山大的征戰造就流傳千古的傳奇，但留下的影響少之又少，因而現存的古印度文獻完全未提到他。西元前三二三年他死於巴比倫，死後不到一年，留存的軍事基地就大多因當地人叛亂而湮滅。

當時有人希望亞歷山大繼續東征，挺進印度，古希臘文獻裡名叫桑德羅科托斯

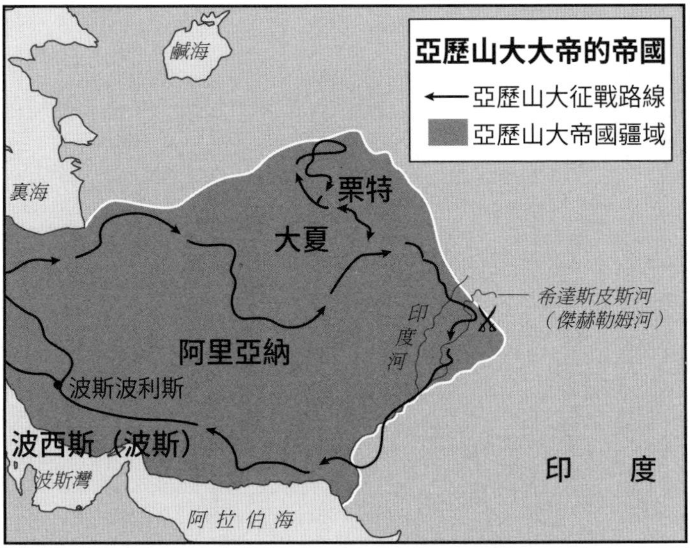

亞歷山大大帝的兵鋒最遠及於今日印度旁遮普省境內的比亞斯河。

（Sandrokottos）的印度籍將領便是其中之一。這位半神話性的人物究竟是誰，曾多年未解，後來威廉·瓊斯翻譯西元前一世紀的一部梵語劇作時，無意中發現劇中提到一位名叫旃陀羅笈多·孔雀（約西元前三二二～前二九七在位）的印度統治者。劇中說旃陀羅笈多篡奪對手的王位，定都於華氏城，在那裡接待了來自遙遠國度的使節。他推斷桑德羅科托斯和旃陀羅笈多是同一人。瓊斯這一發現的重要性，不只在於把這兩人連在一塊；由於確定了旃陀羅笈多的在位時期，重建古印度其中一大段歷史，終於變得可能。

旃陀羅笈多在二十五歲左右遭摩揭陀國王流放。亞歷山大停下攻入印度的腳步，原因之一係聽聞摩揭陀國軍力強大。但旃陀羅笈多力促亞歷山大渡過比亞斯河，堅稱征服摩揭陀不難，因為該國國王「卑劣、出身低下，受到（其人民）痛恨和鄙視」，人民必定會起事反抗。

受亞歷山大冷落羞辱後，旃陀羅笈多開始自行招兵買馬，其士兵主要來自印度西北邊疆互不統屬的諸部族。他的軍隊消滅掉剩餘駐防的希臘部隊，並在西元前三二一年打敗摩揭陀國王難陀八萬匹馬、二十萬步兵、六千頭戰象的軍隊，占領其都城華氏城，掌控其軍隊。

旃陀羅笈多的西征，也令亞歷山大麾下將領「勝利者」塞琉古一世（Seleucus Nicator，約西元前三五八～前二八一）吃下敗仗，顏面盡失。塞琉古曾想要為亞歷山大收復失土，如今被迫拿今日阿富汗南部、東部的一大塊土地換取僅僅五百頭大象。然而兩位領導人隨後達成某種和解，可能靠聯姻達成。

為表示親善之意，塞琉古遣使麥加斯蒂尼（Megasthens，約西元前三五〇～前二九〇）赴華氏城。麥加斯蒂尼穿越印度，將所見所聞詳細記錄下來，成為第一本出自外國旅人之手、翔實的印度見聞錄。他的《印度見聞錄》（*Indica*）原作已佚失，但有片斷保存在斯特拉博（Strabo）、普林尼（Pliny）、阿里安（Arrian）等人的著作裡。書中對「這個神祕、神奇國度」的描述不盡屬實。對於自己所無法親眼觀察的事物，麥加斯蒂尼借用更早的傳說，於是有以下離奇之人物：單靠聞烤肉香味和花果香氣就能存活的無嘴男人、已活了千年的許珀爾玻瑞亞人（Hyperboreans），以及耳朵大到能當作毯子把自己包起來的種族。

對史學家來說，較有價值的部分，係他對「桑德羅科托斯」之宮廷的描述，說該宮廷的「維護展現野蠻且豪奢的擺闊作風」。即使考慮到誇大其詞的成分，從他筆下還是可清楚看出華氏城是上古世界最大的城市之一。城裡有湖泊和滿是蓮花、茉莉、木槿的花園，並有噴水池為城市降溫，與現今矗立在其廢墟上的巴特納（Patna）城混亂、擁擠的市容，可說有天壤之別。旃陀羅笈多的宮殿全以木頭建成，宮內「可見到許多金盆和金酒杯——其中某些金盆寬達六英尺——雕飾富麗的桌椅、鑲了寶石的印度黃銅器皿、華美的繡袍，使官方典禮金碧輝煌。」娛樂則有比武、賽牛、國王狩獵。

據麥加斯蒂尼所述，孔雀王朝統治者掌理一個組織完善的行政部門，極用心於國家

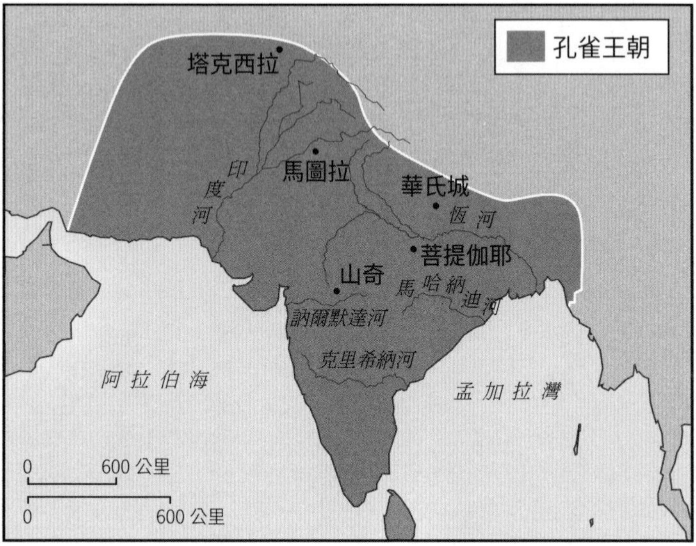

治理和個人安全維護，因而晚上只睡四小時多一點，而且不管到哪裡，都有侍衛跟在身旁。他偏愛的交通工具是黃金打造的御輿，御輿架在象背上，並有女侍撐傘遮陽。旃陀羅笈多在位僅二十四年，但被譽為印度的「凱撒」，印度的「俾斯麥」。趕走希臘人在西北部的駐軍後，他的版圖不斷擴張，從阿拉伯海延伸到孟加拉灣，涵蓋了大部分的北印度。孔雀王朝擁有如此遼闊疆土，成為印度史上第一個多族群王國。在其孫子阿育王治下，此帝國的版圖在西元前三世紀時涵蓋幾乎整個次大陸。在一六〇〇年代後期蒙兀兒皇帝奧朗則布在位之前，就屬此帝國的疆域最接近今日印度的版圖。

原本，要瞭解孔雀王朝，就只能靠麥加斯蒂尼之類的希臘作家和零星的印度劇作家，但一九〇〇年代初期，一名來自坦賈武爾（Tanjore）的婆羅門學者帶著一份貝葉手稿來到邁索爾政府的東方博物館（Oriental Library），使局面改觀。這份手稿經考證，係《阿爾塔薩斯特拉》（*Arthaśāstra*），有人將其譯為「政治學」，也有人譯為「成功論」，是瞭解古印度之行政、法律、貿易、戰爭、和平的重要史料，其作者據推斷是旃陀羅笈多的婆羅門籍顧問考底利耶（Kauṭilya，西元前三七五～二八三）。考底利耶的字面意思，可以是「歪的」、「彎的」或「曲折的」。晚近的學術研究認為，此作應於西元前二或三世紀時經多位學者廣泛修訂過。

拿到諾貝爾獎的印度經濟學家阿瑪蒂亞．森（Amartya Sen）曾表示，《阿爾塔薩斯特拉》最清楚的宗旨，就是「強權即公理」。也有學者把它和《孫子兵法》相提並論，視之為「欲在充滿競爭且日益全球化的國家裡積聚財富」的創業人士之成功寶典。相信別的君主，就是自尋死路；治國絕不可被道德考量左右；比起大權在握或積極投入，權謀詐術是國王所更要具備的條件；詐術是治國的根本，因此，考底利耶建議為政者雇用交際花當間諜或線民。間諜也可用來傳播不實訊息，製造敵軍陣營恐慌，或藉由捏造勝績或偽稱占星家已宣告國王無所不知，來激發己方將士信心。

德國社會學家馬克斯．韋伯認為，《阿爾塔薩斯特拉》的激進主張使馬基維利的《君王論》顯得「良善而無害」。這在考底利耶針對追逐權力所給的建議上，最能清楚體現——他為某王取了「維濟吉蘇」（*vijigīṣu*）這個名字，意為渴望征服之人。但儘管考底利耶把擴張政策視為治國重點，國王卻始終面臨一個兩難：既要掌握大權，又要掌握婆羅門祭司所宣稱擁有的宗教權威。誠如政治學家蘇尼爾．吉爾納尼（Sunil Khilnani）所寫的，「要取得正當性，統治者必須表現出無意追逐世俗權力，展現出世的傾向——但又不能太過頭，以免妨礙其追逐權力。這個無休無止的分寸拿捏，如今仍是印度統治者所要克服的難題。」

據傳說，旃陀羅笈多於西元前約二九七年退位。關於他為何在權力頂峰之際退位，各家說法不一。據某耆那教傳說，他的精神事務顧問預言，由於他在位期間殘害生靈，王國會受到十二年飢荒的報應，他因而皈依耆那教，和一眾僧人一同去了南印度，最後落腳於什拉瓦納貝拉戈拉（Śravaṇa Beḷagoḷa）。據說他在該地棄世苦行，絕食而死。

阿育王——最偉大的國王

我們對印度下一段歷史的瞭解，要大大歸功於威廉・瓊斯在亞洲協會的諸位接班人的用心考究。一八三七年，詹姆斯・普林塞普（James Prinsep，一七九九～一八四〇）考察山奇佛塔石欄上的銘文，破解了兩個字母，藉此得以鑑定該語言為巴利語。然後他開始破解分布於印度次大陸各地的其他銘文。有些銘文在巨石上，有些則在岩壁上。但最壯觀者係刻在粗大圓柱上的銘文。關於這些銘文的意義，從晦澀難懂的吠陀咒語到印度特有版的十誡，各家解讀不一。不久，普林塞普就弄清楚，這些銘文是昭告君主旨意的

專欄

考底利耶論貪腐：「人無法弄清楚在水裡游動的魚何時喝水，亦無法弄清楚受命執行任務的官員何時侵吞公款。」

考底利耶論權力：「統治者應靠誘惑來贏得民心——國王應懂得如何施巫術以替自己營造具有神奇力量的形象，應盡情使用操縱之術。」

詔書，大多以「德瓦南皮耶・皮耶達西（Devanāmpiya Piyādassi）昭曰」為開頭。錫蘭的佛教編年史提到一位叫皮耶達西的斯里蘭卡國王，此人與一位提倡佛教且統治廣大王國的印度君主同名。但直到二十世紀初，眾人才認出這位達瓦南皮耶・皮耶達西（諸神所愛且仁慈對人之人）是阿育王。

在《世界簡史》（*A Short History of the World*）中，威爾斯（H. G. Wells）稱阿育王棄絕戰爭，採納佛教，宣布其所征服的土地都是「宗教所征服」，因此是「最偉大的國王」。對史學家巴夏姆來說，阿育王「是古印度諸王裡，唯一能被後人確切地重現其人格者，光憑這一點，他就是古印度其他國王所不能及。」巴夏姆描述阿育王的性格時，說他「有些天真，往往頗自以為是和自命不凡，且不知疲累為何物，意志堅強而跋扈。」

西元前約二六八年阿育王即位時，承接的帝國人口據估計達五千萬，且人民的社會地位、宗教信仰、族群身分相當多樣。摩揭陀周邊區域和西恆河平原，大多受雅利安文化影響；更西邊、更北邊的區域與希臘化的阿富汗文化有接觸；南邊的文化則獨樹一格，屬雅利安人到來之前就存在的達羅毗荼（Dravidian）文化。此帝國幅員廣大且人民組成多元，必須用心打造行政機構和政府權威，才治理得好。政府修築了林蔭道路，每隔步行一日的距離鑿井、蓋休息所。阿育王也下令栽種藥草。為治理如此廣大的帝國，他指派督察使（*dhamma-mahāmātta*）巡行國境，確保地方官員善盡職責。這些詔書是他帝國治理計畫不可或缺的一環，放置在重要的人口中心或其周遭，「只要我的子子孫孫繼續為王，只要日月繼續存在」，其旨意就永遠傳布於人間。

棄強制、採勸說的政策是阿育王最受後人緬懷的事蹟，但在位之初他卻是大行暴力。在西印度的吉爾納爾（Girnar），有阿育王摩崖詔書，描述他征服羯陵伽（Kalinga）國時如何屠殺了十萬人命。飢荒和疾病大概又造成更多人喪生。據該詔書記載，此災難喚起阿育王「自責、傷悲和痛悔」之情。

已發現的三十三個詔書，大多以普拉克里特語（Prākrit）寫成，普拉克里特是諸多土語的統稱，比起書面語梵語或錫蘭佛典裡使用的巴利語，流通更廣。西印度的人則講希臘語和阿拉姆語（Aramaic，波斯帝國的通用語）。阿育王柱因具有藝術之美而引人注目，柱頂有栩栩如生的獅像和公牛像，大概是阿契美尼德王朝覆滅後從波斯遷徙至印度的熟練石匠所雕。有些阿育王柱高達十二或十五公尺，用一整塊石頭刻成。這些石柱最重可達五十噸，石料採自瓦拉納西附近的久納爾（Chunar），再運送到數百公里外地理位置重

最著名的阿育王柱是發現於鹿野苑的獅像柱頭，為四頭方向各異、站在法輪上往外看的獅子。這個形象之後成為獨立印度的象徵，讓錢幣、紙鈔、郵票、印章增色不少。在印度國旗上也有這個法輪。

要的地方。

阿育王石柱和摩崖詔書可能是取法波斯王大流士一世的崖壁銘文，但未頌揚這位帝王和其偉大之處，反倒說明其推廣正法的政策。正法的最重要原則是寬容——既寬容人民，也寬容他們的信仰和觀念。誠如阿育王所解釋的，這意味著「對奴隸和僕人心存體諒，對父母服從，對朋友、熟人和親人寬厚，對祭司和僧人寬厚」。另一個原則是非暴力，若能以仁慈達成征服，就該如此征服。阿育王立下開明治理的典範，認為鄰國會因此相信他的政策有益，從而有意加入他的帝國，形成某種開明的聯盟。

阿育王受到佛教思想影響，相信征服

能以正法為本。此前一直以暴力征服來擴張帝國的印度治國之道，自此遭推翻。他廢除牲祭，限制食肉，廢除國王狩獵，禁止殺害的動物包括長尾小鸚鵡、鴿、蝙蝠、蟻、陸龜、松鼠、乳牛、犀牛、雌山羊。由於他堅持不殺生，他的許多子民也開始吃素。

阿育王最深遠的影響，係把佛教從侷限於一地的印度宗教改造為世界性宗教。他下令打開比哈爾地區境內供奉佛陀舍利的八座塔，把佛舍利分發到全國各地。由於旃陀羅笈多在位期間建立了御道，塔克西拉與華氏城得以相通，其中許多佛舍利最後落腳於塔克西拉（Taxila）。阿育王也命人在其帝國境內數個地點開鑿洞窟，供佛僧和耆那僧冥想靜修之用。位在菩提伽耶附近巴拉巴爾丘陵（Barabar Hills）上的那些洞窟，後來就以馬拉巴爾丘陵（Malabar Hills）之名出現在佛斯特的《印度之旅》（一九二四）裡，並以此

專欄

第二個小摩崖詔書：「要服從父母；要尊重生物；要講真話。這些是必須奉行之『正法』的美德。同樣的，學生要尊敬老師，對親人要表現出應有的禮貌。這是人必須奉行的古老義務規範，可使人長命百歲。」

名為後人所謹記。西元前約二五〇年，阿育王更在華氏城召開大型的僧伽「結集」，在會中編訂了巴利文佛典，並命僧伽成員赴印度各地和境外傳播佛法。

西元前二世紀，印度商人在亞歷山卓成立一生氣勃勃的佛教殖民地，由此可見此時期佛教傳播之廣。這座殖民地的存在，曾讓該城的行政首長抱怨「希臘人從這些野蠻人那兒竊得他們的哲學」。根據晚近的學術研究，佛教「本生」（*Jātaka*，闍陀伽）故事和基督教道德小故事、神蹟，有令人吃驚的相似之處。在某則「本生」故事中，一名虔誠的佛教弟子走在水上而不沉，直到失去其信仰時才下沉；在另一則故事中，佛陀從其托缽拿出一塊麵包，靠此麵包餵飽他的五百名追隨者；還有一則佛教故事極似舊約聖經中浪子的故事。誠如文森·史密斯所寫道：「剛誕生的基督教在亞洲、埃及的學院和市場裡與成熟的佛教相遇，兩宗教的相同境遇是，都受到周遭以多種形態呈現的多神教影響，也受到無數表達多神教思想的藝術作品影響。」

阿育王在位時期的和平、繁榮猶如曇花一現。儘管派了「正法官」（Officer of Righteousness）傳播佛法，根深蒂固的印度社會分層制度還是漸漸削弱佛法的影響力。約西元前二三二年阿育王去世時，孔雀王朝已開始裂解。他的兒子為爭奪皇位而大打出手；

阿育王要人勿再動武征服的教誨遭拋到腦後，戰爭再度成為常態。巴夏姆難過的指出，「一般來講，後孔雀王朝時代的印度史是王朝與王朝爭奪地區支配權的歷史，印度自此失去政治一統將近兩千年，雖然在文化上並非如此。」

孔雀王朝衰落的原因，如今仍未有定論。有些史家主張，阿育王支持佛教之舉遭婆羅門祭司階層抵制；另有史家說他的非暴力政策削弱了國家的軍力，使該國難以抵禦從西邊來犯者。有人則認為要在如此遼闊的區域上打造國民意識不易，係另一個原因。追根究柢，根本原因很可能出在經濟基本面上，史學家認為孔雀王朝的經濟大抵以農業為基礎，要以此供養軍隊和他從旃陀羅笈多承接的龐大官僚體系根本行不通，而孔雀王朝晚期銀幣貶值，就是明證。

外人入侵的時代

孔雀帝國覆滅後的時期，常被稱作是印度的「黑暗時代」。然而這一說法不盡屬實。

雖然一波波來自希臘的冒險家和中亞的游牧戰士蹂躪摧毀了諸多印度城鎮，這時期並不乏開明統治者。佛教在其發源地繼續壯大並傳播到鄰國，希臘-大夏裔國王則帶來西方的占星、醫學理論。印度和西亞、地中海的貿易甚為興旺，致使古羅馬元老院議員抱怨女人把錢浪費在絲織品、珠寶之類印度奢侈品上。老普林尼曾於西元七七年哀嘆道，印度已成為「世界黃金的流入處」。這些黃金有許多來自南印度著名的戈拉爾（Kolar）金礦，打從哈拉帕文明時期起，戈拉爾的黃金就流通到亞、歐、非三洲的許多地方。

在這段期間，發生於印度東北方數千公里外的事，也開始影響印度次大陸的歷史。中國人為防止一連串部族入境劫掠，建造了第一階段的長城。約莫西元前一六五年，其中一個遭中國擊退的部族——月氏，一路西遷，一面趕走其他部族，「在族群分布上（產生）連鎖反應」，最後落腳於大夏（Bactria）。而在大夏，原本有一群亞歷山大撤退後留滯的希臘移民，先前才遭名叫塞迦人（Shakas）的部族驅離。

這些希臘移民被趕出其在大夏的根據地後，除了與犍陀羅地區以佛教徒居多的居民和解，別無他路可走。犍陀羅位在巴基斯坦北部，以塔克西拉城為中心。希臘籍統治者請佛教學者當顧問一舉有助於籠絡民心，也使佛教徒在精神、社會、經濟、文化方面的需要得以得到照應。希臘語開始成為官方文件用語，希臘錢幣也獲引進採用。主題結合了希臘羅馬美學和印度鮮明特色、獨具一格的雕塑流派開始興盛。

至西元一世紀後期，月氏的一個氏族——貴霜，已遷入犍陀羅，再轉入印度西北部，從而掌控了進入印度的兩條重要貿易路線。一如一千五百年前的雅利安人，他們精於騎術。但由於史料不足，他們是以入侵者的身分，還是以既有之某個統治者的盟友身分，還是以難民身分前來，如今仍未有定論。

貴霜國王採用此時期中國統治者的頭銜，自稱「天子」。迦膩色伽（Kaniṣka，西元一二七～一五〇在位）是其中最著名的統治者，約西元一二七年即位，其所治理的帝國從喀什噶爾綿延至恆河流域，領有布路沙布邏（Purushapura，今白夏瓦市）和北印度亞穆納河畔的馬圖拉（Mathura）兩個首都。

一如阿育王，迦膩色伽皈依佛教。他曾在喀什米爾召開一次大型的僧伽結集，與會僧人超過五百人，徹底重新審查了佛教經典。此時寺院成為大型經濟事業體，從事從貿易到釀酒的種種事業，以此獲得資金傳教，使佛法得以傳遍中亞和中國。在其在位後期，也開始出現帶有佛像並刻了希臘字母的錢幣，以及帶有來自波斯、羅馬、希臘、婆羅門

一九一一年，一尊迦膩色伽雕像經考古挖掘而出土，身穿束腰帶長袍和馬靴，佩戴禮杖和大刀，但沒了頭。喀布爾博物館收藏了一尊幾乎一模一樣的雕像，在二〇〇一年遭塔利班摧毀。

印度之神像的錢幣。

迦膩色伽對印度文明的另一個貢獻，係贊助犍陀羅藝術和佛教建築。佛陀立像身著類似古羅馬托加袍（toga）的袍服，呈現地中海風格鮮明的髮式和臉部五官，在在都是受到希臘羅馬藝術影響的證明。這些作品據推測出自羅馬雕塑家之手。當時的諸多絲路路線最終都會匯聚於印度西北部，這些雕塑家約莫是沿著絲路遷移而來。以塔克西拉為中心的地區成為佛教的心臟地帶，數百座佛塔立於各地，小從禮拜用的神祠，大到上古世界最高建築，其中號稱上古世界最高建築的那座塔，高約一七〇公尺，最上方有十三個鑲嵌珠寶的鍍金傘，向來到布路沙布邏的外地人獻上歡迎之意。

除了贊助佛教和使用騎馬騎兵作戰，這些入侵的游牧部族對印度文明的貢獻甚少。對於迦膩色伽之後的繼任者，我們幾乎一無所知，而他所創立的帝國也最終解體。但犍陀羅派藝術繼續盛行於阿富汗、喀什米爾。建於二世紀的巴米揚佛教隱修中心，就座落在大夏、塔克西拉之間的商隊路線上。巴米揚狹窄山谷的崖壁上，開鑿了神聖洞窟作為靜修之所，至今仍存，但三尊大佛像——最高的一尊高五十三公尺——慘遭反對偶像崇拜的塔利班毒手，於二〇〇一年三月遭炸毀。此一事件所代表的，是比西元第一個千年初期印度所經歷的時代還要黑暗的不幸時刻。

Chapter

03

古典時代

位於中印度山奇（Sanchi）某佛塔欄杆上，有五世紀銘文寫道：「至善之境已達到。」這句銘文寫於今人以懷舊之情所謂的印度黃金時代（西元三二〇～五五〇年），又名古典時代。這是前所未有的經濟繁榮時期，科學昌明，貿易興旺，犯罪少之又少；有識之士出錢為窮人蓋了免費醫院；有摩奴法典（Manu Smriti）闡明人所應盡的義務；有《愛經》（*Kāmasūtra*）之類的典籍詳細規畫善盡義務之後通往歡樂之路；在《往世書》（*Purāṇas*，傳說和道德規誡的合集）之類較通俗易懂的印度教典籍裡和《摩訶婆羅多》、《羅摩衍那》這兩部史詩裡，則可找到精神指引。

打下這個如同烏托邦時代的基礎者，係西元三一九年登上摩揭國王位的旃陀羅·笈多一世（Candra Gupta I，西元三一九～三五〇在位，本書以此稱呼和孔雀王朝統治者旃陀羅笈多〔Candragupta〕以示區別）。笈多王朝是孔雀王朝之後第一個版圖涵蓋全印度的帝國，但起源不明。根據現有的少許資料，旃陀羅·笈多出身富裕的地主家庭，娶了人脈甚廣的犁車族（Lichchavi）公主為妻，成為摩揭國統治者，仍以華氏城為都城。他即位後發行的錢幣，印有這位新王和其王后的人像，此一在印度錢幣史上前所未見的作法，說明了這是場出於利害考量的聯姻。

擴大帝國版圖並建立治理機構，使帝國繁榮茁壯，功勞來自其子暨王位繼承人沙摩陀羅・笈多（Samudra Gupta，三五〇～三七五年在位）。我們對他征服大業的瞭解，主要依據一八〇〇年代初期在阿拉哈巴德所發現的一根石柱上的長銘文。這篇銘文列舉了他所打過的征服戰爭，憑藉這些戰爭，他的版圖北抵喜馬拉雅山麓丘陵，南至南印度帕拉瓦（Pallava）王國都城甘吉布勒姆（Kanchipuram）。人口學家估計當時印度次大陸人口為七千五百萬左右。而他的某個墓誌銘說他是「世上唯一的征服者」，意指尼泊爾、斯里蘭卡、或許還有東南亞的統治者都奉他為宗主。根據他在位期間所鑄造的錢幣，我們知道沙摩陀羅・笈多自認是毗濕奴神的活化身；有錢幣呈現他屠獅的姿態，帶弓箭、類似戰士的形象，或吹笛的模樣。他的宮廷編年史家，通常因善於歌功頌德而雀屏中選，著墨於稱頌他的詩藝和他對印度教經籍的瞭解。他支持印度教並追求法（dharma），使他甚受今日印度教民族主義者喜愛，成為他們眼中理想王者的化身。他的帝國版圖更是不只有外人能征服印度的明證。

沙摩陀羅・笈多的繼任者是超日王旃陀羅・笈多（Candra Gupta Vikramaditya，三七五～四一五在位）。一如其父親，他獎掖藝術和科學。除了創立那爛陀的佛教大學，他也支持迦梨陀娑（Kālidāsa）之類的劇作家。如今他多半以旃陀羅・笈多二世之名為人所知，在位約三十五年間，向西邊的信德和貢根（Konkan）地區沿海擴大了帝國版圖。他也遷都阿約提亞（Ayodhya）——傳說中印度教神祇羅摩（Ram）的出生地。

在治理上，旃陀羅・笈多二世把大量的權力下放給地區、地方層級的官員，地方分權的程度遠甚於孔雀王朝統治者。一旦笈多王朝控制某地，只要該地原本的統治者向皇帝獻貢並宣誓繼續效忠，就允其復職，盡量維持現狀。此時貿易急速成長——香料、紡織品、象牙、寶石、香水、藥草，走海路運到東南亞、東非沿海、波斯灣的諸口岸，走陸路則沿著彼此相連的絲路諸分支運送出去。

隨著貿易勃興，科學領域的交流跟著出現。印度數學家發明了從一至九的數字符號和零的概念，堪稱印度對世界最重要的貢獻。阿里亞巴塔（Āryabhata，四七六～五五〇）曾提出地球是自轉球體之說，算出的一天長度比實際值少不到一秒，並認為日月蝕是由於日、月、地球連成一線，而非神話中因魔鬼羅睺（Rahu）所致。他還提出月球、行星的亮光係反射太陽光所致的正確說法，更把圓周率計算到小數點後四位。一九七五年印度發射人造衛星進入地球軌道，從此加入太空競賽時，便將該航空器命名為阿里亞巴塔。

至於另一位笈多王朝時期的數學家婆羅摩笈多（Brahmagupta，五九八～六六五），則把零定義為從自身減掉數字後的結果。但種姓制度的僵化死板，使這一知識始終只能在社會的少數人之間流通。

梵語在錢幣和文學裡越來越常出現，反映了婆羅門日益高漲的權勢。劇作家暨詩人迦梨陀娑的作品堪稱此一語言復興的典範。迦梨陀娑大概生活於西元四世紀後期，被譽為印度的莎士比亞，最著名劇作《沙恭達羅》（*Śakuntalā*）以《摩訶婆羅多》的一部分為本，十八世紀後期由威廉．瓊斯譯為英文後，外界始認識到印度文學典籍有多豐富。

專欄

笈多開局讓棋法

史學界認為西洋棋發明於笈多王朝時期，最初的形式是名叫查圖蘭迦（*chaturanga*）的四人戰棋。查圖蘭迦是梵語，意為「四肢」，也是《摩訶婆羅多》裡所提到的由四個部分構成的戰鬥隊形之名。七世紀時，查圖蘭迦已發展成有如今日西洋棋的兩人棋戲——棋子根據其在社會上的地位高低，各有不同程度的權力，消滅對方的王即獲勝。在最早的印度版棋局裡，主教是象，王后是國王顧問。

在印度影響力所及之處，梵語成為學術研究的專用語言。印度學學者謝爾登・波洛克（Sheldon Pollock）曾提到，「發現七世紀時有個中國旅人在蘇門答臘學梵語文法，十世紀有個來自斯里蘭卡的知識分子在德干高原北部寫梵語文學理論，或十二世紀有高棉君主為吳哥梅蓬寺（Mebon）、變身塔（Pre Rup）的大柱寫梵語政治詩，並不稀奇。」

這時期最著名的作品是《愛經》。關於此書作者筏蹉衍那（Vātsyāyana），我們所知不多——但他的真名已經確認是馬拉納迦（Mallanaga），大概生活在西元二世紀後期或三世紀初期的華氏城。《愛經》係在他嚴守獨身且禪修的情況下寫成，描述了可正當縱情歡愛的理想化世界，七篇之中只有一篇詳述性交體位，但此書首度呈現於西方人眼前時，其對情欲的描寫令公眾大為著迷。英國探險家理查・伯頓（Richard Burton）一八八三年譯本，更是成為維多利亞女王時期盜印書之冠。

《愛經》主要講述如何找到伴侶、維持婚姻、和交際花同居、與人通姦而不被發現——儘管該書不鼓勵偷情。此書的讀者是有閒有錢縱情歡愛的城市富裕上層人士。在此書的理想世界裡，有錢男子會在還算體面的住宅區裡買下房子，最好該房子置身於花木扶疏的庭園裡且近河。他的臥室散發著香水香氣，床上撒滿鮮花。每天早上他會拿檀香油塗抹額頭、太陽穴，用深色眼瞼膏畫眼影。白天在教鸚鵡說話、看鬥雞、上酒館或娛樂屋談詩論藝、聽歌手吟唱中度過；天黑後，他會在自家點香，歡迎愛人到來。如果愛人途中遇上大雨，臉上的妝花了，他會替她重新上妝；如果她的裙子濕了，他會用毛巾擦乾她的身子。

《愛經》強調做愛要溫柔，卻以皮膚上的抓痕、齒痕描寫性愛的激烈。除了描述了許多性交體位，此書還列出多達二十六種接吻的方式，但提及同性戀的篇幅不長，且口吻冷淡。

「愛」（*kāma*）只是享樂所必需的一種行為和知識而已。伐蹉衍那主張，應先實現人生三大目標之二——「富」（*artha*）和「法」（*dharma*，宗教義務），再來追求歡樂。有教養的人也該在老年時積德。

印度教文藝復興

印度的史學界把笈多王朝時代視為「印度教文藝復興時期」。此時儘管在喀什米爾、阿富汗的部分地區，佛教勢力仍在成長，佛教的聲勢在印度已達頂峰，重視犧牲行為的風氣退潮，名叫巴克提（bhakti）的新式虔敬作為開始盛行。巴克提強調對一神的依戀和愛，最受喜愛的神是創造神梵天（Brahmā）、毗濕奴和其十個化身，以及創造者和毀滅者——濕婆。這三個神被稱作三相神（*Trimūrti*），如今仍是印度教最重要的神祇。吠陀時期的諸多神祇裡，則只有太陽神蘇利耶能在新的神像譜裡占有一席之地。笈多王朝的石匠在刻畫佛教人物和夜叉（*yaksha*）之類女性人物時練得一身好本事，這時轉而將心力用於雕刻堪稱是最精妙的印度教神像作品上。

現存最早的獨立式印度教神廟建於笈多王朝時期，係為展現統治者或貴族的虔誠。但要到西元第一個千年後期，印度教神廟的興建速度才和佛塔旗鼓相當。即使在今日，印度教徒仍安於向房子庭院裡、枝葉大張的菩提樹下或聖河或聖池岸上的小神祠上供。

印度教復興，但對佛教、耆那教等其他宗教的寬容始終不滅。一八一七年，一群在德干高原西北部獵虎的英國軍人，由一名村童帶領，進入一個馬蹄狀峽谷，在濃密的下層灌叢裡藏了一連串二十八個洞窟，內有一部分現存最早的印度繪畫。這些作品始於西元五世紀後期，畫了數百年才完成，被視為最上乘之作。它們以本生故事為本，描繪佛陀生平事蹟，反映了繪製這些畫的藝術家所得到的大力贊助。

笈多王朝為印度「黃金時代」的美譽，則是因西行求法的中國人法顯（三三七～四二二）之著作而建立。法顯花了六年遊歷旃陀羅・

博帕爾（Bhopal）附近的烏德耶吉里（Udayagiri）有一個五世紀初石窟神祠裡的浮雕，係笈多王朝時期最令人震撼的藝術作品，圖像呈現創世之際大蛇欲把大地女神溺死於宇宙之洋裡，化身為大公豬筏羅訶（Varāha）的毗濕奴，出手救出該女神的情景。

荷蘭藝術史家亞列克斯·雅爾（Alex Jarl）描述阿旃陀石窟壁畫時寫道：「這些畫，從整體構圖到最小的珍珠或花，處處都證明洞察力之深刻和技法之高超。」

笈多二世所控制的領土，描述當地社會祥和富裕，幾無犯罪情事。他以肯定口吻談到華氏城的許多慈善組織，提到笈多王朝都城有一座免費收治所有病人的一流醫院，其營運成本靠善心城民支應。城裡幾乎人人吃素，洋蔥、大蒜不受喜愛，菜單上也沒有酒。與中國不同的是，法規甚少，從笈多王朝一地到另一地不需通行證，「欲去便去，欲住便住」；刑罰輕微，最嚴厲的刑罰就只是斷一手，而且鮮少動用；首見有刑法和民法之分；官府也盡量不干預人民的日常生活，任由老百姓自行營生、成功發達。

法顯描述一個以佛法為圭臬的社會時，他的宗教偏見躍然紙上。此王國裡有許多佛寺，包括都城裡滿足來自整個佛教世界之數百學生所需的兩座佛寺，但也有跡象顯示佛教已在衰落。菩提伽耶——佛陀成道所在的重要朝聖地，已淪為叢林；與佛陀有關的其他聖地，例如迦毗羅城和拘尸那揭城，除了一些向偶爾一見的朝聖者乞求施捨的僧人，已是荒無人煙。法顯的著作也含有對種姓制度中賤民的最早描述。他指出，最低階層的人必須「擊木以自異，人則識而避之」，以防路人受他們汙染。

至這個千年的前期，四級瓦爾那制已出現新的複雜分層，社會分割為多個以職業為劃分依據的專門化群體，或稱迦提（*jāti*）。一如 Baker, Smith, Potter 之類的英語人名和職業有關，透過印度人的姓，通常可瞭解該人所屬種姓——例如 Bhat 向來指學者，Yadav 則是牧牛人。個人必須根據所屬種姓規範自己的行為，食物只能拿來和同種姓之人分食，也禁止跨種姓性關係和通婚。賤民住所通常離較高階種姓者有一段距離，賤民不得入神廟，有專屬的井，就連賤民的影子都被認為有汙染力。

種姓制度強調儀式性的純淨，但此制度並不僵化死板，久而久之，種姓成員也能藉由揚棄吃肉之類的習俗或採行較正統的宗教作法爬上更高階。十一世紀起穆斯林入侵後戰爭頻仍，使較低種姓者得以藉由投身地方軍隊提升自己地位；晚近，更因為謀生方式的選擇機會增加、人口流動率提升，且人口從鄉村往城市遷移，使人並非時時都得從事種姓所規定的職業。但如今，連僑居海外的印度人都有人被扣上賤民的汙名，致使英國境內有人呼籲通過反種姓歧視法。

入侵者時代

印度的黃金時代為期不長。旃陀羅．笈多二世死後，由其兒子鳩摩羅．笈多（Kumāra Gupta，四一五～四五五在位）繼承王位，其在位期間，出現一新威脅。一如以往，此威脅來自西北部山口。匈那人與匈人阿提拉的野蠻游牧部族有親緣關係。匈那人移出中亞乾草原時，分成兩股，一股前往伏爾加河，一股前往烏滸河（Oxus）。前者於西元三七五年入侵東歐，把哥德人趕到多瑙河以南；落腳於烏滸河畔的那一支，則被稱作白匈人（White Hun）。五世紀初，白匈人拿下喀布爾，翻過開伯爾山口，攻入印度。鳩摩羅・笈多之子暨王位繼承人塞建陀・笈多（Skanda Gupta，四五五～四六七在位）於四五五年擊退第一波進犯者，但十二年後他去世之後，中央開始管不住地方，笈多王朝分裂為諸多小國，其中有些統治者轉而效忠於入侵者，以免人民死於殘暴的匈那人之手。

印度的歷史學家鮮少深究匈那人殘酷高壓統治的七十五年。這些入侵者不理會種姓規則，褻瀆聖地，把婆羅門和賤民等同看待。有「印度阿提拉」之稱號的密西拉古拉（Mihirakula）係其中最殘酷者，曾把大象滾落山坡，從中得到病態之樂。匈那人特別不喜佛教，拿下新領土後，佛僧是他們頭一批要殺掉的人，北印度佛教因此受到致命打擊，從此一蹶不振。佛典就斷言，密西拉古拉為其暴行得到報應，死狀甚慘——他「墮入無休止折磨的地獄」那一刻，白晝轉為黑夜，刮起強風，地動天搖。

最後，中印度統治者耶輸達爾曼（Yaśodharman）組成聯盟，約五二八年擊敗密西拉古拉，匈那人殘部則被編入名叫拉傑普特人（Rajputs）的戰士部族。

此後直至六世紀結束，大多未有歷史記載，直到七世紀中期，歷史才較明朗，出現諸多統治者爭雄的局面。這次一樣是多虧一位西行求法的中國人的著述，提供了此時期珍貴的資料。玄奘（約六〇二～六六四）在六四〇至六四四年間周遊北印度，然後帶著二十匹馱運了佛教遺物和典籍的馬回中國。當時，北印度許多地方歸戒日王（Harṣa，六〇六～六四七在位）統治。六〇六年戒日王登基時年僅十五歲，旗下只有五千頭戰象和兩萬騎兵，兵力相對較弱，但很快就制伏其敵人，最終統治了西起旁遮普邊界、東至孟加拉的廣大疆域。一如阿育王，他接著宣告反對征戰，此後三十年在位期間大抵兵戈不起。不論印度教徒和佛教徒都受其施捨，但他晚年時較厚愛佛教徒，在其命令下，恆河沿岸築起數千座佛塔，大多以竹和木建成，但如今皆已不存。玄奘提及戒日王對煉金術很感興趣：在戒日王宮廷，玄奘遇見名叫納迦周那的賢者，此人精於調製藥物，曾拿出一顆據說延長了他的壽命且使其同伴延壽數百年的藥丸。戒日王為了替納迦周那蓋一間寺院而散盡千金，這時，一名僧人往大石撒了幾滴奇藥，大石竟都變成黃金。

另一個為戒日王在位期間留下歷史記錄者，是放蕩不羈的巴納（Banā），此人是「不修邊幅的婆羅門」，「年輕時花錢無度，朋友三教九流」。他的《戒日王傳》（*Harṣacarita*）是史上第一部真正的印度統治者傳記。我們發現，在戒日王治下各派佛教徒、婆羅門「都嚴謹遵行自己的信條，用心思考，鼓勵提出反對意見，挑起懷疑，予以解決」。巴納對戒日王的描述，把歌功頌德提升到新境界：

他的雙眼未被要命的驕傲毒藥毒害；他的嗓子未因有害的自負之藥的抽搐效應而哽塞；他的體態未因傲慢所引發的突如其來如癲癇般的失憶，而失去其本有的尊貴；他情緒的轉變未因激烈突發的失控任性而顯得誇張；他的步態未因不自然的自負舉動而雜亂；在高傲的破傷風使其嘴唇扭曲的情況下，他發出的話語並未因而變得刺耳。

戒日王死因，後人所知不多，但據玄奘記載，他在位末期，心懷不滿的婆羅門曾陰謀暗殺他，但未得逞。他死後，直至十一世紀伊斯蘭勢力入主，北印度再無值得一提的帝國。接下來五百年的大半時期，印度會回歸其上古時期泰半時期的常態：群雄爭霸，許多較小的王國是牆頭草，看哪方對己較有利，就倒向那一方。

但從這個群雄割據的亂局中仍出現了固定模式。印度分割為四個在地理和政治上大體上相當恰到好處的區域：從印度河綿延至恆河平原的北區，涵蓋孟加拉和阿薩姆的東區，由農業富饒、地質古老的中央高原（德干高原）構成的中區，以及南半島。上述每一區裡的最大勢力從未強到足以長期控制另外三區，但地區間衝突往往很厲害，尤以北區、中區為然。

南方帝國

南印度的局面較具一體性。印度教發源於雅利安化的北部，但自七世紀起，印度教勢力的壯大主要出現在南半島。宗教氣息濃厚、祈禱禮拜用的文學作品是以達羅毗茶語編成，又以泰米爾語居多。有些最雄渾的神廟建築，以及青銅雕、石雕，也是在這期間完成。

潘地亞（Pāṇḍyas）、哲羅（Ceras）、帕拉瓦（Pallavas）、朱羅（Cholas）四王朝是最重

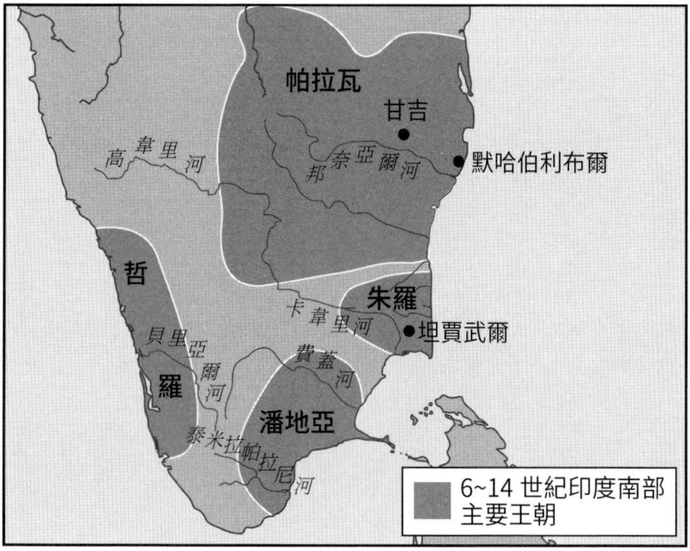

要的南方王國。潘地亞王朝的都城位於馬杜賴（Madurai），其記載最早可見於西元前四世紀的希臘語著作；哲羅王朝始於西元一世紀，統治今喀拉拉邦大部。第一個版圖涵蓋印度半島大塊地區且對印度其他地方和東南亞有影響的帝國是帕拉瓦王朝，建於西元二七五年，首都甘吉（Kāñcī）即今日的甘吉布勒姆（Kanchipuram），鼎盛時期版圖北起今日安得拉邦（Andhra Pradesh）北部，南至卡韋里河。商人和拓殖者從甘吉將印度教傳入東南亞，此說可從柬埔寨最早的高棉族統治者證實——一如帕拉瓦王朝統治者，他們的名字幾乎全以 varam

結尾。東埔寨（Cambodia）和高棉（Khmer）這兩個名稱也可溯至同一個先祖，即《往世書》裡提及的 Kambu。

帕拉瓦王朝建立龐大的貿易帝國，把印度商品送到波斯、羅馬、蘇門答臘、馬來亞諸地的口岸。該王朝對各大宗教態度包容（其中一位國王曾從耆那教改信印度教）；音樂、繪畫、文學獲得獎掖。雕塑家和畫家在阿旃陀（Ajanta）等地工作後，往南遷徙，以滿足泰米爾王國境內對印度教藝術、建築日增的需求。在口岸城市默哈伯利布爾（Mahabalipuram），帕拉瓦王朝的創建者——國王辛哈毗濕奴（Simhavishnu）聘人製作了「恆河下行」（Descent of Ganga）的巨大浮雕，刻畫印度聖河從喜馬拉雅山脈往下流至入海的情景。他之後的某位國王則命人在甘吉建造凱拉薩納塔爾（Kailasānāthar）神廟，為目前印度境內最古老的濕婆神廟之一。

至九世紀時，權力天平已倒向朱羅人那一邊。阿育王銘文裡記載了這群人最早的文字記錄：其祖先大概從史前時代就占據卡韋里河三角洲地區。帕拉瓦人統治時期，他們被貶為藩屬。當帕拉瓦王朝把心力擺在另一方，專注於和其宿敵遮婁其王朝（Cālukyas，以巴達米〔Bādāmi〕為都城的印度教王國）算舊帳時，朱羅人趁勢而起，插手帕拉瓦王朝的王位繼承危機，進而掌控了甘吉和默哈伯利布爾。

朱羅王朝最著名的統治者是羅闍羅闍（Rājarāja，九八五～一〇一四在位），意為「諸王之王」。他雄才大略，精於治理，為此南印度早期最穩定、治理最完善且國祚最長的國家打下基礎。

羅闍羅闍被譽為和阿育王一樣卓越的帝國締造者，獎掖藝術、接納其他宗教，印度最宏偉的古蹟，有一些就是他命人建成。其中最值得一提的古蹟是位於坦賈武爾的羅闍羅闍希瓦拉（Rājarājeshvara）神廟，此建築之神聖，使其具有印度教宇宙中心的地位。羅闍羅闍希瓦拉神廟於西元一〇一〇年啟用，從泰米爾納德的平原上拔起六十公尺，高度和占地是南印度其他任何建築的三至四倍。它的主壓頂石重達八十噸，據推測是利用土質斜坡道安上去。此神廟係為慶祝羅闍羅闍打敗遮婁其人而建，供奉濕婆神，巨大的濕婆林伽是膜拜對象。羅闍羅闍捐了二三〇〇公斤的黃金和更多的白銀給此廟，其中大多是戰利品；周遭村民也須繳稅以支持此廟的維護成本。有錢的朝聖者捐香油錢，增添了此廟的收入，於是廟方搖身一變猶如銀行，轉作投資且借錢給繳稅的那些村民。收到的捐款也拿來支應四百名舞女和另外數百名侍者、藝匠、裁縫師、行政人員的薪水。

坦賈武爾的羅闍羅闍希瓦拉神廟又名布里哈迪希瓦拉（Brihadishwara）神廟，係南印度最大的神廟，亦名列聯合國教科文組織世界遺產。其獨具一格的陡斜角錐狀廟塔，反映了南印度主流建築風格。

此廟有幅壁畫呈現羅闍羅闍獻花給濕婆神的情景，係印度藝術裡最早一幅可鑑定出身分的國王肖像。羅闍羅闍所受到的崇敬和其博施濟眾的領袖名聲，與今日南印度大行其道的領袖崇拜有相似之處。蘇尼爾・吉爾納尼把羅闍羅闍和泰米爾納德邦的前首席部長賈雅拉莉塔（Jayalalitha）相提並論，後者曾把電視、摩托車分贈給她的追隨者，甚至贊助女孩的學費，成功打造出慷慨大方的形象。二〇一四年她因貪汙入獄時，據認有超過一五〇人死於休克或自殺。

消滅遮婁其、潘地亞、哲羅三王朝後，羅闍羅闍征服了斯里蘭卡大部，於西元九九三年洗劫了古都阿努拉德普勒（Anuradhapura），然後拿下馬爾地夫，從而控制了與阿拉伯世界的許多條貿易路線。一〇一四年羅闍羅闍去世後，他兒子拉真陀羅一世（Rājendra I，一〇一四～一〇四四在位）把朱羅王朝的版圖往北擴張。他的將領大多固守沿海地區，在那裡將大象排列於河中，構成供步兵渡河的橋。降服信佛教的孟加拉帕拉王朝（Pālas）後，拉真陀羅的軍隊於一〇二三年攻到恆河岸邊。他們把恆河聖水裝進大罐往南送抵新都城根蓋孔達科拉布勒姆（Gaṅgaikoṇḍacoḷapuram，意為「征服恆河〔Ganga〕的朱羅人〔Chola〕的城市），倒進儀式用大池裡。如今，拉真陀羅為慶祝其勝利而聘人建造的神廟仍在原處，但他所建造的城市，已蕩然無存。

降服南印度所有王國後，拉真陀羅除掉斯里蘭卡境內佛教王國馬欣達五世（Mahinda V，九八二～一〇二九）的殘部，以波隆納魯沃（Polonnaruwa）為該島的新都城，並成為第一位創建海軍的印度統治者。在印度與貿易發達且受印度文化影響的東南亞諸國維持和睦關係一千年後，拉真陀羅決定「為其王冠增添光彩」（某史家語），出兵征服了緬甸局部、馬來亞和蘇門答臘。一〇二五年，朱羅王朝揮兵入侵蘇門答臘的室利佛逝（Srivijaya），從而掌控麻六甲海峽。這次出擊可謂雄心勃勃。據當時某阿拉伯籍地理學家說，即使是最快的船，都要花上兩年多才能訪遍拉真陀羅的王國所控制的諸島，並說該國的統治者是世上首富。

朱羅王朝最終拿下了十四個口岸，但這些出兵的成果未能久存。關於朱羅王朝為何有此一反常態的征服模式，有諸多說法。有人認為東征係為了消滅橫行此區域的海盜；有人說是為了打破中國對有利可圖之貿易路線的控制；也有人說是出於過時的掠奪欲。

如果從朱羅王朝國祚的長久（三百年左右）和建築、文學、藝術的精湛、宗教的重要、治理的先進來衡量，此王朝可以說是代表了南印度的黃金時代。如今，仍有數百座具有宏偉角錐狀塔的朱羅王朝神廟，屹立於泰米爾納德、喀拉拉兩邦的稻田上。它們不只是信徒膜拜地，還可作為行宮，往往設計成猶如宮殿，有高牆圍住大院，大院裡可舉行宗教儀式。溫蒂．多尼格指出，「對於欲建功立業的王朝來說，神廟是其帝國計畫最重要的一環；每個開疆拓土的君主都覺得建造一座神廟來宣揚事功係其職責。」私下膜拜變成公開膜拜，神廟的角色越來越不只是朝聖、宗教活動的中心，還是會面地點和販售禮拜用品的市場。

神廟坐擁龐大財產，因而，在入侵的穆斯林將神廟財物洗劫帶回位於阿富汗的根據地之前許久，神廟就是從北部來犯的印度教徒軍隊首要的攻擊目標。據說，埋在特里凡得琅城（Trivandrum）帕德馬納巴斯瓦米神廟（Sri Padmanabhaswamy）底下一連串地窖裡的財寶，質量之豐居諸廟之冠。特里凡得琅是特拉凡哥爾（Travancore）王族的舊都城，如今是南印度喀拉拉邦的首府。即使是保守的估計，都認為這些地窖裡的金、銀、鑲珠寶的飾物、錢幣的價值，超過七千億美元——自西元八〇〇年以來積聚的財寶。為了此廟究竟該歸特拉凡哥爾王族管或歸印度政府管，雙方打了數年官司，有些房間因此一直處於密封狀態，甚至謠傳有巨大眼鏡蛇守護最深處密室（B地窖）。

朱羅王朝也以其獨具一格的青銅雕名揚後世，藝術史家哈爾（J. C. Harle）曾表示該王朝的青銅雕「品質之精非任何地方或時代所能及」。其中最容易認出的青銅雕，呈現「舞蹈之神」濕婆創造、毀滅宇宙的模樣——在火焰光圈裡曲著膝舞蹈，沉醉在他上右手所持的沙漏狀小鼓的節奏裡。

從另一個意義上來看，濕婆舞蹈像也可視為對即將困擾印度的劇變之象徵，而此動

法國籍藝術史家勒內・格魯塞（René Grousset）寫道：「舞蹈之王充滿節奏感且無比愉悅，……（他）滿臉笑意，嘲笑生與死、苦與樂，或者，如果容我們這麼說的話，他的笑既是生也是死，既是苦也是樂。」

盪不安的局勢甚至連極南之地也遭波及。誠如約翰・基伊所寫的：

史學家若想找到《往世書》裡所深為害怕的那種「大魚吃小魚」的無政府狀態（mātsyanyāya）的典型例子，只消往十一、十二世紀的印度找即可如願。「法」的宇宙秩序似乎徹底被打亂，曼荼羅的幾何圖形也被破壞殆盡。較小的采邑蠶食較大的采邑，王國吞下王國，王朝鯨吞王朝，全都貪得無厭，完全無視於隱伏在旁遮普境內如鯊魚一般的勢力。

這股勢力會使印度的面貌永遠改觀，連地理屏障都救不了南部諸王國。

Chapter

04

伊斯蘭到來

在當時，這想必讓人覺得是個好主意。一八三九年開打的第一次英國-阿富汗戰爭慘敗收場後，英國東印度公司便斷定加固其在印度的立足點是必要之舉。一八四二年，一支征懲軍（Army of Retribution）奪回加茲尼（Ghazni）的護城城堡，找到兩個據認用檀香木雕成、且於十一世紀初從古吉拉特的索姆納特神廟（Somnath）搶走的大門。東印度公司印度總督艾倫伯勒勛爵（Lord Ellenborough，一七九〇～一八七一）察覺到，可趁此機會把英國人打造成協助印度洗雪受穆斯林之恥辱的大好人，於是宣告會將這兩個門歸還原處。「八百年的羞辱終於得雪……索姆納特神廟的大門，長年以來提醒你們所遭受之恥辱的東西，將成為彰顯你們國家榮耀最自豪的印記。」不過令人遺憾的是，這兩個門並非來自索姆納特，而是由當地工匠雕成；材質也非檀香木，而是雪松木。在更早的穆斯林編年史裡，也無一處提到這兩個掠奪來的大門。

一百五十年後，印度人民黨主席阿德瓦尼（L. K. Advani，一九二七年生）在索姆納特神廟展開其所謂的檀車節（Rath Yatra）活動，使其再度成為目光焦點。一九九〇年九月二十五日，阿德瓦尼坐在一輛改裝成類似印度教雙輪戰車的卡車出發，穿梭於北印度各地，最後抵達北方邦的阿約提亞。檀車節的目的是要在蒙兀兒皇帝巴布爾（Babur）所蓋的一座清真寺的所在地，重建供奉羅摩的神廟。日後阿德瓦尼將會目睹卡爾塞瓦克（*kar sevak*，狂熱印度教徒義工）在一九九二年拆掉這座清真寺，但二〇一九年末，印度最高法院裁定可在該地蓋神廟時，他已不再過問政治。

索姆納特的象徵意涵如此強烈，足以使一個貪婪的跨國貿易公司和公然表明民族主義立場的印度教政黨，在談到加茲尼的馬哈茂德（Mahmud of Ghazni）這位爭議性人物時，表現出團結一致的態度。此人是十一世紀的突厥統治者，發兵襲掠印度超過十二次，被印度教民族主義者和某些印度的歷史學家說成是魔鬼化身。在伊斯蘭進入印度次大陸，以及此後發生之事的歷史敘述裡，加茲尼的馬哈茂德都是舉足輕重的人物。

索姆納特神廟供奉濕婆神，位在阿拉伯海岸邊的堡壘裡，三面環海，只靠婆羅門和虔誠印度教徒防守，一〇二六年被馬哈茂德輕鬆攻下，殺戮之慘烈，就連穆斯林編年史家描述此事時都流露出不安。相傳馬哈茂德搶走廟裡的黃金後，親自擊毀巨大的林伽（lingam）——林伽代表濕婆的陰莖，號稱是「印度最崇高的偶像」。林伽斷片據說被帶回加茲尼，和其他材料混合建成該地清真寺的台階，如此一來穆斯林每日皆可用腳踐踏褻瀆。

如今史學界開始思索，若非艾倫伯勒那份不智的「宣告」，馬哈茂德是否還會在後人的歷史敘述裡占有這麼大的分量。馬哈茂德於二十六年間襲掠印度十七次，目的是掠奪，而非占領。誠如印度的史學家羅米拉·塔帕爾（Romila Thapar）所指出的，除了某耆那教典籍順帶一提，當時的資料完全未提到這些襲掠。兩百年後，有個阿拉伯商人請求在索姆納特鎮興築清真寺，得到當地官府和索姆納特神廟祭司熱情歡迎。有則梵語銘文以印度教的字眼將此清真寺說成「人向神獻供（puja）以積功德」之處，用同樣的措辭指稱濕婆和阿拉。

馬哈茂德的侵犯的確使人生起更深的疑問，即面對十一世紀起伊斯蘭勢力的挑戰，為何印度防備如此不力，從而顯得無招架之力。印度的財力，以豐饒的農業社會為本，本應讓其統治者有充足的資源整軍經武、保衛國土。儘管從亞歷山大大帝起，千百年來屢屢有外族從阿富汗越過山口入境侵略，印度卻始終未有在邊界上構築防禦工事的集體意志。

問題出在哪裡？可能的原因有多個，且性質各異：貪婪的統治者向廣大農民課稅，把資源撥給世俗、宗教界的受益者；地方首領把心力全擺在自己內部的爭執上，把他們的穆斯林敵人認定是掠奪者而非有意征服者，從而誤以為自己安全無虞；數十個地區性王國各霸一方，彼此征伐，自耗國力，無意打造全印度一體的國民意識。

英國籍史學家湯恩比在其探討世界諸文明的大作中加上另一個原因：種姓制度和其破壞社會團結的作用。湯恩比寫道，種姓制度得到印度教認可後，「必然會壯大到極可怕程度」。自我掣肘的印度教文明「已不再有資格自稱是整個社會的縮影，但它堅持要社會照其意志行事」。這是古印度歷史上「貽害最大之事」。

笈多（J. L. Gupta）等印度籍歷史學家認為當時的印度教徒因內鬥而弱化：「他們的社會觀、國家觀太狹隘，不認為自己有責任保衛家鄉。」印度內部的衰弱「使其元氣大傷」——「其驚人的財富、衰弱的政治結構、『失去活力的社會』，如同公開邀請穆斯林入侵者前來奪取其防禦薄弱的財寶。」

印度社會內部的分裂是一大因素，但入侵的穆斯林在軍事上占有某些優勢，運用配備中亞快馬的騎兵和強調兵員身手敏捷甚於力量的高超戰術，軍隊也以習於共同作戰的職業軍人作為固定的核心兵力；印度軍隊則往往由各自獨立的諸部隊組成，這些部隊各聽命於自己的主子，只在情勢需要時才在同一陣線。

征服之前的通商情形

印度與阿拉伯世界的接觸，比伊斯蘭崛起早了好幾個世紀。印度商人雇用阿拉伯水手；趕駱駝的阿拉伯商人則載著商品，往返於地中海和印度次大陸之間的絲路。在印度西海岸早已有阿拉伯商人落腳僑居，棉和絲、象牙和寶石、糖之類的印度貨，也可在巴格達、開羅的市場上找到。這些往來也使印度文化、科學、哲學得以西傳。《天方夜譚》那種故事裡有故事的手法，便可追溯至印度佛教本生故事和吠陀時期《五卷書》（*Pañcatantra*）裡那些彼此相關的動物寓言故事。

先知穆罕默德六三二年去世，引發一場史上少見的征服戰役。不到二十年，穆斯林軍隊已攻占拜占庭帝國在敘利亞、埃及的許多領土和薩珊王朝位在伊拉克、伊朗的領土。拿下阿富汗大部後，他們於七一二年攻抵信德，但就此止步。接下來三百年，印度與其伊斯蘭鄰國以從印度河至喀布爾的一條粗略的線為界，直到十世紀後期，伊斯蘭軍隊才會再次威脅到印度。入侵者不是來自信德境內既有的伊斯蘭邊塞，而是來自中亞。西元九八六年左右，奴隸出身的突厥族將領沙巴提真（Sabuktigin）離開其位於著名古城布哈拉（Bukhara）的根據地，征服了喀布爾，然後進軍旁遮普。夏希（Shahi）王朝統治者闍耶帕拉（Jayapāla）奮力抵抗，但一場大暴風雨猛襲戰場，他視之為不祥之兆，於是求和。沙巴提真自此控制極具戰略價值的開伯爾山口，為日後的襲擊取得有用的跳板。但他未繼續東征，反倒返回布哈拉，並受封為哈里發，把日後的征服大業交給他兒子馬哈茂德去完成。

據馬哈茂德本人所述，他「外表有缺陷」。他說：「一般人看到國王，眼睛會為之一亮，但上天待我是如此反覆無常，我的外表似乎是不幸的化身。」他以褻瀆印度教神廟之舉最為後人所知，但他於西元一〇〇四年的第一場征戰，對手是巴基斯坦境內木爾坦的伊斯瑪儀派（Ismailis）。伊斯瑪儀派是伊斯蘭什葉教派的支派，被遜尼派穆斯林視為異端；木爾坦則地處印度河平原，是波斯灣和西印度重要貿易路線的交會處，戰略位置重要。一〇〇七年馬哈茂德二度劫掠木爾坦。隔年他拿下並摧毀岡格拉（Kangra）的大型護城堡壘和神廟，帶著一百八十公斤黃金、兩噸白銀、值七千萬迪拉姆（dirham）的錢幣回都城。馬圖拉（Mathura）的大神廟——黑天神信徒的膜拜中心，在一〇一八年遭遇同樣命運。次年馬哈茂德襲擊卡瑙傑（Kanauj），一天之內攻陷所有守衛該城的七個堡壘。

馬哈茂德殘酷無情，但其對後世的影響還是有正面之處。他利用征戰的戰利品，在加茲尼蓋了當時最上乘的清真寺，並且建了一座大圖書館。他贊助詩人菲爾多西（Firdausi），命學者阿爾貝魯尼（Alberuni，又名比魯尼〔al-Biruni〕）在印度留駐十年。前者寫下講述伊斯蘭時代之前波斯諸統治者的史詩《列王紀》（*Shahnama*）；後者則在旅居印度時學會梵語，翻譯了印度教典籍，其著作《印度書》（*Kitab al Hind*）大多以梵語資料為本，堪稱講述蒙兀兒時期之前的印度、印度人民、印度哲學和宗教最出色的作品。

馬哈茂德一〇三〇年去世後引發權力鬥爭，而他兩個同父異母的兒子同一天出生一事，使權鬥更加激烈無解。馬蘇德（Ma'sud）最終贏得王位，但於宮廷政變後遇害，加茲尼王朝因而開始衰落。一一七三年，古爾人（Ghurids）占領加茲尼，接著把矛頭指向加茲尼王朝的都城拉合爾，於一一八六年將其攻陷。

與馬哈茂德不同，古爾人領袖穆罕默德·古里（Muhammad Ghuri）想要往東擴大疆土。他原以為可輕易得勝，但一一九一年他的軍隊在德里以北的塔拉因（Tarain）與拉傑普特君主普里特毗羅闍三世（Prithviraj III）交手時，美夢破碎。古里遭矛擊中上臂，由一名手下迅速帶離戰場後，部隊隨之潰退。如今，拉傑普特的編年史家仍在頌揚這場大

兩千多年間，在整個印度次大陸上，印度象一直被當成主要的作戰武器。統治者看重象遠甚於馬。

捷。為洩此辱，他要逃離戰場的士兵掛著馬的飼料袋，一邊吃草料，一邊遊行示眾，以茲懲罰。

古里不願如此輕易罷手，重整旗鼓後再度東征。此次普特里毗羅闍所統領的兵力之強大，為拉傑普特人歷來所集結的兵力之最，包括數百頭戰象，卻不敵入侵者。據某則記述，古里用計讓拉傑普特人相信他已同意停戰，使拉傑普特人誤以為安全無虞，夜裡宴飲狂歡。喝了酒、吃了鴉片的他們頭暈眼花、四肢無力，不敵古里的輕武裝騎兵，普里特毗羅闍亦遭擄殺害。

有人把拉傑普特人一一九二年在塔拉因的潰敗，說成「印度史上最具決定性的一役」。「德里大門之鑰」和進入整個印度的門戶，從此落入古里和其軍隊之手。伊斯蘭勢力自此真的來到南亞。

德里蘇丹國

古里未能活著看到他的帝國夢想實現。一二〇六年他遭一名敵對的伊斯蘭教派成員暗殺，他的親信暨副手庫特卜丁．艾伊巴克（Qutb ud-din Aybak）接著建立馬穆魯克王朝，是為德里蘇丹國前後五個王朝的第一個，接下來依序是哈勒吉、圖格魯克、賽義德、洛迪。洛迪王朝結束於一五二六年，該年，該王朝的蘇丹易卜拉欣（Ibrahim）在與蒙兀兒王朝的開國皇帝巴布爾交戰時身亡。這五個王朝個個都會在德里留下痕跡，打造出新城市、新清真寺、新陵墓，而如今，後人在這個印度首都也都還能尋得這些建築。

德里蘇丹國的歷史有三個一再出現的特點：幾乎每次王位繼承都有一番殺戮；印度

本地統治者抵抗未歇；來自西方的軍事威脅無所不在。他們的都城德里是已有歷史的古城，西元前六世紀就有人居住，被認為具有重要的戰略價值和象徵意義。蘇里蘇丹國時期，德里成為波斯學術重鎮。德里蘇丹國建立了深受波斯文化影響的制度和習慣，例如支薪的官僚體系和軍事奴隸。極講究修行的蘇非行者實行神祕主義色彩較濃的伊斯蘭信仰，印度境內宗教因蘇非傳統的存在而有了較柔和的色彩。

馬穆魯克王朝之所以被稱作奴隸王朝，是因為該王朝許多統治者原是他們突厥主子的俘虜。雖說是「奴隸」，但並非一般認知裡的那種奴隸。被買下並皈依伊斯蘭後（如果

專欄

德里蘇丹國五王朝

馬穆魯克／奴隸王朝（Mamluk，一二〇六～一二九〇）
哈勒吉王朝（Khalji，一二九〇～一三二〇）
圖格魯克王朝（Tughluq，一三二〇～一四一四）
賽義德王朝（Sayyid，一四一四～一四五一）
洛迪王朝（Lodi，一四五一～一五二六）

庫特卜塔（Qutb Minar）聳立於新德里東邊平原上，係庫特卜丁・艾伊巴克在位時期存世最久的遺蹟。這座宣禮塔使用印度教、耆那教神廟的柱子、柱頭和過梁建成。德里蘇丹運用印度教神廟的建造工法和信仰印度教的工匠建造清真寺。

原本不是穆斯林的話），他們接受訓練，出任「馬廄管理員」、「獵豹飼養員」之類職務。由於對主子，比對自己親人和族群還忠心。他們忠心耿耿，因而受命去攻打不時威脅印度的蒙古裔劫掠者時，這些以突厥語族居多的奴隸與自己同胞交手絕不手軟。

庫特卜丁・艾伊巴克死於一二一〇年的馬球意外，接任者伊勒圖米什（Iltutmish）在位長達二十六年，得以好好鞏固權力。蒙古人入侵波斯後，他廣開大門接納逃離波斯的難民，湧入的難民甚多，他因此把庫特卜清真寺擴建為原來三倍大，替該寺的宣禮塔增建三層。這些難民包括波斯的傑出學者、藝術家、手藝人，為行政、司法部門注入新血，波斯語於是成為行政、外交用語。與此同時，蒙古人在西方的擴張使德里蘇丹國和位於美索不達米亞、北非洲的伊斯蘭國家往來斷絕，因而得以續保獨立國地位。

就是在此時，印度伊斯蘭王朝的首位女性統治者拉齊婭丁（Raziyya al-Din，一二〇五～一二四〇）掌權，使原本完全由男人擔綱演出的國王、小國君、蘇丹故事有了意想不到的轉折。伊勒圖米什教養兒女一向平等視之，臨死前認為其諸位兒子無法勝任領導大任，因此將大位傳給三十一歲的女兒。一九八三年，寶萊塢把拉齊婭的故事搬上銀幕，推出由資深女明星希瑪．馬里尼（Hema Malini，一九四八年生）主演的爭議性電影《拉齊婭蘇丹》（*Razia Sultan*）。此片放映的時期，接吻畫面出現在電影仍屬禁忌，卻虛構描繪了拉齊婭與她的女眷卡昆（Khakun，帕爾雯．巴比〔Parveen Babi〕飾）的同性戀關係。此片最著名的場景，是拉齊婭回絕心儀於她的某個男性的挑逗時，卡昆抽出一根羽毛蓋住她的臉，不知是吻了她還是在她耳邊細語（為通過播映前的安檢，不得不如此遮遮掩掩）。雖然必須學烏爾都語，走過熱燙的沙漠地，騎象，穿著過大的戲服拿劍與人交手，

拉齊婭甚得民心，在外不戴面紗，而是戴帽子，穿外衣，以便「人民看到她」。

影評人一致認為，這部片是馬里尼從影以來的最佳作品。

影片中，拉齊婭拋掉「帝服」，認為那是「裹屍布」，妨礙她找到真愛。在現實生活中，她不遮臉拋頭露面，係為了更接近人民。最初這使她受到子民愛戴，但烏里瑪（ulema，也就是德里的神職人員）不在此列。後來她與一名照管御馬的阿比西尼亞籍奴隸私通，惹惱了諸省省長，情勢轉為不利。在拉合爾平亂時，她遭突厥籍奴隸阿爾突尼亞（Altunia）囚禁。為了扭轉情勢，她嫁給阿爾突尼亞，最終兩人聯手領導由當地氏族組成的軍隊奪回大位。

然而一二四〇年士兵棄他們而去後，拉齊婭旋即遇害。她在位甚短，但對後世影響甚大，曾發行自己名下的貨幣，自封「女人的支柱」和「當代的女王」，立學校和圖書館。誠如學者里茲維（S. A. A. Rizvi）所指出的，拉齊婭「善於打擊陰謀詭計，對於行軍打仗之道見識過人，能以巧妙方法執行其自己作主的決定，以外交手腕收服了不聽話的地主。她的最大成就是打破當時人的偏見。」

拉齊婭死後，最終由吉亞特丁．巴爾班（Ghiyath al-Din Balban，一二六六～一二八七在位）繼承大位。巴爾班照例靠不擇手段奪得大位。他原是伊勒圖米什所買來的奴隸，靠軍功層層上爬，成為受到信賴的軍事執政團一員。這個執政團，人稱「四十人團」，由突厥籍軍人組成。為彌補自己卑下的出身，他打造出以浮華、氣派著稱的宮廷。印度籍歷史學家賈斯萬特・拉爾・梅赫塔（Jaswant Lal Mehta）寫道，他堅持要來訪者趴下吻他的腳，「使貴族和訪客覺得十足沒面子，既驚恐又驚訝」。據宮廷編年史家巴拉尼（Barani）所述，連他的家僕都從沒看過他以王服、襪子、頭飾以外的裝扮示人。據說他從未出聲大笑。他也不准廷臣在他面前笑。

巴爾班以專制之名聞世，但在原本動蕩紛亂的時代，他在位期間反而是難得的穩定局面。他的寬厚統治打造出祥和、滿足的氛圍，據說毗濕奴神因此能「恬然沉睡於他的牛奶海上」。他看重政治穩定甚於遵守宗教規定，由其寬容對待異教徒可見一斑。但此舉招來巴拉尼等穆斯林貴族憤慨。印度教徒可以崇拜偶像、信仰異教，令這些貴族驚駭。提到巴爾班時，巴拉尼寫道：「穆斯林國王不只允許異教徒、多神教徒、偶像崇拜者、牛糞崇拜者興築府邸之類的房子，穿錦緞材質的衣服，騎披掛了金銀飾物的馬，還樂見其成。」

巴爾班一二八七年去世後，他的十七歲兒子欲通過談判解決困擾宮廷的內部權鬥，卻未能如願，使軍隊指揮官賈拉爾丁．哈勒吉（Jalal al-Din Khalji，約一二二〇～一二九六）有機會透過政變奪權，建立哈勒吉王朝。哈勒吉人來自阿富汗，原為古爾王朝軍隊的成員。十二世紀蒙古人入侵阿富汗後，他們以軍人和移居者的身分大舉移入北印度，漸漸嶄露頭角，出任軍職和行政職。德里蘇丹國的版圖能夠擴及維達亞（Vidhaya）山脈以南，全歸功於此王朝最偉大的統治者阿拉丁．哈勒吉（Ala al-Din Khalji，一二九六～一三一六在位）。在其非洲籍奴隸宦官馬利克．卡富爾（Malik Kafur）統領下，阿拉丁．哈勒吉的軍隊數次攻入德干高原，劫掠該地城市，以籌得資金打造防禦線，抵禦蒙古人進犯。穆斯林入侵者首度攻到印度的極南部，劫掠位於馬杜賴、斯里蘭格姆（Srirangam）、吉登伯勒姆（Chidambaram）的神廟，帶回數百噸金銀寶石。索姆納特神廟遭洗劫，林伽再度遭砸碎，碎片成為德里某清真寺台階的一部分。每次襲掠後，阿拉丁．哈勒吉都讓戰敗的印度教國王復位，前提是必須公開奉德里蘇丹為宗主，並且每年向蘇丹獻上豐厚的貢品。

阿拉丁．哈勒吉的改革讓他的狂熱作風顯得溫和不少。他讓平民，包括未享有特權的穆斯林移民、皈依伊斯蘭教的印度人、乃至印度教徒出任公職。除此之外也禁止販售葡萄酒和烈酒，並嚴刑重罰以打擊賄賂和貪腐。他還推行土地改革，約束印度教中間人之收稅權，沒收其廷臣和貴族的所有地產，以使他們無財力造反，並命商業部訂定物價，定價高於固定價格的店家老闆遭公開鞭笞。此舉使穀物價格立即下跌，連在荒年時，價格都不變。

專欄

巴拉尼談阿拉丁．哈勒吉的統治：「一當錢（dang，相當於四分之一便士）就能買到一隻駱駝，女奴價格定在五至十二坦卡（tanka），妾的價格定在二十至四十坦卡。二十至三十坦卡就能入手一名俊美的年輕小伙子，每名奴工的價格從十至十五坦卡不等。消費者物價和家務勞動價格很便宜，中等收入的男子就能擁有一至四名合法妻子、數個妾、十二個任憑他使喚的女奴和奴工，過上幸福舒適的日子。」

蘇丹國最強盛時期

伊本・白圖泰（Ibn Battuta，一三〇四～一三六九）這位摩洛哥人，角色如同馬可波羅（兩人幾乎生活於同一時代），被譽為從古至今最偉大的阿拉伯籍冒險家。一三二五年這位坦吉爾（Tangier）出生的法學家動身前往麥加朝覲，朝覲後他未返鄉，而是在接下來三十年遊歷已知世界的大半地方，足跡廣布北非洲至中國東部。其中十年都待在印度，大半時間更是在穆罕默德・賓圖格魯克（Muhammad bin Tughluq，一二九〇～一三五一）的宮廷裡度過。賓圖格魯克被視為「歷來印度統治者爭議性最大的人物」，擁有多個別號，包括「嗜殺的穆罕默德」、「德里的尼祿」、「印度的恐怖伊凡」。為他效力八年的白圖泰，最初擔任法官，後來出任使節，留下對此人的詳細描述，包括其矛盾之處。他比白圖泰所認識的任何人更加熱衷於「贈禮和殺人。他的大門前始終不乏致富的窮人或遭處決之人……儘管如此，他仍是最謙遜且最願意展現公正、察納雅言的人。」

白圖泰於一三三四年來到德里，當時德里蘇丹國正苦於阿拉丁・哈勒吉一三一六年死後分外血腥的王位繼承危機。此時期最惡名昭彰的統治者，係殘暴且愛男扮女裝

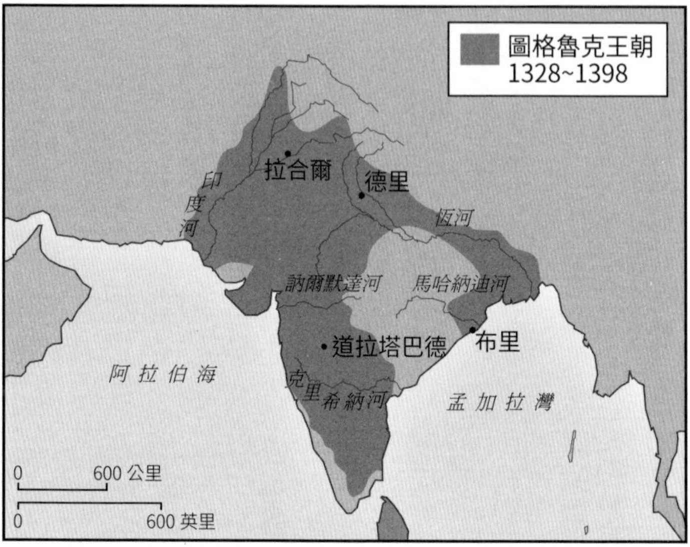

的庫特卜丁．穆巴拉克（Qutb al-Din Mubarak）。其孌童奴隸呼斯勞．汗（Khusrau Khan）將之暗殺後，在位僅四個月，但這段時間已足夠讓他殺掉阿拉丁．哈勒吉的所有兒子，使貴族對他反感，轉而效忠於六十多歲軍隊指揮官吉亞特丁．圖格魯克（Ghiyath al-Din Tughluq）。吉亞特丁．圖格魯克在位也不久。一三二五年，他的兒子穆罕默德．賓圖格魯克在亞穆納河岸的阿富汗布爾（Afghanpur）建了一座極不牢固的木造接風亭，迎接凱旋歸來的吉亞特丁，藉此乾淨俐落解決掉父王。根據官方說法，父親和兒子在此亭用餐時，一道閃電擊中此亭，屋頂垮下，壓死吉亞特丁。白圖泰主張此亭被刻意建造成易垮；其他人全都去禮拜時，賓圖格魯克下令群象踩地造成地面搖震，使此亭垮塌。

德里蘇丹動用暴力稀鬆平常，但賓圖格魯克把報復概念發揮到極致。他下令將某個敵人活活剝皮，塞滿其皮囊後公開展示，並把他的肉剁碎，摻米煮，要他的家人吃下。他的治理同樣引發極大的爭議。為養活龐大軍隊，他對農民額外課徵重稅，致使許多農民不得不逃離土地，從而導致嚴重飢荒。為了仿效中國的紙鈔制，他推出幣值高於本身金屬含量的黃銅幣、青銅幣，或許是其統治最大的敗筆。這些錢幣太易鑄造，導致這位蘇丹不得不廢止此幣流通，大量買回真幣和偽幣，致使「它們在圖格魯克城（Tughluqabad）堆積如山」。

但就對待非穆斯林來說，務實勝過宗教熱情。官方撥了資金修復印度教神廟，任何人只要繳了吉茲亞稅（*jizya*）——非穆斯林所必須繳的人頭稅，都能建造拜神場所。吉茲亞稅對官方稅收極重要，改信斯蘭教一事因此不是那麼迫切——穆斯林越少，收到的稅越多。

在賓圖格魯克治下，德里蘇丹國的版圖來到最大，涵蓋印度東西部的許多地方，並深入德干高原。他遷都至南邊一千四百公里處的道拉塔巴德（Daulatabad），如此轉移權力中心引發了爭議。據白圖泰的說法，這位蘇丹想要懲罰德里人民，因為德里人動不動就寫匿名的誣蔑信給他，但更深層的原因可能是他懷疑烏里瑪（即神職人員）計畫造反。在盛夏時節把宮廷和行政機關從現行都城遷至道拉塔巴德（意為「政府之城」），得長途跋涉四十天，非常辛苦，導致絕大部分的德里貴族、伊斯蘭神職人員、商人和企業家都因此和他反目。雖然在白圖泰的記載中，沿途皆廣植樹木，走在此路線上就像「走過花園」，但土匪和武裝部落團體仍使此行危險重重。

賓圖格魯克病逝於一三五一年在信德沙漠追擊叛亂分子時，就印度統治者來說，自然死亡是很罕有的事。繼位者是他的堂弟費魯茲・沙・圖格魯克（Firuz Shah Tughluq，一三〇九～一三八八）。此時帝國已呈瓦解之象，蘇丹國在孟加拉所控制的廣大地區起兵造反，雖然依舊信仰伊斯蘭教，卻不再聽命於德里。費魯茲・沙・圖格魯克不善軍事謀略，也無意打造泱泱帝國，眼睜睜看著繼起的民亂使古吉拉特變成半自治地，使德干高原許多地方完全脫離帝國，變成巴赫馬尼（Bahmani）王朝的領土。他帶著因母親為印度教徒而有的自卑感，認真履行自己身為伊斯蘭國家君主和穆斯林領導人的職責——除了褻瀆位於布里（Puri）的印度教神廟賈甘納特（Jagannath），婆羅門也不再免繳吉茲亞稅。費魯茲．沙也遵照慣例，在圖格魯克城北邊另外建造了名叫費魯茲城（Firuzabad）的城市，以讚美頌揚他的統治。

費魯茲．沙．圖格魯克一三八八年去世，引發又一場王位繼承危機，使這個虛弱的蘇丹國擋不住外敵進犯。中亞軍閥帖木兒在一三九八年入侵印度時，此蘇丹國只能召集到一萬兵力，連都城都守不住。帖木兒命令其士兵饒德里城民一命，但此寬大政策為時不長。有些入侵者洗劫被逮，爆發扭打，導致數名士兵喪命。接下來三天，帖木兒的部隊對印度教徒大肆殺擄搶奪。誠如帖木兒後來在其自傳（*Tuzak-i-Timuri*）裡所述：

戰利品非常豐碩，每個士兵擄獲五十至一百人，包括男女小孩。沒有哪個士兵擄獲低於二十人。另一個戰利品是大量的紅寶石、鑽石、石榴石、珍珠等寶石、金銀首飾、阿什拉夫金幣（*ashrafi*）、金銀坦卡幣、錦緞和極值錢的絲織品。從印度教徒女子身上弄到的金銀飾物多到不可勝數。

帖木兒襲掠所立即產生的後果，係使德里蘇丹國更加分崩離析。在旁遮普和東恆河平原，出現新的半自治割據勢力，某個在衣索匹亞出生、原屬於費魯茲・沙・圖格魯克的奴隸，在東恆河平原的江布爾（Jaunpur）建了一個蘇丹國。繼圖格魯克王朝而起的賽義德王朝，版圖則幾乎縮水為零。該王朝末代君主阿拉姆・沙（Alam Shah），自封「天下之王」，管轄權卻只及於帕拉姆（Palam，位於今日德里國際機場附近）村，因此受到嘲笑。

一四五一年洛迪人入主，使德里蘇丹國又苟活了一段歲月。洛迪人是阿富汗商人和傭兵的後代，本身幾乎就只是諸國鬆散結合的聯盟。他們的蘇丹並未替自己樹立王權，而是與同地位者共享大權。住在此蘇丹國裡的阿富汗人，並非個個都支持這個政權，一五二六年巴布爾出兵襲擊德里時，此王朝末代君主易卜拉欣・洛迪（Ibrahim Lodi，一四八〇～一五二六）就體會到這一點——若非旁遮普境內的阿富汗籍首領盛情接納，巴布爾這位蒙兀兒帝國的開國君主大概不可能得手。

由於保證讓入教者免受種姓和偶像崇拜之縛，蘇非教團於阿傑梅爾等城市和信德的部分地方相當興盛。一如印度教的虔信傳統巴克提，蘇非教團具有破壞既有秩序的潛力，因為他們避開正統宗教作為，讓個人與神直接建立聯繫。蘇非派宣告，穆斯林、基督徒、猶太人、祆教徒、印度教徒「都努力追求同一目標，使他們有彼我之分的那些外在儀禮全屬虛妄」。供奉蘇非聖徒的蘇非派聖祠廣布於北印度各地，造訪者既有穆斯林，也有印度教徒。

蘇非派和印度教虔信主義合流，在十五世紀詩人卡比爾（Kabir）的作品裡表現得最為顯著。卡比爾的種姓為穆斯林織工，住在瓦拉納西，如今該地供奉他的祠廟仍吸引各教信徒前來朝拜。傳說他死時，身體化為花，使他既行不了印度教的火葬，也行不了穆斯林的土葬。如今他有兩座墳，各由穆斯林、印度教徒照料。在卡比爾看來，不管是印度教祭司、還是伊斯蘭毛拉，都不重要。比起一絲不苟的儀式，真誠表達信仰更能讓自己的心聲為神所聽到，不管以何種方式表達皆然。

從德里蘇丹國時期至十八世紀初期，印度的穆斯林統治者多半很務實，清楚自己以少數族群的身分，統治分布在龐大次大陸上以印度教徒為主的眾多人口。他們所養的軍隊，主要用於保護印度，使免遭蒙古人入侵，而非用於開疆拓土。統治者來來去去，王朝更迭，伊斯蘭的立場在包容和打破偶像之間擺盪，但始終無意促成子民大量皈依該教。摧毀印度教神廟時，其意圖在於奪取廟中可觀的財寶，削弱當地統治者的政治權威。

專欄

卡比爾：

聽好，
不管是吠陀經，
還是古蘭經，
都不會教你這個：
把銜鐵放進其嘴裡，
把鞍放在其背上，
把你的腳放進馬鐙裡，
讓你狂放的心盡情馳騁，
直抵天堂。

大體來講，印度教徒、耆那教徒和宗教上的少數族群，例如猶太人、帕西人（Parsis），可以不受干擾拜各自的神。由於當政者需要吸收印度教徒出任官職和從軍，因而放棄於使他們改信伊斯蘭。印度教徒一般來講掌理經濟，印度教銀行業者協助剛從中亞過來的穆斯林購買奴隸、錦緞、珠寶、乃至馬，藉此賺進大筆金錢。

征服多半為了通商甚於為了傳教。印度河另一邊資源豐富，存在著世上最先進的經濟體。那裡產金、銀、寶石，有香料和奴隸；道路安全，口岸有效率，關稅又低。十九世紀起，為了把自己的統治合理化為正當且仁善之舉，英國人廣為宣揚穆斯林統治者負面且專制的形象。印度獨立前後印度教徒、穆斯林間的族群不和，自那之後一直在暗自滋長，但在穆斯林王朝稱雄印度期間，大體上沒有此情況。

勝利之城

雖然一般來講，穆罕默德・賓圖格魯克等諸位統治者在南印度開疆拓土的成果如曇花一現，但仍使許多既有的王國因此而覆滅。不穩定的政局所產生的最重要結果，係一三三六年毗闍耶那伽羅王朝（Vijayanagara Empire）的問世。此帝國的建立者，訶里訶羅（Harihara，一三三六～一三五六在位）和其弟布卡（Bukka，一三五六～一三七七在位），係從印度教徒改宗的穆斯林，原為圖格魯克人效力，後來反叛。據傳有個印

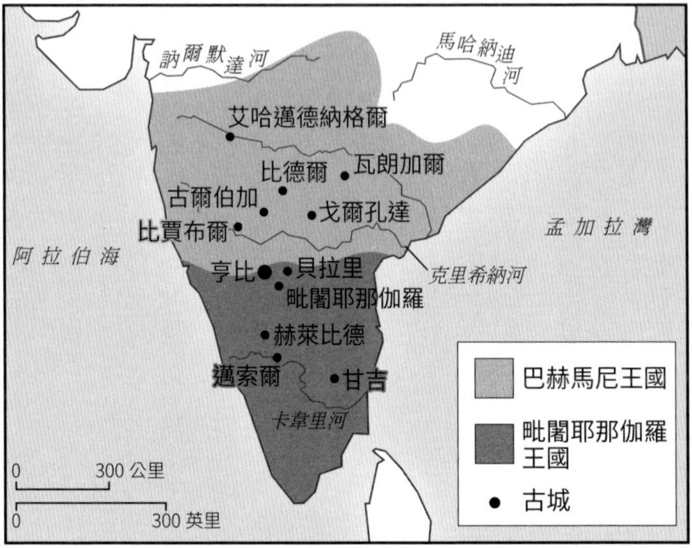

度教大師說訶里訶羅是毗魯帕克夏（Virupaksha）神的化身，他轉而投入印度教，並獲准建立以印度教原則為基礎的王國。此王國以其都城毗闍耶那伽羅（勝利之城）之名命名，存世三百年，國勢最盛時，係南印度歷來最大的國家，在印度次大陸有人口約一億五千萬時，下轄人口兩千五百萬左右。帖木兒王朝使節阿卜杜勒・拉札克（Abd Al-Razzaq，一四一三～一四八二）十五世紀中期來到此都城，曾說「眼睛從未見過與此類似的城市，耳朵則從未獲告知世上有與之相當的城市。」珠寶市集裡的珍珠品質之佳，使「陰曆十四日的月亮光是照著它們就著了火」。該城的統治者自封普世的君主——他們的志向係「使廣大世界同被統治於一傘之下」。

毗闍耶那伽羅的主要對手是以古爾伯加（Gulbarga）為都城的巴赫馬尼蘇丹，和控制今日奧里薩（Odisha）邦大部的加賈帕提人（Gajapatis，象王）。務實的毗闍耶那伽羅統治者提婆・羅耶二世（Deva Rayā II，一四三二～一四四六在位）徵募巴赫馬尼人入其軍隊，充當軍官和步兵，藉此縮小其與巴赫馬尼人的軍力落差。克里希納・提婆・羅耶（Kṛṣṇa Deva Rayā，一四七一～一五一九）一五〇九年即位後，更把加賈帕提人勢力推回到其都城克塔克（Cuttack），被視為毗闍耶那伽羅王朝最偉大的君王。

克里希納・提婆・羅耶統治從馬拉巴爾（Malabar）綿延至科羅曼德爾（Coromandel）沿海地區的帝國，係最早歡迎歐洲商人到其王國的印度領導人，深信貿易是將全世界納入統治的關鍵。他寫道，明君應促成港口發展，以使檀香木、寶石、珍珠之類重要貨物全都得以暢行無阻的輸入。對於遭遇船難而登上其王國海岸的外籍水手，應予以照料，「讓輸入象和良馬、來自遙遠異地的商人得以每日陳述意見，並給他們禮物，讓他們賺取尚可的利潤，藉此使他們離不開你。然後，那些貨物就從此不會流入敵人之手。」葡萄牙籍炮手成為他軍隊的骨幹。

史學家長期以來認為，毗闍耶那伽羅的印度教統治者是把穆斯林勢力擴張阻絕於南印度之外的中流砥柱。但細加審視此王國的文化、社會、建築，會發現情況並非如此。從此帝國建立之初，他們就自稱「印度諸國王裡的蘇丹」，觀念和作法深受波斯文化影響；都城裡名叫王家中心的城區，吸收了伊斯蘭建築風格，例如圓頂、尖拱、交叉拱頂、拉毛粉飾浮雕；軍中有招募來的突厥、伊朗軍人；甚至都城的某些印度教神廟裡都有突厥軍人雕像守衛著。

阿卜杜勒·拉札克注意到，國王身穿以中國絲製成的無袖上衣，其風格仿十二世紀伊朗的王服；貴族於公共場合所戴的無簷帽也源自波斯，成為南印度印度教宗教儀式時的傳統服飾。史學家羅莎琳德·奧漢隆（Rosalind O'Hanlon）寫道，「對這些上層人士來說，表明宮廷品味的重要指標，就在於既能投身於更大的伊斯蘭文明圈，同時又繼續支持、贊助正漸漸在整個南印度形成的獨具一格的菁英文化。」蒙兀兒帝國建立後，印度教、伊斯蘭教兩領域的這些互動會臻於極致。

Chapter

05

六大蒙兀兒皇帝

西元一五〇〇年遊歷南亞之人，會發現這裡林立著數十個相抗衡的王國，諸多族群各據地盤，其上層人士爭奪權力、威望和印度的豐富資源。一百年後，南亞次大陸幾乎整個北半部已在蒙兀兒王朝治下歸於一統。蒙兀兒王朝前六位皇帝所留下的建築，名列全亞洲最精美建築之林，其中以亞格拉宏偉的大理石建築泰姬瑪哈陵和阿克巴的短命都城法塔赫布爾西格里（Fatehpur Sikri）的廢墟為代表。在某些學者眼中，這些皇帝依舊是東方專制君主的典型——他們的統治以殘酷的皇位繼承鬥爭和侵略性軍事征服為特點；有些學者則著眼於蒙兀兒皇廷和印度梵語文化繽紛多彩的相遇。通常，一提到蒙兀兒王朝，一般人就想到不可思議的財富、豪華的宮殿、充滿寶石的金庫。一九〇〇年代初期，德裔旅人暨哲學家赫曼．蓋沙令（Hermann Keyserling）伯爵曾說，這六位蒙兀兒皇帝是「人類所產生的最偉大統治者」，「他們是行動派、老練的外交家、富有經驗的人心裁判員，又是審美家和夢想家」，如此「高人一等的人類綜合體」，非歐洲任何國王所能及。

可供史學家利用的文字資料數量龐大，為這個王朝的無形氛圍增添了血肉。宮廷編年史家把帝國每日治理事項鉅細靡遺記錄下來，與充滿個人色彩的皇帝回憶錄相輔相成。此外，蒙兀兒人崛起時，正值歐洲人往外探索、擴張的時代。帶著禮物前來換取通商權的英格蘭特使、志在傳教的耶穌會士，為了買寶石而討價還價的法蘭西珠寶商，謊稱能治痛風、不舉的義大利醫生，以及形形色色不可思議的冒險家，也留下對個別統治者的直率記述，包括他們的特質、怪癖，以及宮廷之氣派豪華。

蒙兀兒人的故事始於一四八三年，即札希爾丁．巴布爾（Zahir al-Din Babur，一五三〇年歿）在今日烏茲別克境內出生那一年。他的父親是帖木兒的玄孫之子，費爾干納（Ferghana）的統治者；母親則是蒙古帝國創始人成吉思汗的直系後裔。費爾干納位於撒馬爾罕西邊，是個面積小但格外肥沃的省分；撒馬爾罕則是帖木兒的舊都，他的宏大陵墓的所在地。巴布爾的父親熱愛養鴿，有天在他宮殿外牆上的鴿棚照料鴿子時，下方

專欄

蒙兀兒人與蒙古人

外人會把巴布爾所創建的王朝稱作「蒙兀兒王朝」（Mughals，蒙兀兒一詞為波斯語，意指「蒙古人」），巴布爾則偏愛強調其父親的突厥人血統。十五世紀時，「蒙古人」一詞予人「野蠻作風」的意涵。誠如巴布爾所常說的，「如果蒙古人是天使之流，那仍會是個邪惡的族類。」

的峭壁突然垮掉。這場離奇的意外奪去父親的性命，使巴布爾在一四九四年年僅十一歲時就登上大位。誠如巴布爾在其回憶錄裡所深情寫道，「烏瑪爾・謝赫・米爾札（Umar Shaikh Mirza）和他的鴿子、鴿房一起飛走，成了獵鷹。」

在位兩年後，巴布爾第一次嘗試拿下撒馬爾罕。他前後共出手三次，第一次未能得手，但隔年如願拿下，並占領數個月。然而其同父異母兄弟趁他在外時攻下費爾干納，讓巴布爾頓時失去王國。巴布爾、其母親和一小群支持者，接下來幾年浪跡中亞的高山和山谷。後來他寫道：「我突然覺得，無家可歸又無依無靠，流浪過一山又一山，太沒出息。」

《巴布爾回憶錄》（*Baburnama*）如實記載了他所謂的這段「失去王位的時期」。與其他蒙兀兒統治者請人捉刀且大抵歌功頌德的回憶錄不同，巴布爾的回憶錄驚人地坦白——誠如當今的印度小說家阿米塔夫・戈什（Amitav Ghosh）所說的，他「集凱撒和塞萬提斯於一身」。巴布爾告訴其讀者，他的用意，係「每件事都要符合真實，每項作為都要如實記載。」由於內容大抵直言無隱，有人把《巴布爾回憶錄》譽為「古往今來最引人入勝且充滿浪漫傳奇色彩的文學作品」之一。回憶錄講述了這位未來的蒙兀兒皇帝與其第一任妻子共享魚水之歡時的羞赧；他與安集延（Andizhan）這名市集男孩未能長相廝守的婚外情；他對喀布爾瓜果的懷念，乃至有次遭下毒未死後糞便的顏色——「極黑，像乾透的膽汁」。

一五〇四年，二十一歲的巴布爾放棄拿下撒馬爾罕的念頭，轉而把矛頭指向喀布爾。喀布爾的暴虐統治者剛死，由其尚非常年幼的兒子接位，因而不難攻下，巴布爾也得以掌控連結印度和中亞的數個戰略要地。一年後，他率兵展開對印度五次遠征的第一次。最初只是志在劫掠的襲擊，在最後一次欲拿下撒馬爾罕未果後，他於一五一四年開始把目光瞧向北印度，計畫在此重建帖木兒王朝勢力。雖然得到對當權者心懷不滿的洛迪王朝貴族某種程度的支持，但巴布爾覺得他們不可靠，一五一九至一五二四年曾三次下令其入侵部隊折返，直到一五二五年他才準備好攻擊易卜拉欣·洛迪。巴布爾只統領八千兵力，但穿過旁遮普平原時，遇到的抵抗甚微，因為該地區大抵已不聽命於洛迪王朝。一五二六年四月，巴布爾攻抵位於今哈里亞納（Haryana）的巴尼伯德（Panipat）。巴布爾所部兵力不足，但憑藉最新的軍事技術——火繩槍和加農炮——彌補此劣勢。他陳兵的方式也與在西大荒攻擊美洲原住民部族的美國拓荒者所用的無異——把牛車用繩子串接成一圈，形成難以攻破的屏障，以掩護其後的炮兵。洛迪所部終於出擊時，紛紛不敵獵槍火力而倒下，接下來則由作為後備隊的騎兵縱隊出馬清掃戰場。只消幾小時，戰局就底定。

橫陳的屍體裡有洛迪本人，是唯一死在戰場的德里穆斯林統治者。依照慣例，士兵割下他的頭獻給巴布爾。巴布爾一臉嚴肅高舉此頭，激動喊著：「向你們的英勇致敬。」他麾下兩個最資深的埃米爾（amir）用一匹錦緞裹住洛迪的身軀，予以沐浴淨身後，將其葬在陣亡倒下的地方。巴布爾除了蓋了一座清真寺紀念此次勝利，還設計了一座對稱性布局的庭園，園裡有環環相扣的運河和高於地面的步道，使人想起中亞綠洲。而同樣的庭園，他也在印度其他地方不斷重複再製。

得勝後，巴布爾策馬至德里，在那裡待到聽完以他之名宣講的「呼圖白」（*khutba*，星期五的禮拜）後就離開。以他之名宣講「呼圖白」，意味著當地人民默然接受他們的新統治者。接著他前去洛迪王朝都城亞格拉。其子胡馬雍（Humayun，一五〇八～一五五六）已在亞格拉俘虜北印度重要國家瓜廖爾（Gwalior）的羅闍一家人。這位羅闍為表態接受新統治者而向胡馬雍獻上珠寶，其中包括一枚大鑽石，其價值足以提供「兩天半的糧食給全世界人」。胡馬雍將此鑽獻給巴布爾，巴布爾拒收。數年後，胡馬雍將這顆名叫巴布爾之鑽的寶石贈給波斯的統治者。根據傳聞軼事中此寶石的大小研判，這顆鑽石就是著名的「光之山」（Koh-i-Noor）。

巴布爾不看好剛攻下的領土，已厭倦於戰爭、且盼望前去阿富汗涼爽山口的所屬士兵亦然。為打消他們打道回府的念頭，他問：「我們要回喀布爾，繼續過貧窮不堪的日子？凡是支持我的人，此後都不要再說這樣的話。吃不了苦且決意離開的人，想走就走吧。」他提醒他們，印度遼闊且富饒——儘管除此之外幾無可取之處。

巴布爾打定主意要將北印度納入帖木兒王朝的領土，但有數道難關要克服。首先是他口中印度「人民和我的人民之間顯著的惡感和敵意」；此外，蒙兀兒人在此地區並非勢力最強。隨著德里蘇丹國式微，北印度許多地方由諸多半自治的阿富汗公國控制。德里蘇丹國的歷個王朝都倚賴來自阿富汗的軍人和來自中亞的馬——阿富汗商人所輸入的中亞馬，使他們的軍隊隨時可以作戰。其中許多軍人甚至已成為割據一方的小首領。

巴布爾還得對付許多拉傑普特人的氏族，其中最強大的氏族是西索迪亞人（Sisodiyas）。一五二七年，西索迪亞統治者拉納・桑加（Rana Sanga，一四八二～一五二八）決意恢復

專欄

《巴布爾回憶錄》裡巴布爾談印度：「這裡，人不美；社交往來粗魯不文；沒有作詩的才華也不懂詩；沒有禮儀、貴族，也無男子氣概；藝術和工藝既不和諧也不對稱；沒有良馬，沒有好狗；沒有葡萄、香瓜也沒有上等水果；沒有米，沒冷水，市集裡沒有美味的麵包或熟食；沒有熱水澡，沒有學院，沒有蠟燭、火把或蠟燭架。」

普里特毗羅闍．喬漢（Prithviraj Chauhan）的拉傑普特王朝，集結大軍，離開其位於梅瓦爾（Mewar）的據點，迅速北進，以擊退巴布爾的部隊——那位已幫忙消滅掉洛迪王朝，而為其一統北印度的夢想間接助了一臂之力的入侵者。當時占星家指出火星處於不吉之位，兆示帖木兒王朝必敗，兵力大大居於劣勢的巴布爾所部士氣隨之大落。巴布爾欲打破此不祥之兆，於是廢止一些不符伊斯蘭教義的稅，誓言戒酒。三百名麾下統兵官跟著他一起發誓，將數十罐從喀布爾帶過來的最新佳釀倒進一特別挖出的池裡，並打破金銀質酒杯，發送碎片給窮人。為進一步提振士氣，他宣布對不信正教的拉傑普特統治者發動聖戰，自封「加齊」（*ghazi*，也就是聖戰士）。

兩軍相遇於亞格拉西邊約七十公里處的罕瓦（Khanwa）。拉傑普特人作戰英勇果然名不虛傳，巴布爾因而再度祭出在巴尼伯德用過的戰術——以車陣為屏障掩護後方士兵，使士兵得以用火繩槍和加農炮殲滅拉傑普特人戰士，然後再出動騎兵包圍敵軍。此戰術奏效。為紀念此捷，巴布爾下令將砍下的頭顱立成一柱，以警戒有意直攖其鋒者。

四十五歲前後，巴布爾健康狀況開始變差。早年勞苦奔波的後遺症，這時已開始顯現。得知父親生病，胡馬雍擔心朝中貴族暗中謀劃扶立他的某個叔叔為王，於是從巴達赫尚（Badakhshan）返回德里，結果反而得了重病。據某傳說，巴布爾繞著兒子走了三圈，祈求他康復。藉此儀式，他把胡馬雍的病轉到自己身上，不久後去世；但據歷史記載，此事過了數個月，巴布爾才過世。巴布爾死於一五三〇年十二月二十六日，距當上首位蒙兀兒皇帝之後僅四年。遺體安置在他生前於亞格拉所打造的諸多花壇庭園的其中一座裡，後來遷葬於可俯瞰喀布爾的階地上——他生前常坐在該階地欣賞風光。除了墳墓，此處不得加蓋其他建築，讓墓地得以完全沐浴在雪覆日曬之中。

戰場失利和流亡

胡馬雍按照成吉思汗、帖木兒所立下的模式，繼承了大位。他是父親欽定的接班人，但他的兄弟卡姆蘭（Kamran）、阿斯卡里（Askari）、辛達爾（Hindal）都有權利分到領土的一部分，而這三人都為自己未能成為新任蒙兀兒皇帝而心懷怨恨。卡姆蘭只得到喀布爾和坎達哈作為領地，認定受到虧待，首先動手反胡馬雍，併吞了旁遮普。胡馬雍除了默認這個新現狀，別無選擇。

對胡馬雍的統治之位威脅更大者是巴哈杜爾·沙（Bahadur Shah，一五〇五～一五三七）——富裕的濱海國古吉拉特的統治者。一五三五年，胡馬雍南征巴哈杜爾·沙，挑戰其配備最新式加農炮且雇用了葡萄牙籍炮手的軍隊。胡馬雍所部於夜間大膽出擊，拿下昌帕內爾（Champaner）的堡壘，洗劫巴哈杜爾·沙的財寶，然後攻下都城艾哈邁達巴德（Ahmedabad）和位於印度中西部馬爾瓦（Malwa）的山堡曼杜（Mandu）。但胡馬雍未以軍事、行政手段鞏固其占領的城池，反倒大宴賓客、享受宮廷娛樂來慶祝勝利。誠如英格蘭籍作者班伯·加斯科瓦涅（Bamber Gascoigne）所指出的：「他總是覺得剛取得的勝利果實，比任何許久以後可能得到的東西更加令人心動，因而開心坐下，一連數月享受他最愛的消遣，即喝酒、吃鴉片（以玫瑰水調製成丸狀服用）、作詩。」

胡馬雍返回亞格拉以對付新的威脅勢力。舍爾・沙・舒里（Sher Shah Suri，一四八六～一五四五）原是個微不足道的洛迪王朝家臣，統治瓦拉納西附近的一個小封地，但這時已是東印度反蒙兀兒人統治的阿富汗籍抵抗勢力的領袖。一五三七年，舍爾・沙入侵孟加拉，圍攻都城高爾（Gaur）。胡馬雍得知，即率領船隊順亞穆納河、恆河而下因應，同行者有與他暫時言歸於好的兩個弟弟卡姆蘭和辛達爾。但他未直奔高爾，而是白費六個月的時間欲拿下舍爾・沙的久納爾（Chunar）要塞。這一延擱使舍爾・沙得以攻下高爾，洗劫其財寶，利用劫掠所得打造北印度有史以來最龐大的軍隊。他自信已足以稱王，於是採用了舍爾・沙這個稱號，「沙」（Shah）意為「國王」。

胡馬雍得知高爾陷落時，欲透過談判與舍爾・沙達成共享權力的協議，但在孟加拉該歸誰統治上意見不和。胡馬雍抵達高爾時，發現該城已大抵人去樓空，然而這位蒙兀兒皇帝再度未善用其優勢擴大戰果，反倒把心力擺在高爾城的「貌美的女孩和健美的女僕，以及令人雀躍的庭園和令人舒爽的水池上。」

胡馬雍在他的高爾後宮縱情於「各種難得的享受」時，他同父異母的弟弟辛達爾攻下蒙兀兒都城亞格拉，在那裡稱帝。於此同時，卡姆蘭回到旁遮普，但未助胡馬雍制伏北印度境內與之作對的人，反倒與辛達爾合謀瓜分戰利品。一八三九年雨季時，舍爾．沙趁著蒙兀兒朝中局勢大亂，攻打胡馬雍位於焦薩（Chausa）的部隊，情勢隨之更加惡化。卡姆蘭和辛達爾認為胡馬雍必敗無疑，對其求救置之不理。交戰雙方各自加固防禦，從事虛情假意的偽外交，如此過了三個月，然後在一五三九年六月，阿富汗人終於出兵奇襲，大敗胡馬雍的部隊。胡馬雍後撤，渡過暴漲的恆河時落馬，幸得他的一名挑水工相救，不致溺死。挑水工將他抛上一個充當救生圈的充氣羊皮囊。後來，這個僕人得到當一天國王的獎賞。

兩軍再一次交鋒於恆河平原卡瑙傑（Kanauj）附近。蒙兀兒陣營士氣低落，且因士兵逃亡而兵力大減，軍心恐慌，不戰而逃。後來胡馬雍麾下某將領抱怨道：「談不上戰鬥，而是潰敗，因為敵我雙方都無一人受傷……未曾發炮，也未曾開槍。」這位蒙兀兒皇帝又不得不逃走，這一次騎象渡過恆河，退到拉合爾。就舍爾．沙來說，當年巴尼伯德一役的損失已彌補回來。蒙兀兒人來到印度次大陸才十一年，就瀕臨崩潰。

流亡到拉合爾的胡馬雍並未久待。由於舍爾．沙揚言拿下該城，胡馬雍打算去喀布爾。但卡姆蘭控制著這座阿富汗人都城，他只能南去信德，冀望重整旗鼓，奪回他的王國。卡姆蘭和阿斯卡里依舊待在阿富汗，與胡馬雍勢不兩立，但辛達爾決定與這位流亡皇帝結盟。一五四一年，胡馬雍迎娶辛達爾之私人教師的女兒哈米妲（Hamida，一五二七～一六〇四）為妻。一年後，她於盛夏時越過塔爾沙漠，抵達信德的歐邁爾果德（Umarkot），然後生下一子，取名為阿克巴（Akbar），此子日後會成為蒙兀兒王朝最偉大的皇帝。胡馬雍把幼子留在坎達哈，率部西征，穿過阿富汗，最終抵達赫拉特（Herat，為薩法維王朝的波斯統治者沙．塔赫馬斯普〔Shah Tahmasp〕的領地）。一五四四年七月，胡馬雍來到塔赫馬斯普位於今伊朗境內加茲溫（Qazvin）的宮廷，在那裡塔赫馬斯普表示願保護他，條件是他和他的部眾必須改信伊斯蘭什葉派；為得到保護，胡馬雍還必須獻上「光之山」鑽石。

一五四五年九月，胡馬雍利用塔赫馬斯普所提供的兵力和資金，率領蒙兀兒-波斯聯軍出征，從阿斯卡里手中奪下坎達哈，並於三個月後在喀布爾擊敗卡姆蘭。接下來八年，卡姆蘭四次欲奪回該城皆未能如願，最後一次出手時被俘，遭押至胡馬雍跟前，胡

舍爾·汗的陵墓高四十六公尺，上下三層，矗立在湖中央。後來的蒙兀兒皇帝為了不讓阿富汗對手專美於前，往往建造更大、更精緻的陵墓。亞格拉的泰姬瑪哈陵是為其極致。

馬雍命人弄瞎他雙眼。據說卡姆蘭曾懇求獄卒殺了他，獄卒不肯，他隨即不再開口，默默承受以長矛刺瞎雙眼之刑，接著請求前去麥加朝覲，並於一五五七年死於該地。

胡馬雍流亡在外期間，舍爾·沙則展現了高明的治國本事，其治下的國度穩定、繁榮、管理良善。他整頓軍隊，簡化稅收制度，固定田賦稅率，整治貪腐，改善並延長「大幹道」，要地方首領負起該路治安之責。他命人種植遮陽樹，每隔一日行旅的距離蓋一間供印度教徒、穆斯林過夜的旅舍（*caravanserai*）。他也推出名叫盧比耶（*rupiya*）的標準化銀幣，是為現今印度、巴基斯坦盧比的前身。但他打算在拉賈斯坦、馬爾瓦、本德爾肯德建立阿富汗人殖民地，始終未能如願。一五四五年舍爾．沙欲攻占拉傑普特人的加林傑爾（Kalinjar）要塞時，彈藥堆放處爆炸，當場喪命。他死前已命人在瑟瑟拉姆（Sasaram）建造陵墓，陵墓之宏大，為當時歷來印度境內穆斯林統治者的陵墓所不能及。

舍爾．沙死後，短時間內就換了五位統治者，這一領導危機使胡馬雍更加敢於奪回失地。一五五五年，他的部隊在旁遮普的錫爾欣（Sirhind）打敗舍爾．沙之子的部隊；該年中期，德里已落入胡馬雍之手。經過十四年的頓挫，巴布爾的君主國終於再度屹立於印度次大陸。

然而胡馬雍並沒多少時間好好品嘗他的勝利果實。一五五六年一月，即奪回德里僅六個月後，他在德里的布拉納吉拉（Purana Qila，舊堡）圖書館的屋頂上，向占星家詢問金星升起的時辰。在聽到召喚禮拜聲後，他起身，一隻腳卻被自身袍服絆到，跌落甚陡的台階，撞傷了頭部，數天後傷重不治，留下「我接受神的召喚」之遺言。

最偉大的蒙兀兒皇帝

胡馬雍之子阿克巴（一五四二～一六〇五）在父親死時才十三歲，交由拜拉姆・汗（Bairam Khan，一五〇一～一五六一）將軍照顧和調教。胡馬雍重新攻占印度之舉，就是由拜拉姆・汗一手謀畫。阿克巴與英格蘭的伊莉莎白一世生於同一時代，會以最偉大的蒙兀兒皇帝之名傳揚於後世，有些史家甚至將他譽為印度歷來最偉大的君主。在《發現印度》一書中，尼赫魯稱阿克巴的統治為「集北印度印度教和穆斯林文化之大成」；在阿克巴治下，「蒙兀兒王朝牢牢確立為印度本土王朝」。

雖然眾人譽之為包容異己、中庸之道的典範，但在位頭幾年，阿克巴的手段特別殘酷，甚至就南亞的標準來看亦然。他才即位幾個月，德里就遭海穆（Hemu）攻擊。海穆是信奉印度教的硝石販子，在軍隊中靠自己本事層層上爬，最終總掌蘇爾（Sur）王朝兵符。兵力大大居於劣勢的阿克巴部隊，在巴尼伯德與海穆所部交手。十六世紀後期詩人帕德馬薩加拉（Padmasagara）曾說，這位年輕統治者「衝向蘇爾王朝軍隊，猶如老人星（Canopus）奔向大洋。令人驚愕的是，他令敵方戰士光是聽到他名字的一個音節就失去

此肖像畫為阿克巴死後繪製，出自印度教藝術家哥瓦丹（Govardhan，活躍於約一五九六～一六四五）之手，吸收了源自伊莉莎白女王時代的表現主題，呈現獅、牛犢在此皇帝的仁慈統治下相安無事的情景。

鬥志，他令他的部隊永垂不朽，使其猶如充滿勝利滋味的大洋。」令敵人膽寒係得勝的因素，但也得益於運氣。一枚箭射中海穆眼睛，導致他的軍隊驚慌潰逃，蒙兀兒軍因此得救。海穆被俘，遭押到阿克巴跟前。拜拉姆允許這位年輕統治者將海穆斬首，自此他成為一位加齊（即聖戰士）。

不過隨著阿克巴開始自主行事，與拜拉姆的關係便越來越差。一五六〇年，阿克巴建議他的監護人去麥加朝覲，這位將領只能聽命行事。但拜拉姆未能抵達目的地。一五六一年一月，他在古吉拉特的帕坦（Patan）遭暗殺，凶手是一名對他懷恨在心的阿富汗人。兩年後，阿克巴把他的義兄弟阿達姆．汗（Adham Khan）丟出宮殿陽台外，藉此除掉另一個爭奪大位的對手。當他發現阿達姆．汗未死，便叫人把已傷殘的阿達姆．汗抬上來再丟一次。這一次確實要了他的命。

阿克巴十九歲時所統治的帝國疆域，已是東起拉合爾，西至江布爾，但仍有零星的反抗勢力令其心煩。使地方割據勢力接受蒙兀兒人的獨大地位，是他五十多年在位時期的一大政績。阿克巴打造帝國的方法，迥異於先前之人，尤以在對付拉傑普特人的王國方面為然。他未對他們動武，而是籠絡拉傑普特人家族，使其效力於蒙兀兒人，視之為同享君權和領土財富的夥伴，同時放手讓他們自行管理自身事務、治理自己世居之地，也未要求他們皈依伊斯蘭教。

政策的改弦更張，幾乎出於偶然。一五六一年，安伯（Amber）的卡奇奇瓦哈（Kachchwaha）氏族統治者巴拉馬爾（Bharamal，一五四八～一五七四），欲阻止對其土邦主地位的挑戰，於是尋求阿克巴支持。巴拉馬爾表示願意將女兒嫁給他，作為交換條件。一個原本無足輕重的氏族，一夕之間成為最重要的拉傑普特人統治家族。安伯的公主成為蒙兀兒皇后和未來皇帝的母后；安伯的統治者成為將領，為蒙兀兒皇帝效力；巴拉馬爾的孫子羅闍・曼・辛格（Raja Man Singh）統領蒙兀兒軍隊打阿富汗人，出任孟加拉省長；其他的拉傑普特人家族也效法卡奇奇瓦哈，和蒙兀兒人聯姻，包括焦特布爾（Jodhpur）、比卡內爾（Bikaner）的統治者。

阿克巴的支持，提升了卡奇奇瓦哈氏族的地位，但最顯赫的拉傑普特氏族依舊是梅瓦爾的西索迪亞人。該氏族統治者烏戴・辛格（Udai Singh，一五四〇～一五七二）是拉納・桑加的後代，公開鄙視把自己女兒送進蒙兀兒皇帝後宮的那些拉傑普特土邦。阿克巴決意教訓不知天高地厚的西索迪亞人，一五六七年親率一支大軍進攻拉納・桑加的據點奇圖爾（Chittor）。蒙兀兒皇帝得到兩名重要的拉傑普特人首領率兵助陣，營地綿延約十六公里。一場曠日廢時的攻城戰就要開打。

雖然奇圖爾的堡壘備置了足以撐上數年的糧食，而且供水充足，但此堡並非堅不可破。四個月後，城牆遭攻破，使此堡指揮官傷重不治的那發彈丸，據認是阿克巴所發出。堡壘內數個地點紛紛出現火光——數千名女人寧死也不願失去名譽，自焚（*jauhar*）而死。阿克巴則下令屠殺剩下的三萬居民。雖然西索迪亞人於此役落敗，但整個蒙兀兒王朝時期，他們都持續抵抗不休。

西索迪亞人戰敗，使蒙兀兒人腹地的核心區域自此大體上沒有安全之虞，阿克巴得以把心力集中在治理上。他是高明的決策者，施行有系統且中央集權的統治，以一體通行的方式統治整個龐大帝國。阿克巴最重大的成就，係整頓蒙兀兒軍隊。自他上台以來，蒙兀兒兵力已增加了五倍，包括族群、宗教背景各異的士兵和軍官。軍官未承繼其頭銜或官階，而是獲授予與戰功有關且以數字表示的位階「曼薩卜」（*mansab*），曼薩卜位階從十至一萬不等，由所統轄的士兵數量而定。此制使蒙兀兒王朝得以如臂使指一般，迅速動員兵力。

另一個阿克巴在位時期的特點，是支持宗教多元並存——鑑於在世界其他地方，包括在宗教裁判所大行其道的歐洲，越來越不寬容異教，這一特點更加難能可貴。二十一歲時他廢除朝聖稅和吉茲亞稅。凡是蒙兀兒帝國的子民，不管信何宗教，從此受到平等對待，至少理論上是如此。他撤銷伊斯蘭律法，授予托缽僧土地，供其蓋寺院，重建、修復印度教神廟，並取消叛教處死刑責。阿克巴和其廷臣也會慶祝排燈節（Diwali）等重要的印度教節日，還採納印度教習俗，秤出和自己等重的金、銀、穀物等商品，分發給身無分文和貧困之人。

一如德里蘇丹國的統治者和先前的蒙兀兒皇帝，阿克巴是蘇非派神祕主義的信徒。他以蘇非派得道大師之形象示人，每年赴印度西北部的阿傑梅爾，朝拜印度蘇非派奇什蒂教團（Chishti）創始人穆因丁．奇什蒂（Mu'in al-Din Chishti）的祠廟，有時甚至頂著夏日驕陽徒步前去。後來他成為蘇非派聖徒薩利姆．奇什蒂（Salim Chishti）的弟子，奇什蒂預言他會生下兒子。阿克巴甚為感激，於是替他的長子取名薩利姆——即後來的皇帝賈汗季（Jahangir），還把這位聖徒的村子西格里（Sikri）改造為他的新都城，取

布蘭達爾瓦札（Buland Darwaza）意為「勝利門」，係法塔赫布爾西格里之賈瑪清真寺（Jama Masjid）的主入口，建於一五七五年，以紀念阿克巴戰勝古吉拉特。

名法塔赫布爾西格里（Fatehpur Sikri），並為薩利姆．奇什蒂蓋了一座非常氣派的墳墓。法塔赫布爾西格里仿自他的某個行營而建，後來成為展現他的帝國統治構想的場所。如今此城已遭廢棄，猶如一座保存完好的鬼城，獨立於人間。

阿克巴受到蘇非派對宗教寬容和其與神合一之道的啟發，利用其在法塔赫布爾西格里的住所，有系統的研究比較神學和宗教。他蓋了「禮拜堂」（House of Worship），每逢週四晚上在該處舉行宗教辯論，鼓勵各宗教、教派派代表參加辯論。阿克巴深信所有宗教，不只伊斯蘭，所言都有其道理存在。耶穌會教士來到他的宮廷時，他特別用心取悅他們，以一身葡萄牙人打扮親吻聖經，並將聖經擺在頭上。耶穌會傳教士看他如此接納基督教，深信已使他皈依，後來才體悟到他對印度教、耆那教、猶太教、祆教皆表現出同樣的著迷之情，同時仍照伊斯蘭教規定按時作禮拜。其中一位耶穌會教士——安東尼奧．蒙塞拉特（Antonio Monserrate）神父——曾跟著阿克巴和其軍隊進入阿富汗，通過開伯爾山口時，由於公開批評先知穆罕默德，差點遭憤怒的暴民用石頭砸死，幸有皇帝出面阻止。

阿克巴不識字（證據顯示他有讀寫障礙），卻有藏書兩萬四千冊。他成立了一個部門，要該部門將《摩訶婆羅多》、《羅摩衍那》等印度教史詩和拉丁文版基督教福音書翻譯成波斯文，並命人抄錄副本，分送給他帝國境內諸圖書館。他的宮廷也有講梵語的天文學家任職。

並非每個人都贊同阿克巴的宗教實驗。他創立的信神教（*Din-i Ilahi*）兼攝多種宗教，以皇帝為教主，使其因此遭敵人指控背棄了伊斯蘭。宮廷編年史家巴道尼（Badauni，一五四〇～一六一五）係痛惡阿克巴對多種宗教同感熱衷之作風的代表，對他批評最烈。阿克巴派他負責長達四年的《摩訶婆羅多》翻譯工作，似乎從中得到病態的快感；巴道尼則表示，此部史詩除了「幼稚、愚蠢與荒謬」，別無他物。巴道尼批評阿克巴記住梵語對太陽的一千零一個名稱，一天拜這個天體四次，與「各教派的著名聖徒」晤談；阿克

專欄

蒙塞拉特神父談阿克巴的領導術：阿克巴「真的很樂於接見所有想見他的人，因為他幾乎每天都讓平民百姓或貴族有機會見他，和他交談。他著意讓自己顯得和氣、和藹可親，而非嚴厲對待每個前來和他說話的人。」

巴則抱怨巴道尼是狂熱者：「沒有哪把劍砍得斷他偏執的頸靜脈。」

一五八九年，阿克巴委請他的宰相暨宮廷詩人阿布勒法茲勒（Abu'l-fazl，一五五一～一六〇二）「以真誠之筆記述我們擴增版圖的光榮勝利事蹟」。法茲勒是具有自由主義思想的學者，也是才華洋溢的史家，著有兩部皇皇巨製《阿克巴的治理體制》（*A'in-i Akbari*）和《阿克巴傳》（*Akbar-nama*）。前者融地名詞典、年鑑、規則手冊和統計摘要於一爐，英文版厚達一千五百頁，內容則從「針對替駱駝抹油、把油注入駱駝鼻孔的規定」，到用來計算地球大小的數學方法，無所不包；後者厚達兩千五百頁，係介紹他在位那段歷史歌功頌德式的著作，把阿克巴描寫成具有法力、神一般的神祕主義者。誠如法茲勒所寫的：「他與思慮淺薄、滿身塵土的田間之人為伍，從中尋找真理，並結交各種穿著補釘衣的人（例如瑜伽行者、出家者、蘇非派神祕主義者），以及其他獨坐於塵土中者和逍遙自在的隱士。」

阿克巴在位後期，可見到他與印度教聖徒為伍，此輩「從事多種愚蠢、荒唐之事，投身於坐禪、手印、演說、空想、沉思，投身於煉金、蠱惑人、法術」。他一心欲弄清楚人性，於是下令進行野孩子實驗，把數十名嬰幼兒遷到一棟特殊房子裡，不准任何人和他們講話，深信隨著他們年紀更長，會講出人類本有的語言。這些幼兒也受到仔細觀察，以瞭解他們「會傾向於哪個宗教和教派，最重要的，瞭解他們會重述哪種宗教信條」。一五八二年，即這些小孩被安置在該處四年後，阿克巴走訪此屋，他完全未聽到「哭聲……或咒語，除了瘖啞之人發出的聲音，四下一片寂靜。」

阿克巴的輝煌人生，晚年時因諸多不幸而大為失色。他的三個婚生子都是酒鬼，其中兩個兒子比他還早死。長子薩利姆（一五六九～一六二七）三十多歲時急欲繼承皇位，於是在一六〇〇年造反，卻未能得手。兩年後，他以皇帝之名自行鑄幣，還下令殺掉宰相法茲勒。雖然父子兩人最終言歸於好，但係在阿克巴的妻子插手後才言和。薩利姆被指定為法定繼承人，但他未善盡職責做好登基的準備，反倒沉迷於鴉片和酒精。班伯．加斯科瓦涅寫道，「阿克巴的成就，比他原本希望達成的還要高，諷刺的是，他的兒子似乎全都不成材，或不配承繼他已建立的事業，因而使他的成就受損。」

世上最富裕的帝國

一六〇五年阿克巴去世後，薩利姆繼位，改名賈汗季，意為「奪取世界者」。稱霸全球是癡心妄想，但他所承繼的帝國是當時世上最富裕、領土最遼闊的帝國，除了涵蓋北印度大部和今日巴基斯坦、孟加拉、阿富汗，人口更高達一億——比鄂圖曼土耳其帝國最盛時人口多了四倍；在紡織品、香料、糖、武器等商品的生產上，更占全世界產量約四分之一。

後人常描述賈汗季為懶惰、無精打采之人。鴉片癮和酒癮的確使他晚年時力不從心，但他其實是個有見識且寬容異己的君主，繼續施行他父親的許多政策，且還致力於使其更加完善。印度籍藝術史家阿修克·庫馬爾（Ashok Kumar）認為賈汗季是個審美家，是「具有自然主義者之眼界、詩人之眼力、藝術鑑賞家之品味、伊比鳩魯學說信奉者之哲學的貴族」。一如巴布爾，他留下紀錄翔實的《賈汗季回憶錄》（*Jahangirnama*），反映了他對自然界的著迷（他能說出北印度每種鳥的名字）和其對藝術的獎掖。十九世紀時翻譯了賈汗季回憶錄的亨利·畢佛里奇（Henry Beveridge）嚴正表示，這位皇帝若擔任自然史博物館館長，會「表現得更出色、更快樂」。

他曾請人繪製了數千幅畫，其中一幅是現已絕種的模里西斯渡渡鳥，出自宮廷畫家烏斯塔德·曼蘇爾（Ustad Mansur）之手，係世上唯一一幅根據活體樣本精確描繪此鳥的畫作。他的回憶錄也有赤頸鶴的詳細觀察紀錄，和為了查明獅子如此勇猛的生理根源所做的解剖實驗結果。他的寵臣伊納雅特·汗（Inayat Khan）即將死於鴉片毒癮時，他叫人為其繪製肖像。住在賈汗季宮廷裡的耆那教僧人烏帕迪亞亞·巴努坎德拉·加尼（Upadhyaya Bhanucandra Gani）心痛描繪了當時的墮落沉淪：

賈汗季尋歡作樂一如天上的因陀羅——有

渡渡鳥畫，據認出自烏斯塔德·曼蘇爾之手，據認繪製於一六二八～一六三三年期間。這隻不會飛的鳥大概是經由葡萄牙人所控制的果亞，被帶到賈汗季宮廷。

時住在上好的驛站旅館裡，有時在印度河岸，有時騎馬出遊，有時住在色彩繽紛的大宅裡，有時欣賞一流女舞者的精彩演出，有時聆聽美麗少女的輕柔歌聲，有時看戲。

曾有多位歐洲人去過賈汗季宮廷，托馬斯・羅（Thomas Roe，一五八一～一六四四）是其中之一。他於一六一五年帶著英王詹姆斯一世的信和禮物來訪，欲為東印度公司談成通商協議。羅致贈的禮物裡，最受賈汗季看重者，係英格蘭的繪畫和細密畫，賈汗季並要他的藝術家依樣複製。羅在印度待了三年，針對賈汗季週期性巡行帝國期間，從一地遷移到另一地的皇帝行營，留下翔實記述。光是要運送皇帝的營帳，就要動用大象、駱駝、閹牛共一千頭以上。根據羅的說法，大隊人馬停下過夜時，營地周長三十二公里，規模和歐洲城鎮相當。

羅並非第一個親歷蒙兀兒宮廷的商人。十六世紀時，從埃及及馬穆魯克的猶太人和卡里米人（al-Karimi）、到葉門的拉蘇里人（Rasulids），甚至是葡萄牙人，已有形形色色從事貿易的群體，與印度建立深厚的商業網絡，貿易品項以來自克拉拉（Kerala）的胡椒、小豆蔻等香料為主。從科欽（Cochin）的市場買進的胡椒，運到里斯本，能以八倍價格脫手。來自波斯帝國、鄂圖曼土耳其帝國和中國明朝的需求，使胡椒產量從一五〇〇年代初期起開始大增；用來換取胡椒的金、銀、象牙、黃銅、奴隸，則流入印度商人的金庫。在阿克巴、賈汗季治下，鼓勵外籍手藝人（包括歐洲人）定居於印度，傳授當地織工更佳的織布法，伊朗、歐洲、中國的圖案就這麼進入印度的圖案裡。

一如其父親，賈汗季從多種宗教群體裡物色知識分子和教師入其宮廷，閱讀譯自梵語的典籍，以聖母畫像和雕像裝飾其宮殿。他仍是虔誠穆斯林，但看法不為伊斯蘭教義所縛。羅指出：「各種宗教都受歡迎，不受約束，因為這位國王不屬於哪個宗教。」但印度教瑜伽行者不在此列；雖然也在寬容之列，但賈汗季說他們欠缺「所有宗教知識」，在他們的思想裡看到的，「只有心靈的黑暗」。

一六一一年，賈汗季娶其得力封臣的遺孀米赫魯恩尼莎（Mihru n-Nisa）為妃。她雖年僅三十四歲，很快就把持宮廷，先後獲授稱號「努爾．瑪哈爾」（Nur Mahal，宮中之光）和努爾．賈汗（Nur Jahan，世界之光）。她以她的名字鑄造了錢幣——在伊斯蘭印度首次有女人得到此殊榮；任何公事，若未請示她，絕對辦不成。羅提到她與其丈夫的關係時說：「她控制了他，隨心所欲地動不動就惹惱他。」她也是射擊高手，可在一天之內，從有布簾圍住的象轎裡，只發六槍，就打死四隻老虎。她發號施令，發布宣告，指派家族成員出任朝中高職，還要來訪者都帶禮物，不能空手上門，此舉使蒙兀兒帝國的貪腐程度惡化到此前未見的程度。

賈汗季前一段婚姻所生的兒子忽拉姆（Khurram，一五九二～一六六六），係其中一位得寵於努爾．賈汗的人。忽拉姆會得勢，部分歸功於他成功制伏西索迪亞人；當年阿克巴攻打奇圖爾後，西索迪亞人領袖拉納．普拉塔普（Rana Pratap，一五四〇～一五九七）隨即率領族人對蒙兀兒人打了一場曠日持久的游擊戰。忽拉姆一六一四年第一次執行其軍事任務期間，與普拉塔普的接班人阿瑪爾．辛格（Amar Singh，一五五九～一六二〇）交手，後者眼見即將敗於兵力更強大的蒙兀兒軍隊，只得求和。一年後，雙方締結協定，西索迪亞人據此可以不必和蒙兀兒人聯姻，也不必派代表至蒙兀兒宮廷。此協定也允許西索迪亞人治理自己的領土，並歸還奇圖爾的堡壘。

志得意滿的忽拉姆成為賈汗季欽選的接班人，但他日益桀傲不馴的行為，促使他的父親將之改名為畢達爾瓦特（*bidalwat*，可惡之人）。此時賈汗季健康狀況漸漸惡化，也常因吸食鴉片而顯得糊里糊塗，努爾．賈汗趁機擴權，已成為帝國實際的統治者。她和忽拉姆反目，開始寵信賈汗季更年輕的兒子沙赫里亞爾（Shahryar）。為除掉忽拉姆這個絆腳石，她說服賈汗季將他派去布爾漢普爾（Burhanpur）固守蒙兀兒帝國南疆，防範德里蘇丹國殘餘勢力侵擾，心裡肯定冀望著他戰死。

一六二七年十月二十八日賈汗季去世，引爆一場早已屢見不鮮的皇位爭奪戰。努爾・賈汗想趁此機會將多病的沙赫里亞爾扶上大位，但受挫於阿薩夫・汗（Asaf Khan）——忠於忽拉姆的賈汗季軍中將領——的阻撓，而遭到軟禁。忽拉姆仍在南印度，收到父親死訊時，位在離亞格拉有三個月行軍距離的地方。一六二八年一月二十四日忽拉姆進入亞格拉，十二天後，於占星家挑選的吉日登基，取名沙賈汗（Shah Jahan，世界之王）。他上台後的第一波行動，便是下令處死沙赫里亞爾和其支持者；努爾・賈汗則遭流放至拉合爾，並於一六四五年死於該地。

沙賈汗是拉傑普特籍母親所生，印度人血統多於蒙兀兒人血統，但從未忘記其伊斯蘭根源。比起他父親，他對待宗教、國家事務的態度較符合正統觀。拜倒於君王面前的作法遭禁，因為此舉不符伊斯蘭教規。他也恢復贊助一年一度赴麥加朝覲之行，並廢止允許建造、修復非穆斯林膜拜場所的政策。但他容許耶穌會傳教士在他宮廷裡出沒，而且一如阿克巴，雇用印度教徒統領他的軍隊。

沙賈汗採行侵略性的戰略，為帝國新增了東印度局部、信德、與阿富汗接壤的西北邊疆這些領土。他也與德干高原上的兩大王國——比賈布爾的阿迪勒沙王朝（Adil Shahs）和戈爾孔達的庫特卜沙王朝（Qutb Shahs）——締結條約。然而他欲奪回帖木兒王朝在北印度、中亞的失土，就沒那麼順利。這些戰爭的真正重要之處，在於其結果影響著兩個日後爭奪大位的兒子——達拉．舒科赫（Dara Shukoh）和奧朗則布——的命運。

蒙塔茲．瑪哈爾（Mumtaz Mahal，一五九三～一六三一）為沙賈汗的寵妻，始終跟著他四處征戰。當時的作家伊納雅特．汗寫道，後宮裡的其他妻子所得到的寵愛，不及於她所得到之寵愛的千分之一。治國之事，不分大小，都向她徵詢意見，官方文書都經她蓋上官印。一六三一年蒙塔茲．瑪哈爾在第十四個小孩分娩過程中，因長達三十四小時的難產而過世，萬分悲痛的沙賈汗，一星期未曾露面。伊納雅特．汗記載道：「由於不斷哭泣，他不得不戴上眼鏡；他的威嚴鬍子和髭，原本只有幾根白鬚，但才幾天，就因為極度悲傷，白了超過三分之一。」

蒙塔茲死於布爾漢普爾城，先是葬在城中塔普提（Tapti）河畔的庭園裡，六個月後

法籍醫生佛朗索瓦．貝尼耶（François Bernier）於一六四八年泰姬瑪哈陵建成後不久到訪，堅信此建築比「那些粗製的巨物」和埃及的金字塔，遠遠更稱得上是世界奇觀。

移靈亞格拉，遷葬於亞穆納河畔。在她長眠之處，之後會聳立起印度境內最令人驚嘆的蒙兀兒王朝宏偉建築——泰姬瑪哈陵。此陵外覆白大理石，其中許多大理石鑲了半寶石，用沙賈汗的宮廷史家蓋茲維尼（Qazwini）的話說，此陵會成為「傳世傑作」，「令全世界人驚嘆」。

困擾蒙兀兒六大皇帝的諸多皇位爭奪戰中，以沙賈汗四個兒子的皇位爭奪戰最為令人髮指。一六五七年四月，沙賈汗過完夏季長假返回德里時，生了病。來自威尼斯的旅人兼庸醫尼科勞．馬努奇（Niccolao Manucci）把他的病歸因於春藥服用過度，「因為他雖然年紀大……

仍想像年青人那樣享樂。」沙賈汗雖然康復了，但不久，他即將駕崩的謠言就傳遍帝國各地。返回德里之前，他已指定他最寵愛的長子達拉·舒科赫（一六一五～一六五九）為皇位繼承人。一如阿克巴，達拉·舒科赫是典型的文藝復興時期理想完人，曾表示「印度教的本質和伊斯蘭教無異」。沙賈汗的接班計畫有個致命的缺陷，即未將其他覬覦皇位的皇子——舒賈（Shuja）、奧朗則布、穆拉德（Murad）——解除兵權。

沙賈汗從鬼門關走一回後的九年裡，最積極爭奪大位者是奧朗則布（一六一八～一七〇七）。奧朗則布刻苦自持，宗教上持正統觀，瞧不起他哥哥達拉·舒科赫和他所代表的一切。他埋怨達拉·舒科赫靠「諂媚、油嘴滑舌、常常大笑」贏得父親的寵愛。一六五八年，奧朗則布趁舒科赫在阿富汗出兵坎達哈失利時，占領亞格拉，把沙賈汗囚禁在紅堡。舒科赫回印度後，遭他麾下將領出賣，擄回德里，在那裡被押上一頭長蛆的象，手鐐腳銬遊街示眾。法籍醫生佛朗索瓦·貝尼耶說，「我到處都看到有人在哭泣，以最感人的言語哀嘆達拉的下場。男女小孩慟哭，好似遇上什麼大災難。」舒科赫最後以叛教名義，被處以死刑斬首。

一六五九年五月奧朗則布登基，取帝號「阿拉姆吉爾」（Alamgir），意為「世界的征

此畫據認出自蒙兀兒宮廷畫家畢奇特（Bichitr）之手，呈現皇帝奧朗則布坐在金質寶座上與群臣議事的情景，大約繪於西元一六六〇年。

服者」，並把此波斯文刻在他遭囚的父親送給他的劍上。奧朗則布的宗教保守派形象，如今仍深植於印度人心。他將近五十年的統治，成為蒙兀兒人與梵語文化世界脫鉤的開端。誠如班伯・加斯科瓦涅所寫道：「阿克巴承認印度不是伊斯蘭國家，從而打亂了穆斯林群體：奧朗則布表現得印度像是個伊斯蘭國家，從而打亂了印度。」奧朗則布花了數個月背熟可蘭經，即使戰鬥時，都會鋪好毯子做黃昏禮拜。史丹利・連普爾（Stanley Lane-Poole）是最早替他立傳的作者之一，指出「奧朗則布基本上自奉甚嚴，是個類清教徒的人物」。「在他眼中，生命中的任何事物——不管是皇位、愛，還是舒適——始終都不如恪守伊斯蘭原則來得重要。」

奧德麗・特魯施克（Audrey Truschke）、凱瑟琳・斯科費爾德（Katherine Schofield）等學者，老早就對這個視他為宗教狂熱分子的看法提出質疑。許多似是而非的迷思，經過更縝密的歷史考證，例如認為他以不符伊斯蘭教義為由禁止音樂這個盛行已久的看法，如今已查明不符史實。儘管他恪守正統伊斯蘭，但在位前十年，對待印度教徒時仍甚為謹慎小心，他的諸兒子和貴族也仍繼續過印度教的節日，繼續贊助詩人，繼續欣賞音樂、喝酒。一六六九年，情況改觀，該年他命令蒙兀兒王朝治下的諸省省長毀掉印度教神廟，幾年後更發出敕令，禁止印度教徒出任較高官職。但這些命令的執行始終不徹底，拆神廟之事只見於北印度周邊某些區域。

一六七九年，他重新施行一一五年前阿克巴所廢掉，針對非穆斯林課徵的吉茲亞稅。此令頒行後不久，德里發生地震。該城的毛拉認為這是不祥之兆，懇請這位皇帝思考其作為是否妥當。奧朗則布拒絕，認為地震是「大地樂見我所採取的方針而發」。然而印度教根深蒂固，要將其徹底剷除，遠非任何統治者所能辦到。誠如馬努奇所論道，就連遭毀的神廟，都得到「印度教徒的崇敬和獻供」；尚存的神廟則門庭若市，擠滿信徒。

奧朗則布在位期間，是蒙兀兒帝國的版圖擴張到最大的時期，但他的征戰讓帝國付出很大代價。帝國的軍事、行政資源備多力分以致無法成事，紀律漸漸瓦解。英王威廉三世的貿易代表威廉．諾里斯（William Norris）爵士在奧朗則布死前數年曾到訪，說他的士兵遭欠餉，用一瓶葡萄酒就能收買他的廷臣。有個目睹當時情況者寫道：「行政機能已蕩然無存……國土荒蕪，正義得不到伸張，他們已徹底完蛋。」

奧朗則布最難纏的對手——德干高原上的馬拉塔人和旁遮普境內的錫克教徒——依舊頑強不屈，使情勢更加凶險。在錫瓦吉（Śivaji）統領下，諸多馬拉塔人部族統合成一支甚具戰力的軍隊，利用位於西高止山脈、一連串彼此互通聲息、堅不可破的堡壘，對奧朗則布的部隊發動懲罰性的游擊戰；如今這些游擊戰仍受到歌頌。奧朗則布以大不敬為由，將錫克教第九代祖師泰格・巴哈杜爾（Tegh Bahadur）判死並處決，把錫克教徒推到其敵對方。自十五世紀後期創立以來，錫克教已成為推動宗教、社會改革的團體，也是一股難對付的武裝勢力。奧朗則布對於許多穆斯林改信該教一事尤其特別惱火。奧朗則布死後，繼位的巴哈杜爾・沙一世（Bahadur Shah I）於一七〇八年派人暗殺錫克教第十代暨末代祖師戈賓德・辛格（Gobind Singh），引發一連串戰爭，從而在此後百年削弱蒙兀兒帝國的剩餘疆土。

奧朗則布不想重蹈他當年取得大位過程中的混亂局面，欲井然有序地為權力轉移做好安排，但未如願。他深怕兒子反叛，於是以侵吞公款之類微不足道的罪行為由，將他五個兒子裡的三個押解入獄，另一個派去帝國的遙遠邊陲駐守；但這些安排最終無濟於事。一七〇七年三月三日，蒙兀兒六大皇帝的最後一位去世，引發一場兄弟相殘的權鬥，使國力漸衰。兄弟密謀不利於彼此，傀儡皇帝與覬覦皇位者相鬥，往往有人因此死於非命。十二年間，曾有多達十七位有志於當皇帝者爭奪大位。奧朗則布之死，也為新玩家

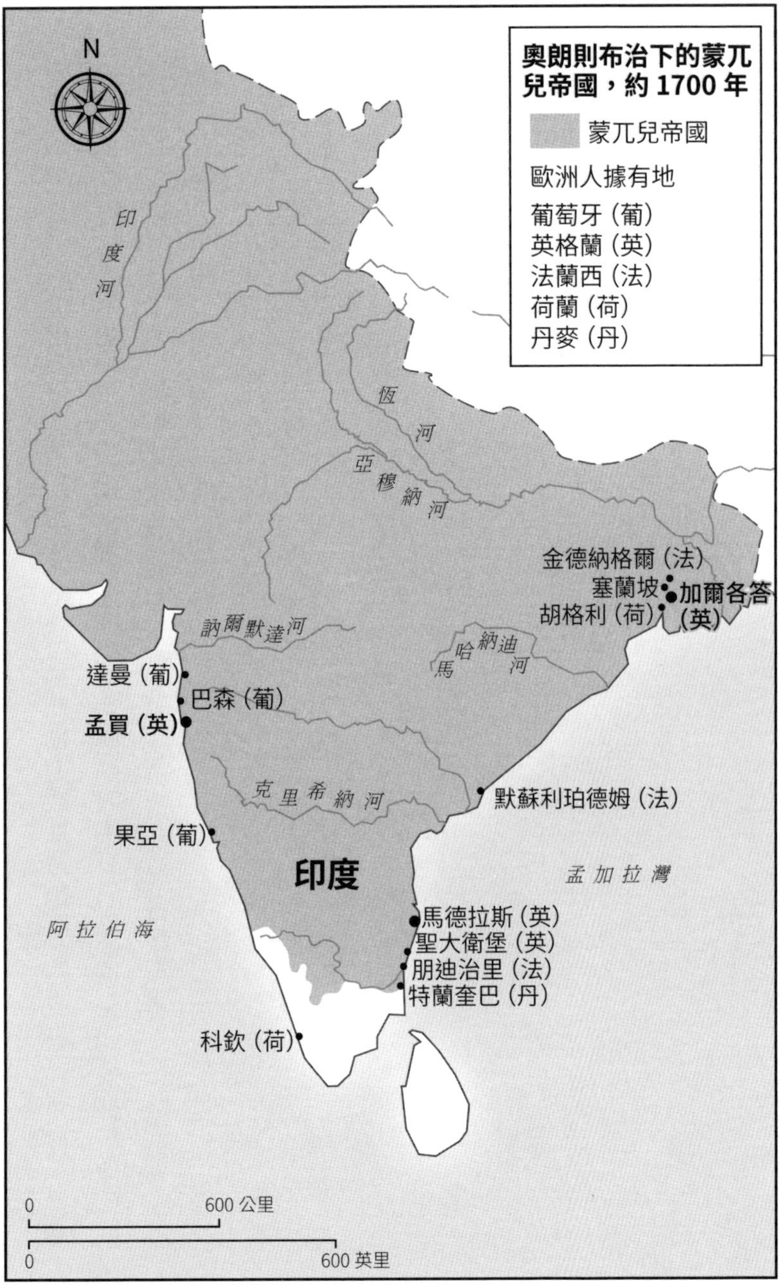

經過漫長的圍城戰，奧朗則布征服比賈布爾、戈爾孔達這兩大什葉派穆斯林國，把印度次大陸大部納入其控制。

投入十八世紀控制印度次大陸和其龐大財富的權力競逐遊戲，創造了有利條件。從此，戰爭不再只見於印度教徒、穆斯林之間。英法兩國原本甘於派遣羅或諾里斯等使節前來送禮，以搏取當地統治者好感，這時為了貿易和領土，就要各憑本事，彼此競爭了。

Chapter

06

商人和傭兵

一七七二年，倫敦的戲院常客湧至乾草市場劇院（Haymarket Theatre）欣賞撒繆爾・富特（Samuel Foote）的新劇作《納博卜》（*The Nabob*）。該劇講述馬修・邁特（Matthew Mite）爵士的故事。邁特是英國東印度公司職員，生活放蕩，回到英格蘭，打算利用其不義之財，透過婚姻打入貴族家庭，在下議院買得一席議員。約翰・奧爾德姆（John Oldham）爵士是個受敬重但財務方面碰上大麻煩的貴族，欠了邁特錢，邁特則想娶他的漂亮女兒蘇菲。邁特是個賭徒，「大肆揮霍從破敗省分掠奪來的財物」，「縱情享受建築於他人身敗名裂上的快樂」。他挑明想要建立由「三名來自孟加拉的黑人」守衛的後宮，揚言奧爾德姆若不讓蘇菲嫁給他，就要把奧爾德姆送進欠債人監獄。最終，奧爾德姆的堂兄弟托馬斯・奧爾德姆勉強拿出一萬英鎊，還清邁特所欠的債，從而保住此家族的議會席位，還有蘇菲的名譽。

納博卜是波斯語納瓦卜（*nawab*，行政長官）的訛誤。由於一七七〇年代英格蘭公眾對英國東印度公司野蠻經商的手法感到越來越憤慨，納博卜一詞漸漸用於指稱小說人物邁特之類貪得無厭的該公司職員。富特此劇影射的對象，係其中最貪婪的職員，即在東印度公司裡層層上爬，最終取得令時人大為吃驚之龐大財富的羅伯特・克萊夫（Robert

Clive）。在一七四四年，時年十九的克萊夫來到馬德拉斯，擔任低階點貨員的職位。他出身小鄉紳家庭，為十三個手足中的老大。小時候，他就以「特別愛」打架而出名，這個特質對他在印度次大陸的發展大有助益。他的起薪僅一年五英鎊，但如果捱得過當地的氣候和可能要人命的熱帶疾病，他很有機會晉升為該公司的低階商人、評議員，乃至行政長官。在其某封早期家書中，年輕的克萊夫說他只求「養活自己，以及……對親人有所貢獻」。東印度公司的文化可容不下這樣的謙遜。

克萊夫來到印度時，這家「誠實公

克萊夫因在南印度和孟加拉得勝而獲封爵士，就為大英帝國在十八世紀印度的統治打下基礎來說，其貢獻堪稱最大。

平、品格高尚的公司」已從小貿易商壯大為獲利率甚高且公開上市的公司，在印度沿海地帶和其主要水道旁設了超過十二家的「商館」（factory，此字源於葡語*feitoria*，意為築有防禦工事的貿易站）。高階商人被稱作商館館長（factor），克萊夫之類的低階職員則稱作文書（writer）。這家控制世界一半貿易額且其關稅收入占英國財政總稅收一成的公司，辦公地點係位於倫敦利德賀街（Leadenhall Street）一個狹促的辦公室，固定員工僅有數十名。從一六〇〇年英女王伊莉莎白一世授予該公司特許狀至一八三三年，懸掛該公司旗幟的船隻，從倫敦航行至亞洲共約四千六百次。至十八世紀底，東印度公司的武裝人員已是英國的兩倍之多。

東印度公司的興亡，已得到史學界充分的探討，包括近期的學者威廉・達林坡（William Darlymple）。達林坡把該公司逐漸接管印度一事形容為「史無前例的公司成就」：「對南亞數大塊地區的軍事征服、完全控制、掠奪……幾乎毫無疑問仍是世界史上公司暴力的極致表現。」

一五九九年八十名精明的生意人在倫敦成立東印度公司時，目光並非放在印度領土本身，而是與印尼群島的香料貿易。他們的最大對手是荷蘭東印度公司；該公司的資本基礎是英國東印度公司的十倍之多，正從香料群島賺得龐大利潤。英國東印度公司與一心想保住獨占地位的荷蘭商人打了數場小戰鬥，遭徹底擊敗，隨後斷定，與其繼續打下去，不如想辦法減少損失。作為退路，印度是塊讓人心動的肥肉，離英國本土較近，更生產了世上最上等的紡織品。

一六〇八年，威廉·霍金斯（William Hawkins）船長在印度西海岸的蘇拉特（Surat）上岸，成為第一位踏上印度土地的英國東印度公司船隻指揮官。他立即動身踏上長達一年、前往亞格拉（蒙兀兒帝國都城）的旅程。但他帶去的禮物，只是寒傖的幾捆布（其他禮物已被一名為葡萄牙人工作的仲介偷走），未能打動賈汗季。回來時，他只有此皇帝賜給他的禮物——一名許配給他的亞美尼亞籍基督徒妻子，未能取得法爾曼（*farman*），即讓該公司在蒙兀兒帝國全境通商的皇帝敕令。

七年後，托馬斯·羅爵士以駱駝載運禮物來到蒙兀兒宮廷，禮物包含英格蘭獒犬和獵犬、數箱紅葡萄酒、一輛供皇帝用於正式場合的馬車。此時英格蘭的主要競爭對手是葡萄牙人；葡萄牙人在印度經商已將近百年，但他們與蒙兀兒王朝的關係並不穩固。想要去麥加朝覲的穆斯林得搭葡萄牙人的船前去，登船前還要有葡萄牙所發的通行證，但

歐洲公司航往亞洲之船舶的載重總噸數

時期	英格蘭	荷蘭	葡萄牙	法國	丹麥	瑞典	英格蘭所占比重（%）
1581-90	0	0	55,419	0	0	0	0
1631-40	31,179	63,970	20,020	3000	4000	0	25.5
1681-90	47,879	130,849	11,650	17,500	4000	0	22.6
1731-40	67,880	280,035	13,200	53,891	12,267	7368	15.6
1781-90	228,315	243,424	8250	130,490	63,461	0	33.9
1820-1829	859,090	178,000		168,180	22,779	6730	60.0

通行證上卻印了耶穌和聖母瑪利亞像，犯了偶像崇拜之忌。羅來到印度時，英格蘭人剛從兩場與葡萄牙船隻的小衝突裡打了勝仗。羅保證，靠英國人幫助，賈汗季會成為「大海之主」。

不過這次還是沒得到法爾曼，但皇帝順應羅的請求，允許英格蘭人在蘇拉特設貿易站。回到倫敦後，羅向公司董事獻上以下建議：「請把這當成行事的準則：如果想賺錢，就在海上悶不吭聲做貿易賺錢，因為在印度駐軍，打陸上戰爭，無疑是個不智之舉。」

接下來幾十年，東印度公司在印度的勢力有增無減，一六三九年從當地一統治者那兒取得馬德拉斯；一六六一年，以布拉干薩的凱瑟琳（Catherine of Braganza）的嫁妝之名，英王查理二世更「獲贈」孟買和優良的港口。

貿易勃興。一六八〇年時，英國東印度公司的兩千名股東一年分到的股利已達五成，一六八二、一六八九、一六九一年也收到同樣高的股利。雖然接下來幾十年，此公司的獲利有所變動，但它依舊攸關英格蘭經濟的榮枯。一七〇〇年，此公司從印度運來超過五十萬磅的貨物，占英格蘭進口額一成三。紡織品已取代香料，成為貿易最大宗。來自孟加拉、古吉拉特、科羅曼德爾、貢根（Konkan）的印度細棉布，在東南亞、東非、波斯薩法維王朝很容易脫手。學者喬吉奧．里耶洛（Giorgio Riello）寫道：「印度布開始在非洲充當貨幣，在東南亞拿來當工資發放，在歐洲成為時尚物件。」

公司營業額越大，職員上下其手胡搞的機會就越多。東印度公司的總裁和評議會主席，因為內線交易和動用資金收買揚言限制該公司發展的國會議員，遭到彈劾。

英國東印度公司不守規矩，這不是第一次。一六八八年，該公司在倫敦的好鬥總裁喬賽亞．柴爾德（Josiah Child）爵士，無視羅「悶不吭聲作貿易」的建議，決定要和擁有十萬兵力的蒙兀兒軍隊一較高下。有人抱怨蒙兀兒王朝官員向孟加拉商館的英格蘭商人強索金錢，柴爾德聽了之後，即派出兩艘船、三〇八名士兵溯胡格利河而上，欲教訓那些官員。士兵上岸時，遭蒙兀兒哨兵擊倒，就像「拍打蒼蠅」般輕鬆俐落。在印度西部沿海地帶，一名也叫柴爾德的該公司高級職員，決意主動攻打蒙兀兒的船隻，結果落得類似的慘敗下場。這場後來世稱「小孩戰爭」（Children's War）的戰事，導致東印度公司失去其在孟加拉、孟買、蘇拉特的商館。高級職員不得不乞求奧朗則布恢復其貿易權，在支付大筆賠款並保證日後會更守規矩後，才拿回原有權利。

一六九〇年，東印度公司駐孟加拉的業務主管喬布・查爾諾克（Job Charnock），為了挑選新的殖民地點，回到胡格利河。查爾諾克挑的地點位於該河東岸，附近有一些村子，但並未獲得眾人肯定。船長亞歷山大・漢彌爾頓（Alexander Hamilton）在新殖民地建立不久後寫道：「為了一棵遮陽的大樹……他找到這條河沿線最不利人體健康的地方」。至一六九二年，此地人口已增至一千人左右，但漢彌爾頓指出，見諸記載的死亡人數高達四六〇人，包括查爾諾克本人。這個英國士兵稱為各各他（譯按：耶穌被釘死在十字架上的地方）的地方，就是英國統治印度期間的都城——加爾各答的發源地。

孟加拉是奧朗則布口中「萬國的樂園」，是當時印度最富裕的省，歐洲所取得之亞洲貨的最重要供應來源。貝尼耶在一六五七年遊歷東印度後，曾說孟加拉的「肥沃、富裕、美麗」，遠勝當時被視為「世上最佳、最多產國家」的埃及。葡萄牙、荷蘭、法國公司也

十七世紀初期的加爾各答（Calcatta）。加爾各答如今稱作 Kolkata，是世上最大的城市集聚區，人口有一千五百萬。

在胡格利河畔設立貿易站。

一如東印度公司的其他商館，查爾諾克的貿易站，存亡繫於當地統治者的友善與否。十八世紀初，明眼人都看得出，友善不代表安全無虞。為確保貿易站安全，英國軍官都會統領小股軍隊，大多由當地受過訓練的士兵——即所謂的印度傭兵（sepoy）——組成。養這些軍隊花費甚大，必須靠稅收支撐，因而必須成立行政機關來收稅，從而需要法院和司法體系，這個貿易帝國於是漸漸具備國家的種種特性。

一七一六年除夕，軟弱的蒙兀兒皇帝法魯赫・錫亞爾（Farukh Siyar）

終於禁不住脅迫，發下法爾曼，給予東印度公司完整的貿易權。此詔書被稱作「此公司在印度的大憲章」，公司董事稱許它給了「任何歐洲國家所從未獲賜予的優惠」。東印度公司自此透過與皇帝的直接關係打入蒙兀兒印度的統治集團裡。五十年後，克萊夫就是利用此詔書，合理化其推翻孟加拉之納瓦卜之舉。

英國東印度公司的最大挑戰者是一六六四年創立的法國印度公司（Compagnie des Indes），其兩大新殖民地，分別位於從馬德拉斯往南一日航程的朋迪治里（Pondicherry）和加爾各答北邊約廿四公里處的金德納格爾（Chandernagore）。十八世紀的大半期間，英法各自的貿易公司，將彼此在歐陸的對抗搬到印度上演。奧地利王位繼承戰爭（一七四〇～四八）和七年戰爭（一七五六～六三）爆發時，已不受蒙兀兒王朝管轄的南印度諸國正上演權力鬥爭，英法兩公司因此得以趁機在政治、軍事上干預內政。

此政策的設計者是約瑟夫-佛朗索瓦·狄普雷克斯（Joseph-François Dupleix，一六九七～一七六三）；英格蘭籍學者勞倫斯·詹姆斯（Lawrence James）曾稱之為「精力十足之人，集野心、貪婪、反英、好戰於一身，而且這四項特質所占比重大體上彼此相當」，未來將會成為克萊夫的最大勁敵。一七四二年，狄普雷克斯從金德納格爾調來科羅曼德爾沿海地帶，掌管法國人在該地區的諸多領地。一七四五年英國的艦隊威脅朋迪治里時，他曾請求支援保護卡爾納提克（Carnatic）的納瓦卜；卡爾納提克是馬德拉斯北邊的獨立國，都城位在阿爾喬特（Arcot）。朋迪治里最終未遭攻擊，但這一求助之舉大大改變了既有局面。誠如最早替狄普雷克斯立傳的托馬斯．麥考利（Thomas Macaulay）所寫道：這個法國人認知到「在蒙兀兒君主國的廢墟上創建歐洲人帝國不無可能」。

有利的貿易權只是左右英國東印度公司在印度之命運的其中一個因素。當地統治者在其與相爭之王國作戰時，日益指望英國人、法國人支持，往往以領土作為交換。歐洲人將從這些領土徵得的稅收，用於強化各自的軍力。即使在未正式交戰的時期，英、法雙方也都各自擁護彼此競爭的印度土邦主替他們發動代理人戰爭。

當地統治者迅即體認到這類支持的好處。由英國人、法國人統領的部隊，利用受過歐式攻防戰法訓練且紀律嚴明的小型特種部隊，就能完成原本需要動用龐大印度兵力且耗費數月甚至數年才能完成的任務。來自美國、愛爾蘭、英國、法國、瑞士、波蘭、乃至亞美尼亞且享有豐厚報酬的傭兵，成為改變南亞作戰面貌的關鍵角色。

克萊夫和創造殖民地傳奇

第一個聘用歐洲人所統領的軍隊並以領土作為回報的印度統治者，係海德拉巴王國的尼札姆（Nizam，君主之意）之孫穆札法爾·江格（Muzaffar Jung，約？～一七五一）。尼札姆穆爾克（ul-Mulk）一七四八年去世後引發為期四年的王位繼承危機，有六個兒子和一個孫子爭奪南印度最富裕、最強大國家的王位。法國人所統領的部隊打敗穆札法爾·江格的對手納西爾·江格（Nasir Jung，一七一二～一七五〇）後，穆札法爾·江格於一七五〇年在朋迪治里精心舉辦了登基儀式，成為新的尼札姆。狄普雷克斯挑中本地治里而非海德拉巴，意義重大——他想要提醒穆斯林世界，權力已從蒙兀兒皇帝派任的德干總督轉移到法國人之手。為回報狄普雷克斯的支持，穆札法爾·江格宣布狄普雷克斯為南印度全境的總督，領有從克里希納河至科摩林角（Cape Gomorin）的土地。從此，這位法國人統治三千萬人，享有幾乎無限的權力。

穆札法爾·江格的統治地位始終未得到德里蒙兀兒皇帝承認，而且在位僅六星期就遭埋伏刺殺身亡；但他聘用法國人之舉立下了先例，使印度的政治局勢永遠改觀。從那之後，想要靠英國部隊的協助保住大權的印度統治者，都不得不把部分領土質押給英國人，並支付駐守在他們國內、表面上係為了防範內外侵略之輔助部隊的開銷。他們也得讓一位英籍「特派代表」（Resident）進駐都城；此人甚至在國王婚姻、王位繼承之類事務上有最終決定權。印度統治者在對外或軍事政策上無法自己作主，淪為倫敦那些打造帝國者的代理人。

狄普雷克斯成也冒險，敗也冒險。一七五四年，被派去印度修補與英國人關係的法國海軍指揮官戈德厄（Charles Robert Godeheu de Zaimont）解除了狄普雷克斯之職。在英國東印度公司裡青雲直上，且已以軍事謀略和善於統兵著稱的克萊夫，因此有了可以盡情大展身手的空間。

「印度的克萊夫」傳奇，始於一七五一年圍攻阿爾喬特期間。阿爾喬特有人口十萬，係卡爾納提克王國的都城。此王國疆域位於馬德拉斯以北的沿海地區，統治者是曾為尼札姆穆爾克之得力助手的安瓦魯丁（Anwar-ud-Din）。他於一七四九年戰死時，法國人支持聽命行事的傀儡昌達・薩希卜（Chanda Sahib，？～一七五二）出任納瓦卜。為阻止其繼位，並預防法國人和其在卡爾納提克的傀儡統治者出兵包圍馬德拉斯的情況發生，克萊夫提議攻擊阿爾喬特。靠著僅僅兩百名歐洲兵和三百名印度兵，克萊夫就拿下阿爾喬特的堡壘。由昌達・薩希卜之子所統領並得到一百五十名法軍助陣的軍隊包圍此堡壘，以重炮轟擊英國人的陣地。雖然損失將近一半兵力，克萊夫擋住法、印聯軍攻勢，撐了五十三天，直至來自馬德拉斯的援軍抵達才解圍。

詹姆斯興奮說道，一如後來賈拉拉巴德（Jalalabad）、勒克瑙（Lucknow）、契特拉（Chitral）的守軍，克萊夫所部體現了「英國人的頑強不屈和始終不失的勇氣。……防守防禦土牆的士兵被說成秩序、文明的守衛者，他們據點的堡壘則是防波堤，四周翻騰著混亂、野蠻之波濤」。誠如馬德拉斯行政長官托馬斯・桑德斯（Thomas Saunders）向倫敦的董事會所表示的，阿爾喬特之役已揭露印度人的弱點：「凡是決意以不算太差的武力向他們開戰的歐洲國家，肯定都可以征服這整個國家。」

一七五三年，克萊夫離印前往英格蘭，兩年後回印，出任馬德拉斯南邊古達羅爾（Cuddalore）一地聖大衛堡（Fort St David）的副長官。英、法雙方難得相安無事，但這一虛假的平靜不久就被打破。一七五六年八月十六日，有消息傳抵馬德拉斯，說加爾各答已落入孟加拉納瓦卜的軍隊之手，百名以上的英籍俘虜死於名叫「黑洞」的囚室裡。

這時，加爾各答已是興旺的口岸，有人口約四十萬，英國人只占其中極少數。此城的繁榮令附近屬於法國、荷蘭、丹麥的貿易站大大相形失色。歐洲商人和納瓦卜阿利瓦爾迪・汗（Alivardi Khan，一六七一～一七五六）關係和睦，互蒙其利。一七五六年這位納瓦卜去世時，七年戰爭正好爆發，人在歐洲的英法兩公司董事收到此消息後，都下令強化各自要塞的防守。

強化要塞防禦的舉動，使阿利瓦爾迪・汗的接任者錫拉吉・烏道拉（Siraj ud-Daula，一七三三～一七五七）緊張不安，認為此舉威脅到他的威權，要英法收手。法國人照辦，但英國人不予理會；烏道拉的特使前去協商如何化解僵局時，還遭一英國軍官奚落趕走。據說，此特使回到都城穆爾希達巴德（Murshidabad）時告訴錫拉吉：「一些還沒學會洗屁股的商人以驅逐特使回應統治者的命令，真叫我們顏面無光。」烏道拉不死心，最後一次敦促英國人「行事要有商人樣」，未能如願，隨之集結大軍，南征加爾各答。

多人示警烏道拉即將率大軍來犯，但加爾各答守軍狂妄過了頭，幾未作好守城準備。軍官原本希望拆掉威廉堡附近的房子以取得更廣的射擊範圍，但屋主不同意，認定拆掉後絕對得不到補償。一七五六年六月十六日，烏道拉的部隊已來到今日國際機場所在地達姆達姆（Dum Dum），堡內人心惶惶，亂成一團。那時已有兩千五百名加爾各答居民避難於堡內，其中大多是英國人。河裡停泊了二十多艘船，隨著敵軍對加爾各答漸漸合圍，許多人搶著搭船逃跑，包括加爾各答行政長官羅傑・德雷克（Roger Drake）。

才幾小時，納瓦卜的部隊就拿下威廉堡，但未殺掉剩下的守軍，反倒把他們集合起來。烏道拉向這些俘虜保證，不會傷「他們頭上一根頭髮」。但有個盲眼喝醉的英國水手開槍擊斃一名劫掠其財物的蒙兀兒士兵後，氣氛為之一變。所有倖存者都被趕進威廉堡的小懲罰室，室內空間四・三公尺乘五・五公尺，只有一個小窗，幾乎無水。

最成功的商業交易

「黑洞」事件成為英國決策者心中印度人野蠻的象徵，並藉此用來強化英國人統治。短期來講，這場慘劇號召了英國人團結一心，先後奪回加爾各答和孟加拉其餘領土。一七五七年一月，英國海軍輕鬆拿下加爾各答。但克萊夫未返回馬德拉斯，反倒接著攻下法國人在金德納格爾的貿易站，英國人於是掌控此區，為決定局勢的普拉西之役打好了條件。

大部分史家認為普拉西之役只是場小衝突，不值得大書特書。先是早上一番炮擊，接著一場強烈的雨季暴風雨來襲，使這位納瓦卜的彈藥大半失效，而英國人的彈藥有油布保護，所以仍可開火。後來一名過度熱心的英國軍官引發一場自發性攻擊，並以克萊

專欄

「慘死」

「黑洞」神話的形成，要大大歸功於英國駐軍指揮官喬賽亞·霍爾威爾（Josiah Holwell，一七一一～一七九八）對此事的記述。據霍爾威爾的說法，十小時後，早上六點，囚室門打開時，裡面屍體成堆，只有二十三名囚犯還活著。他把這次經歷說成「我不想描述的恐怖一夜，因為非筆墨所能形容。」次年回到英格蘭後，他出版了《悶死於黑洞的英國紳士等人的慘死實紀》（*A Genuine Narrative of the Deplorable Deaths of the English Gentlemen and Others, Who Were Suffocated in the Black Hole*）。根據較晚近的估計，遭囚禁者只有四十三人。錫拉吉·道烏拉未下令將囚犯關在「黑洞」裡，而是後來才知悉此事。

夫所部得勝收場。據統計資料，八百名歐洲人和兩千名當地士兵擊潰了有五萬兵力的敵軍，但烏道拉其實本就必敗無疑；想要除掉此納瓦卜的商人和貴族，已爭取到其軍隊總司令米爾賈法爾（Mir Jafar，約一六九一～一七六五）的支持，就在此納瓦卜需要其兵力那一刻，賈法爾扣住兵力不發。這些密謀者背後的金主賈迦特．塞特家族（Jagat Seths）是孟加拉最大的金融業者，已不再相信烏道拉能提供貿易興旺所需的安全環境；他們的甘涉，使英籍史家尼克．羅賓斯（Nick Robins）稱普拉西之役為「商業活動甚於真正的戰役」。與其說普拉西之役是英國人在印度打造帝國的第一步，不如「把它理解為東印度公司最成功的商業交易，或許更為貼切。」

克萊夫把孟加拉行政長官之職賞給賈法爾，但他基本上是傀儡統治者。錫拉吉．烏道拉遭獵捕殺害於其都城穆爾西達巴德附近。年僅三十二歲的克萊夫突然成了孟加拉的征服者，而且是非常有錢的征服者。為擊退來犯的法國人並防止與當地統治者大動干戈，倫敦方面下達了嚴格的指示，但克萊夫自行其是，眼裡只看到個人發財和讓公司在政治、經濟上得益的機會。他一舉讓公司賺進兩百五十萬英鎊，讓自己賺得廿三萬四千英鎊，也因此晉身英格蘭首富之列。

克萊夫一七六〇年以英雄之姿回英格蘭，讓「黑洞」倖存者喬賽亞・霍爾威爾接他的位。賈法爾之子去世後出現了潛在的王位繼承危機，霍爾威爾見機不可失，想就此接管孟加拉，但公司董事會持反對意見。董事會決定讓賈法爾女婿米爾蓋西姆（Mir Qasim，？～一七七七）接任納瓦卜。賈法爾不願接受，隨即遭罷黜。

英國人不久就開始後悔支持蓋西姆。這位新扶植的納瓦卜將疑似和東印度公司勾結的當地官員免職，索要更多稅收，騷擾英國船隻，並開始在兩名基督徒傭兵協助下，以西式建軍方式整頓其軍隊。這兩個傭兵，一是亞爾薩斯籍的瓦爾特・萊因哈特（Walter Reinhardt），一是伊斯法罕籍亞美尼亞裔的霍賈・格列戈里（Khoja Gregory）。於是在收到蓋西姆殺掉被囚的東印度公司人員和在巴特納（Patna）的印度籍盟友的報告後，東印度公司在加爾各答的評議會於一七六三年七月四日正式向這位納瓦卜宣戰，誓言要讓賈法爾復位。

為挽回普拉西之役的損失並恢復孟加拉的獨立地位，米爾蓋西姆與蒙兀兒皇帝沙・阿拉姆二世（Shah Alam II，一七二八～一八〇六）和阿瓦德（Awadh）的納瓦卜舒賈烏道拉（Shuja-ud-Daula）結盟。一七六一年，沙・阿拉姆命艾哈邁德・沙・杜拉尼（Ahmad

Shah Durrani）統領阿富汗籍部隊，在德里以北的巴尼伯德打了決定性一役，擊敗馬拉塔人，並在德里重登大位。此皇帝向英國人示好，言明只要獲得支持，願將孟加拉的財政管理權（*diwani*）授予東印度公司作為回報，但遭英國人拒絕，他隨之與米爾蓋西姆結盟。

由三方人馬組成的軍隊開始向加爾各答進發時，海克特・蒙羅（Hector Munro）少校統領的印度兵出城迎擊。為確保英國陣營的士兵無人逃亡，抗命的印度兵「手臂被綁在火炮上，肚子貼著炮口，然後當著他們發抖同袍的面開炮」。在東印度公司歷史上，這是第二次旗下士兵和蒙兀兒王朝部隊交手。在伯格薩爾之役（Battle of Buxar），蒙兀兒王朝的三支大軍落敗，東印度公司自此稱雄印度東北部：「在伯格薩爾，蒙兀兒王朝在北印度尚存的勢力全遭消滅。」英籍史學家約翰・基伊寫道：這「或許是英國人在南亞所打過最重要的戰役」。

在阿拉哈巴德，克萊夫營帳裡，一場令沙・阿拉姆引以為辱的儀式中，沙・阿拉姆交出孟加拉的財政管理權。收稅原屬孟加拉、比哈爾、奧里薩三地蒙兀兒稅務官員的職權，自此轉包給東印度公司。原是「外商」公司的東印度公司，漸漸轉型為資本主義殖民地政府，不但頒訂新法、主持司法、估定稅額，還締和、開戰。為了從事貿易之便，該公司將自身金塊儲備貨幣化，成為第一家自行鑄幣的貿易公司。

東印度公司獲授財政管理權的消息，使該公司股價於一七六七至六九年飆漲；但這些榮景如曇花一現。此公司只對其股東負責，其所控制地區的治理良善與否，無關乎該公司利益。一七六九年雨季未如期降臨，嚴重衝擊孟加拉、比哈爾的稻米產量，致使某些地方米價上漲了四倍，數百萬人瀕臨餓死。一七七〇年六月，甚至傳出村民食人屍的情事。公司高級職員未想辦法預貯稻米，反倒遭指控靠囤積穀

藝術家班傑明．韋斯特（Benjamin West）一八一八年所繪的巨幅油畫，傳神表現了沙．阿拉姆把一卷文件交給克萊夫時的情景。文件裡載明孟加拉、比哈爾、奧里薩的收稅權自此轉交給東印度公司。

物和控制配銷獲取暴利。誠如英籍作家麥可・愛德華茲（Michael Edwardes）所一語道破的：「強烈的黃金占有欲使英國人腦子發熱，在他們把孟加拉吸乾抹淨之前，孟加拉幾無和平可言。」

隨著飢荒惡化，公司的田賦收入銳減，董事會不得不請求英國政府融資一百四十萬英鎊以防其破產。東印度公司攸關英國經濟榮枯，這一融資要求隨之導致股市崩盤。由於四成國會議員持有該公司股票，要國會通過一整套的援救方案絕無問題，但代價太大——《管理法》（*Regulating Act*）把東印度公司納歸政府監督，在加爾各答設立管理委員會，由國會派人組成，負責此公司的日常營運。此法代表英國政府在印度殖民統治的開端。東印度公司和國家自此利益交織，不可分割。

隨著東印度公司繼續開疆拓土，公司的管理部門分為加爾各答、孟買、馬德拉斯三大「管區」（presidency）。《管理法》的主要條文，係設立駐在加爾各答的總督一職，總管孟買、馬德拉斯兩區。第一任總督是華倫・黑斯廷斯（Warren Hastings），據某史家的說法，這位爭議性人物的最大罪過，係「太愛印度」。為使東印度公司對所作所為負起責任，黑斯廷斯想透過印度籍官員和政體貫徹英國主權——訴訟由印度籍法官裁斷，與土地持有有關的事務由印度籍官員透過協商解決。他的構想就當時來說太激進，即使執行，也會遭其繼任者推翻。黑斯廷斯最深遠的影響，係鼓勵研究印度史和梵語等印度諸語言。威廉·瓊斯、查爾斯·威爾金斯（Charles Wilkins）等東方主義學者，就是在黑斯廷斯當家期間從事其具開創性的工作，包括翻譯印度教史詩，確立梵語和印度-雅利安語系的關係。儘管樂善好施且具有理想主義，黑斯廷斯仍是個以公司、股東和他本人創造財富為首要職責的納博卜。黑斯廷斯當家期間，為了造福東印度公司，孟加拉的鹽、鴉片生產交獨家經營，且無視中國長年以來禁止輸入的規定，將第一批鴉片偷偷運到中國。

一七八五年黑斯廷斯回英格蘭時，以為會因為自己把東印度公司管理得井井有條，而得到同輩歡迎，結果反遭國會議員抨擊，尤其是批評此公司砲火最烈的愛德蒙·伯克（Edmund Burke）。在這位英裔愛爾蘭輝格黨政治人物眼中，此公司是「治安官組成的王國」，「既和派他們出去的那個國家不同路，也和他們所置身的那個國家不同路。」黑斯廷斯從印度回來後不到兩年，就因伯克而受到彈劾，被控以二十二項罪名，包括勒索、賄賂、貪汙、無故對羅希拉人（Rohillas）開戰。經過漫長七年的彈劾案審理，黑斯廷斯最後無罪獲釋。

接任他總督一職的是康華里勳爵（Lord Cornwallis，一七三八～一八三五），一七八一年在美國獨立戰爭約克敦圍城戰役中戰敗投降的英國將軍就是他。康華里與黑斯廷斯完全不同——陸軍出身，極厭惡貿易，把東印度公司在印度的存在說成「最骯髒、假公濟私的體制」。他著手改革行政部門、剷除貪汙和裙帶關係，把此公司分割成商業部門和政治部門。他曾說：「我打從心裡認為印度斯坦的每個本地人都貪汙。」據此把公務體系歐洲化，並嚴正表示：「此後公司的文職、陸軍或海軍陸戰隊部門不再雇用印度本地人的子弟。」

康華里也把札敏達爾（*zamindar*，大地主）所要繳的稅率固定下來，欲藉此把印度擁有土地的上層人士之興衰與此公司的榮枯更緊密綁在一塊。此舉也有提升農業產量之意，因為所有多賺的盧比都會歸地主所有。札敏達爾也負起向在他們土地上耕種的農民收稅之責，英籍官員自此卸下此煩重的差事。東印度公司原本以貿易為重，自此改以行政治理為主。

稱霸之路

伯格薩爾之役已使此公司牢牢控制東印度，但在印度次大陸西部、南部的利益卻自一七六〇年代起遭遇一連串威脅。最難對付的挑戰來自邁索爾王國和馬拉塔聯盟（Maratha Confederacy）。這兩股勢力都使用法製武器和法籍軍官，使他們成為法國在印度的危險代理人。英國人打了四次戰爭才擊敗邁索爾，打了三次才擊敗馬拉塔人，一八一八年英國終於稱霸印度。

印度史上這段至為重要的時期始於一七六一年海德・阿里（Hyder Ali，約一七二〇～一七八二）拿下邁索爾。阿里善於籌謀劃策，注定會成為東印度公司的肉中刺。他是個有遠見的統治者，建立了官方貿易公司，鼓勵投資人入股該公司。他也探究過在鄂圖曼土耳其帝國和緬甸勃固（Pegu）設立「商館」的可能。他的炮兵部隊擁有架在駱駝上、射程達兩公里的火箭；他甚至有一支小海軍，由數艘軍艦和較小的運輸艦組成，在不同時期由英籍、荷籍傭兵統率。

英軍擔心阿里染指馬德拉斯，一七六七年攻打邁索爾，但遭擊退，是一個世紀前喬賽亞・柴爾德攻打蒙兀兒人慘敗後頭一遭。一七八〇年，阿里與海德拉巴的尼札姆聯手，閃電攻擊馬德拉斯郊區，「把許多家世良好的英格蘭人包圍在他們的鄉村別墅裡，這些人最終驚險逃脫」。與此同時，他兒子提普蘇丹（Tipu Sultan，一七五一～一七九九）在今日甘吉布勒姆附近的波利盧爾（Polilur）與英國人交手。統領一支英籍、印度籍士兵分隊的八十六名英格蘭籍軍官，將近一半喪命，另有二八〇〇名普通士兵和一七〇〇名印度兵陣亡，是迄當時為止英國在印度的最大敗績。

波利盧爾慘敗時，英軍正好也在約克敦遭擊潰，英格蘭境內許多人因此大為憂心。反帝國主義路線的輝格黨員賀拉斯・沃爾波爾（Horace Walpole）預言：「印度和亞美利堅都會脫離英國」。東印度公司一名高階陸軍軍官向國會議員示警，英國在印度的立足點「其實沒那麼穩固」，如果再來幾場像波利盧爾之役的敗仗，印度人「不久就會發覺我們和他們差不多，或只是好一點。」這並非杞人憂天；在第二次英國–邁索爾戰爭受挫後，派駐印度的英國士兵，有五分之一被印度人俘虜。他們遭強迫行割禮、奴役、拷打之事，令英國公眾憤慨。

阿里於一七八二年十二月去世，提普順理成章成為邁索爾的統治者。提普死了許久之後，在英國的戲劇、漫畫等媒體屢遭汙蔑，被說成是「不容異己的偏執者」和一心要迫害基督教、把歐洲人趕出印度次大陸的狂熱穆斯林暴君。更深入瞭解他的治國方式，發現他是社會改革者，明白貿易和行政健全的重要。在其統治下，烈酒、賣淫、奴役女性之事遭禁，一妻多夫制亦然。然而對英國人來說，這些事都不重要。吃了兩次顏面掃地的敗仗，英國人一心只想要消滅邁索爾王國。

一直要到來印度三年後，康華里才有機會為英國報仇雪恨，但一旦他把矛頭對準「邁索爾之虎」，就只能拼個你死我活。一七八九年，在馬拉塔人、海德拉巴人助陣下，他包圍位於印度東南部、提普的都城塞林伽巴丹（Seringapatam）。撐了將近一年後，提普不得不接受那些讓人難堪的條件，包括八位數字的賠款和割讓其將近一半的領土。這些領土由英國人和其盟友瓜分。

打敗提普對遏制法國在印度日增的影響力幫助不大。海德拉巴的尼札姆和浦那（Pune）的馬拉塔帝國佩什瓦（Peshwa，首相）已轉而與英國人為敵，在這時聘法籍傭兵訓練其士兵。在歐洲，英法兩國也再度兵戎相向。

第四次暨最後一次邁索爾戰爭，英方統帥是理查·韋爾茲利（Richard Wellesley，一七六〇～一八四二）。他為英國打造帝國之心從未動搖，在使英國人稱霸印度的貢獻上，堪稱多於克萊夫。決定對邁索爾宣戰後，英國人發現提普與印度洋波旁島的法國人互通聲息。一七九七年，據報駐紮在塞林伽巴丹的五十多名法籍士兵已組成雅各賓俱樂部，並宣告人權（但晚近的研究結果認為這只是英國人的宣傳，不值得重視）。拿破崙欲入侵埃及的消息傳來，使英國人擔心這位法國統治者會以埃及為跳板，在「公民提普」（Citoyen Tipu）等本地統治者默許下入侵印度。一七九八年八月納爾遜在埃及的阿布吉爾（Abukir）擊潰法國艦隊，化解了此威脅，但韋爾茲利還是向塞林伽巴丹進軍。

經過一個月的圍城，兩萬四千名英國士兵，在海德拉巴的尼札姆派出類似的兵力助陣下，攻破該城。找到尚未冰涼的提普屍體時，他鑲嵌珠寶的劍帶已遭搶走。誠如韋爾茲利後來所憶道，戰利品多到「每個士兵得丟掉一部分才走得了」。在提普宮內，士兵還找到三頭活虎和一個機器虎。

提普死後，韋爾茲利打造帝國大業的絆腳石，就只剩馬拉塔人。馬拉塔人一度能組成強大的統一戰線，但自從在巴尼伯德之役敗於阿富汗人之手後，實力一直未能恢復。雖然馬拉塔人分裂為數個偶爾會彼此較勁的王國——其中以印多爾的霍爾卡爾王朝

（Holkars of Indore）、瓜廖爾的辛迪亞王朝（Scindias of Gwalior）、巴羅達的蓋克瓦德王朝（Gaekwads of Baroda）、那格浦爾的邦斯勒王朝（Bhonsles of Nagpur）勢力最強——但馬拉塔人仍能以武力干預印度次大陸大部地方。法籍傭兵受雇當馬拉塔人的軍事顧問一事，

專欄

打敗提普後，英國人帶了幾樣東西回倫敦，放置在東印度公司總部裡，其中之一是個木製的機械玩具，呈現一頭幾乎等身大的老虎在吃一名英國士兵。這件玩具由印度手藝人、法國玩具製造商、荷蘭風琴製造匠人聯手打造，係提普最愛的玩具。轉動老虎體內一根曲軸，機械玩具會發出深沉的吼聲，人則會搖動雙臂並哭號。關於老虎和英格蘭人一類的提普暴行故事，使這件自動玩具更加惡名遠播，成為新成立之東印度公司博物館的鎮館之寶。

使韋爾茲利更加堅決要徹底打敗他們。

一八〇三年，韋爾茲利和其外交代表約翰・馬爾孔（John Malcolm，一七六九～一八三三）帶兵從塞林伽巴丹（Srirangapatnam）至浦那，一路上向地方首領尋求結盟，最終來到浦那時，已集結到四萬兵力。兵不血刃攻下浦那後，他們在北印度各地如貓玩老鼠般追擊辛迪亞、霍爾卡爾、邦斯勒的部隊，在這過程中拿下德里。坐在沙賈汗所委人製作、鑲了鑽石、珠寶的孔雀寶座上者，係眼盲且老耄、徒有頭銜而毫無實權的國王沙・阿拉姆。沙・阿拉姆虛弱到已構不成任何威脅，韋爾茲利因此決定，與其將他罷黜，還不如讓他活著度完餘生。一八〇六年沙・阿拉姆去世，英國人讓其兒子阿克巴・沙（Akbar Shah）接位，但此後五十年，蒙兀兒王朝古都的實權，實際上牢牢掌握在英國特派代表手中，所有行政事務均由他說了算。

東印度公司拿下德里後，接下來與辛迪亞王朝、邦斯勒王朝、霍爾卡爾王朝簽訂和約，就此稱雄於印度。由於馬拉塔人仍是頑強的對手；忠於瓜寥爾統治者的士兵繼續騷擾英國部隊，韋爾茲利因此要求增撥經費以強化其軍力。然而東印度公司董事會認為貿易公司的領導者，不該有韋爾茲利這樣的領土擴張野心，拒絕了他的要求；首相威廉・

皮特（William Pitt）也指責他行事「魯莽且不合法」，他隨之辭職。

第三次暨最後一次的英國-馬拉塔戰爭，不同於此前英國人在印度所遭遇過的軍事衝突，主要對手是由馬拉塔籍統治家族所招募的品達里戰士所組成的土匪軍。品達里人（Pindaris）騎馬，以長矛為武器，為了生存而劫掠鄉村，肆虐中印度鄉間，並且襲擊東印度公司的前哨基地。阿富汗強盜也與他們同為一夥。為消滅這兩股禍害，一八一七年東印度公司開始集結印度史上規模最大的軍隊——十一萬名士兵，包括印度籍盟友所出借的兩萬名非正規士兵。品達里人分成零星數股，在廣達數千平方公里且往往難以到達的地區活動，行蹤飄忽不定。誠如馬爾孔曾抱怨的，品達里人「讓人不知該往何處出手攻擊……他們的最大優勢在於難以捉摸。」遭遇英國人一連串持續不斷的攻擊後，大部分的品達里人和阿富汗人消失無蹤，卻在幾年後以公路搶匪的身分再度現身。但就戰鬥力來說，他們的威脅性已不如從前。馬拉塔人諸多統治階級的家族於是一個接一個歸服英國人。

一八一八年是英國稱雄印度的開端，但誠如英籍印度學家瓊・威爾森（Jon Wilson）所寫的：「那是個逗點，而非句點；一段空檔，而非一個過程的終點。」英治印度下的和平，始終靠暴力來維持。「印度本地領導人屈服於英國人靠金錢和暴力遂行的擴張，係不情不願、緊張不安且有條件的。」威爾森接著寫道：「打敗馬拉塔人並不代表征服了他們。」

Chapter

07

點燃導火線

印度歷史上，很少事件得到和一八五七年印度兵譁變同等程度的剖析和辯論、浪漫化和惡魔化。這場大動亂始於五月十日密拉特（Meerut）印度兵造反，被後人冠以「印度第一次獨立戰爭」、「大起事」、「印度兵叛亂」或「印度人叛亂」等名稱。但這些名稱都未反映隨著德里蒙兀兒王朝末代皇帝巴哈杜爾・沙・札法爾（Bahadur Shah Zafar，一七七五～一八六二）遭罷黜並流放異地、東印度公司統治終結、英女王維多利亞（一八一九～一九〇一）宣告為印度女皇而畫下句點的一連串事件的真正本質。這是第一場大規模的反英起事，但也以巨大的失敗收場，在這過程中，雙方都犯下令人髮指的暴行。此事件改變了英國和「皇冠上之明珠」的關係，也使那些想要在軍事、行政上強化對印度控制之人的論點更加難以辯駁，同時激發印度民族主義者爭取獨立之心。

一八五七至五八年的動亂引發許多疑問。這場叛亂的真正肇因為何？為何主要發生於北部德里、聯合省（United Provinces）、中印度局部、比哈爾，而非印度全境？許多群體——錫克人、馬拉塔人、拉傑普特人、廓爾喀人——對英國人心懷怨憤，而且是合情合理的怨憤，但依舊冷看變局。如果原因是「反殖民統治」，為何那些對殖民統治感受最強烈的城市，例如加爾各答，未受到此叛亂影響？印度的土邦主大多數保持中立，甚至

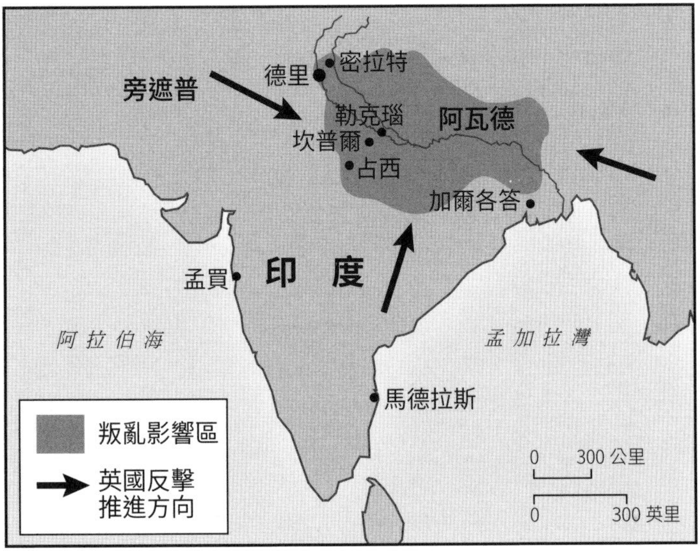

出兵幫忙剿滅叛變士兵。

這場叛亂集兵變、農民暴動、伊斯蘭聖戰於一身，持續了一年多，但從一開始就山頭林立，而且沒有目標。雖然印度兵得到巴哈杜爾．沙的加持（這個蒙兀兒皇帝成了印度教徒和穆斯林共同的傀儡），但他所能給的，就只是精神支持。叛亂者相信已名存實亡的蒙兀兒王朝具有統治的正當性一事，使這場叛亂明顯已和當時人心脫節。此叛亂若成功，繼東印度公司之後統治印度的任何政權或政體，恐怕都無法改善那些揭竿而起者的生活。而趁著這場動亂牟取自身利益的諸土邦主，心裡只想著要重建舊封建秩序。叛亂陣營猶如一盤散沙、各行其是，未提出協調一致的改革計畫。但自此之後的變化之大，直至進入二十世紀許久以後仍深深影響著印度史進程。

挑起民憤

一八五七年叛亂的根本原因，源於一七〇〇年代後期起英國人對印度之態度的演變，只是這些原因隱而不顯，世人不易察覺。原本盛行的治印觀——應以印度法律治理印度且應以尊重之心對待統治階層——隨著康華里勛爵的改革而有了轉變。由於他的改革，印度人實際上無緣出任行政職、司法職；在軍中，衝擊尤甚劇烈，印度籍軍人無緣晉升為軍官，更別提成為低階軍官。英籍軍官和其下屬士兵密切往來之事不再是常態，而屬例外。印度傭兵錫塔·拉姆·潘德（Sita Ram Pande，約一七九五～約一八七三）於此叛亂後在著作中憶道，他於十九世紀初期從軍時，「白人大人」與他們的印度籍僕人、下屬打成一片：「我是印度兵時，我們的連長會讓一些士兵整天待在他房子裡，和他們交談……我知道如今許多軍官只在必要時才和他們的士兵講話。」統治者和被統治者之間的疏離也擴及至私領域。十八世紀末，有三分之一的東印度公司職員會把部分遺產留給印度籍妻子（*bibi*）；到了十九世紀中期，已幾乎沒人這麼做。

打敗馬拉塔人後，英國人的統治更為穩固，從而使其更加自信滿滿。作為印度次大陸上最強大的勢力，英國人展開「教化」子民的任務。一八一三年讓東印度公司特許狀展期的條件之一，係要允許基督教傳教士在印度傳教。此事得到反蓄奴健將威廉・威伯福斯（William Wilberforce）支持，他認為使印度教徒擺脫「偶像崇拜的罪惡和殘酷」和廢除奴隸買賣一樣重要。華倫・黑斯廷斯的意見因此被當時震天價響的高調言語淹沒。已退休的黑斯廷斯在審查東印度公司特許狀的國會委員會面前作證三小時，提出的警示清楚明瞭：「海外已有人猜測我們欲強迫土著接受我們的宗教。這樣的看法流傳於土著步兵團，可能引來危險後果。」他還說，甚至「說不定會導致宗教戰爭」。

在威廉・本廷克勛爵（Lord William Bentinck，一七七四～一八三九）擔任總督期間（一八二八～一八三五），改革步伐加快了許多。他是伊莉莎白二世的高祖父，兩度出任首相，深信英國人「在印度有重大的道德義務要履行」。他把廢除印度教徒寡婦殉夫自焚的習俗（*sati*）列為上任後第一要務。寡婦殉夫自焚有時並非出於自願。此一習俗初現於笈多王朝時期，特別盛行於拉傑普特人和孟加拉境內。據記載，一八〇三至〇四年，在加爾各答方圓五十公里範圍內，就有三百多起這類情事。雖然主流觀點一致認為「應以最無保留的寬容容許印度教的儀式和迷信」，但殉夫自焚之事非英國人所能接受。一八〇七年敏托勛爵（Lord Minto，一七五一～一八一四）出任總督時，要求殖民地官員務必派任警察前往火葬現場，以確保沒有強制殉夫之事，並確保寡婦年紀未低於十六歲或懷孕，欲藉此管理這項習俗。接替敏托之位的黑斯廷斯勛爵（與華倫．黑斯廷斯無親戚關係），則宣布殉夫自焚「極不人道」，但認為廢除此習俗「很危險」，有可能導致軍中出亂子。眼見「數百名無辜受害者早早就這樣慘死」，本廷克於心不忍，但又怕廢此習俗危及「大英帝國的安全」，因此十分苦惱，不是如何是好。針對此習俗存廢爭議辯論時，他主張英國國力強大，頂得住任何對其統治地位的挑戰，而且擁有土地的札敏達爾會支持這項改革。一八二九年，孟加拉終於立法明訂殉夫自焚非法，不久後孟買、馬德拉斯也跟進。

這些法律得到拉姆莫漢．羅伊（Rammohun Roy，一七七二～一八三三）等信仰印度教的改革者支持，他曾舉例，有些女人被想要繼承其財產的親人強迫殉夫自焚，或逃跑未成，「被她們的親戚抓回去燒死」。羅伊精通母語孟加拉語，還說得一口流利的英語、阿拉伯語、波斯語、希伯來語、希臘語、拉丁語、梵語，除此之外更力倡女權，請求政府針對地主要求農民上繳的田賦設限。他是婆羅門，但批評種姓制度，認為該制度「一直是我們無法團結的根源」。羅伊曾在英格蘭待了三年，所遇之人無一不佩服他，包括希望他成為下議院議員的哲學家邊沁。

但羅伊之類上層人士只占人口裡的極小部分。一八〇〇年代

取自一八三三年版《便士雜誌》(*Penny Magazine*)的圖畫。這類的圖畫使英國境內許多人士更加認定印度是個充滿迷信異教徒的國度。

拉姆莫漢・羅伊，人稱近代印度之父，係受過教育的印度人中，第一個提倡透過立憲手段爭取本國自由的人。

初期，印度社會依舊以農民為主，七成以上人口從事農業，平均壽命為二十六歲左右。但史學著作也正改變我們對蒙兀兒帝國瓦解後那段時期之印度的看法。傳統看法把十八世紀印度說成「一個腐敗、混亂、貪婪、暴力的時期」，但新研究結果已推翻這一主張，認為當時不但經濟成長，也有都市化、商業化的趨勢，尤以較有活力的北印度為然。印度家戶成員少於歐洲家戶，主要因為殺女嬰、孩童死亡率高，還有往往導致早早就守寡的童婚。一八二二年對加爾各答、達卡、阿拉哈巴德等城市所做的調查，發現家戶成員平均數為三・五至四・一之間；相對的，在當時的英格蘭，平均數為四・七五。但在十九世紀初期印度，女人處境之悲慘毋庸置疑。誠如孟加拉社會改革者伊什瓦爾昌德拉・維迪薩嘎（Ishwarchandra Vidyasagar）所哀嘆道：「在男人無情、不信教、沒有正義感、沒有是非心，且只把恪守常規視為主要活動和至高無上之宗教的社會裡，千萬不要再生下女人。」

本廷克的教化熱情擴及教育領域，從而，在此領域，出現了一場辯論，一方是提倡依照傳統，學習梵語、波斯語之類古典語言的東方語言教育派（Orientalists），另一方是想要用英語推動西方學問的英語教育派（Anglicists）。兩派的區隔與種族身分無關。後者主張，如果印度人想研讀《薄伽梵歌》，從英譯本所得到，絲毫不遜於從梵文原本所得到的。羅伊就是其中一位支持英語研究的專家，他主張現代教育是「汲取現代西方科學、民主思想寶藏的法門」。

此事最終由托馬斯・麥考利（Thomas Babington Macaulay，一八〇〇～一八五九）定案，他是福音傳道者之子，出任本廷克之行政部門的第一任法律委員。麥考利宣布，印度的古老語言「既不含文學資料，也不含科學資料，而且貧乏、粗俗，在得到其他方面予以充實之前，要用它們譯出有價值的作品，並不容易」，從中反映了他深信歐洲文化和科學較優越的功利主義觀。他的目標是打造出「一批膚色和血統屬印度、但品味、看法、道德和思辨能力屬英格蘭的人。」麥考利曾發出如下名言：「歐洲一個好的圖書館裡單單一架子的書，就抵得上印度、阿拉伯半島所有的本土著作」，而他找不到「能否定」此說的東方語言教育派。

麥考利在今日所受到的批評，至少有一部分因其積極為印度打造一體通行的刑法並設計印度文職部門而功過相抵。往往相牴觸的印度教、伊斯蘭教法律體系，與東印度公司的規定併行，已使法律窒礙難行，而康華里堅持不准印度人主持法庭，又使此問題更加嚴重。麥考利的新刑法規定只有謀殺罪和叛國罪可處以死刑。為使既有法律變得一致，此刑法還明訂女人的財產權，比英格蘭施行類似法律早了將近五十年。如今拖沓得令人洩氣但適應性又高得出奇的印度官僚體系能運行如此之久，要歸功於麥考利打下的基本框架。沒有此官僚體系，在經歷印巴分治的創傷後，印度說不定已國不成國。

傳教士的湧入使印度境內和東印度公司或其諸多軍隊無關的歐洲人變多，但依舊是少數，「非官員」從一八三〇年約二二五〇名增為一八五〇年的一萬名；歐洲籍專業人士，從喪事承辦人、動物標本剝製師（把捕獲的老虎製成標本）、釀酒者、撞球桌製作者，形形色色。此外男遠多於女，催生出所謂的「漁船隊」（fishing fleet），即成千上萬搭船前去印度，一心要覓得一位「年薪三百英鎊、死活不拘之男人」的年輕英國女人——三百英鎊為印度文官體系低階官員的一年平均薪資。

本廷克在印度的任期結束於失望心情下。他提議讓印度人出任東印度公司的高階職員，但始終未獲倫敦董事會採行；他也想將印度籍法官的薪水提升為原薪的十倍，公司卻只肯加薪三倍。他的改革也未壓下公司軍隊裡日益增長的鷹派主張。曾任德里特派代表的查爾斯・梅凱夫（Charles Metcalfe，一七八五～一八四六）爵士於一八二〇年寫道：「我厭惡戰爭，厭惡為了擴增我們的權勢而干預其他國家，但碰上身不由己或無可避免的戰爭，如果可行的話，我們應藉由取得新資源從中獲利，以支付足以守護既有資產的額外武力，並在日後無法避免的戰爭中開疆闢土。」

專欄

麥考利論教育：「我們將用公共支出支持那些會使英格蘭蹄鐵匠蒙羞的醫學學說、會使英格蘭寄宿學校女學生失笑的天文學，那些充斥著身高三十英尺且在位長達三萬年之國王的歷史、由糖蜜海和奶油海構成的地理學。」

這一心態在英國陷入第一次阿富汗戰爭時招來反效果。作家詹姆斯・莫里斯（James Morris）形容此戰爭是「整整一百年後、日本於二次大戰入侵馬來亞和拿下新加坡之前，英國人在東方所遭遇的最大慘敗」。此戰爭肇因於帕默斯頓勛爵（Lord Palmerston）憂心俄國意圖染指印度。這位英國首相擔心阿富汗統治者多斯特・穆罕默德（Dost Mohammad，一七九三～一八六三）太親俄，會在沙俄部隊翻過開伯爾山口入侵印度時睜隻眼閉隻眼。英俄兩帝國於是在中亞展開爭奪勢力範圍的大博奕（Great Game），而大博奕的第一場重大衝突，以阿富汗部落民大舉起事反抗英國占領，並不分青紅皂白屠殺後撤的英軍和數百名平民告終——數千名英籍士兵、印度兵和婦孺，獲保證可安全過境，卻在從喀布爾撤退途中遭屠殺。此次撤退的唯一倖存者——陸軍醫務隊軍醫威廉・布萊頓（William Brydon，一八一一～一八七三）——騎著他半死的馬，蹣跚走進位於賈拉拉巴德的英軍駐地。此後數日，駐地士兵鳴槍吹號以吸引倖存者，但無人抵達。

一八四三年英國併吞信德的過程較為順利，但同樣慘烈。一八四五、一八四九年和錫克教徒戰了兩回合後，旁遮圖、喀什米爾加入了英國的帝國版圖。根據一八四九年所簽的《最後拉合爾條約》（*Last Treaty of Lahore*），年幼的錫克大君迪利普・辛格（Duleep

伊莉莎白・巴特勒夫人（Lady Elizabeth Butler）的畫作《殘兵》（*Remnants of an Army*），描繪威廉・布萊頓醫生脫險抵達賈拉拉巴德堡壘的情景，一八七九年在倫敦的皇家學院首度展出。

Singh，一八三八～一八九三）被迫將鑽石讓給英格蘭女王，並由三名英國官員共同接管旁遮普。其中之一的約翰・勞倫斯還一時忘了將此鑽擺在何處，後來他的貼身男僕找到，交給新任總督達爾豪西勛爵（Lord Dalhousie，一八一二～一八六〇），達爾豪西再將之從拉合爾送到孟買。一八五〇年七月維多利亞女王在白金漢宮收到「光之山」時，覺得此鑽甚為普通，而在日記裡寫道：「它未經過透雕細工處理，雕琢工法拙劣，破壞了效果。」此鑽以會帶來厄運而著稱——數名擁有者入手後不久，若非死亡，就是失去王位——維多利亞可能因此對它興趣缺缺。達爾豪西因女王的反應大發雷霆，後來寫道：「陛下若認為它會招來厄運，不如把它還給我。我會把它和它的厄運拿去做投機買賣。」

後人對達爾豪西擔任總督的評價有褒有貶。他把鐵路引進印度，啟動一連串印度所需要的灌溉工程，還鋪設了數千公里長的電報線，因此名留後世；有些人認為擔任九年總督的他是歷來表現最出色的總督。他頒行新法，使寡婦得以改嫁，使改信基督教的印度教徒得以保住財產繼承權，使不同種姓的人得以同乘一火車車廂。但這些改革，用意再怎麼崇高，卻是對印度教的宗教、種姓制度習俗的公然侵犯。

在他影響後世的作為裡，爭議最大者，係施行「喪權原則」（doctrine of lapse）。此一原則一八四一年起就存在，但從未真正執行。根據該原則，土邦主若明顯無能或死後引發王位繼承危機，擁有最高權力的英國可以接管該土邦。套用達爾豪西的話，正可利用此原則「除掉那些介於中間的小公國。這些小公國或許讓人惱火，但我敢說絕對成不了氣候」。

有將近十二個土邦受到這一干涉主義政策的影響，其中最重要的是位於恆河、亞穆納河之間的富裕省分阿瓦德。阿瓦德曾被視為英國勢力最強的盟友、英國陸軍士兵的主要來源、大量英國貨的買家，其首府勒克瑙兼具「沙賈汗時代的德里之宏偉壯麗和雪赫拉莎德（譯按：Scheherazade，《天方夜譚》中講故事免除一死的新娘）故事中巴格達那充滿香氣的魅力」。英國人老早就對阿瓦德的納瓦卜的行事有許多不滿。一八四八年獲任為英國駐勒克瑙的特派代表威廉・史利曼（William Sleeman），將阿瓦德形容成「陰謀詭計、腐敗、墮落、怠忽職守、濫用權力之處」。阿瓦德統治者瓦濟德・阿里・沙（Wajid Ali Shah，一八二二～一八八七），據說終日沉迷於「跳舞和擊鼓、畫畫、製作小押韻詩之娛」——指他熱愛作烏爾都語對句一事。

一八五六年一月，東印度公司要求阿里・沙簽字轉讓其領土。阿里・沙不肯，但並未號召造反，反倒遣使至英國向女王、國會、報界申明其理由。英國人不為所動，還是把阿瓦德吞併，他隨之搬進加爾各答城裡胡格利河畔一棟大宅院裡，在那裡打造了加爾各答第一座私人動物園，園中養了猴、熊、虎各數隻、犀牛一隻、蛇一窩、鴿一萬八千隻，並把許多閒暇用於放風箏——他所擅長的一項消遣。

併吞阿瓦德的決定，激怒了孟加拉軍隊裡的印度兵——大部分的士兵皆來自該省。一八三四年的一項裁定擴大了孟加拉軍的招兵來源，使高種姓婆羅門在軍中近乎壟斷的地位可能不保，因而怨憤更深。另一項於一八五六年的命令，新增所有新兵都有赴海外服役的義務，更冒犯了正統印度教徒，因為正統印度教徒認為越過黑水（*kala pani*）之舉會違返種姓規定。

達爾豪西未能親眼目睹他所挑起的民憤爆發為公開的造反。一八五六年二月，就在併吞阿瓦德之舉就要生效之時，他把總督之位移交給坎寧勛爵（Lord Canning），離開了印度。喪權原則常被說成是一八五七至五八年大叛亂的主因之一，但此外還有一些重要因素。一八七三年，穆斯林領袖賽義德・艾哈邁德・汗（Sayyid Ahmad Khan）寫下第一部出自印度人之手的叛亂記述，主張「叛變者大多是如果起事失敗、處境也不會更糟的士兵」，而且這場起事並非穆斯林上層人士欲「掙脫外族枷鎖」之舉。威廉・達林坡則認為原因出在帝國的傲慢和自信：「英國人此時已和其印度子民脫節甚深，不把印度民心看在眼裡，因而已完全無法辨識身邊出現的種種惡兆，也無法看清自己的真實處境。」

大部分史學家都認為，讓印度人終於再也忍無可忍，係因為引進新式的恩費爾德（Enfield）步槍。此款槍較易裝彈，準度高了許多，但不久在印度兵之間就有謠言傳開，說其紙質彈殼覆有牛油脂和豬油脂——然而牛油脂冒犯了印度教徒，豬油脂則冒犯了穆斯林。雪上加霜的是，為了點燃火藥，士兵必須用嘴把裝了火藥的彈殼之末端咬掉。新式彈殼所引發的不安，導致一八五七年三月在孟加拉的巴拉克普爾（Barrackpore）的抗議活動。雖然秩序很快就恢復，但有一名叫曼嘎爾・潘戴（Mangal Pandey，一八二七～一八五七）的印度兵遭處決（此人如今被譽為這場叛變的第一位烈士，在某部極為賣座的寶萊塢鉅片裡受到推崇）。一個月後，安巴拉（Ambala）英軍兵站發生縱火案，導致該軍團遭解散。

五月，騷亂已擴散至密拉特。八十五名印度兵深信如果他們使用這些彈殼會全遭汙染，於是群起叛變。當這群印度兵被捕，押去服十年刑期時，剩下的印度兵接著放火燒營房，朝目光所及的每個歐洲人開槍，嘴裡喊著「去德里！」（*Dilli chalo!*）。

這些印度兵往蒙兀兒王朝古都進發，於五月十一日早上抵達。入夜時，德里已歸他們控制。他們受到巴哈杜爾・沙・札法爾接待；札法爾仍住在紅堡——蒙兀兒皇帝的主要居所——但地位已被貶為「德里王」。札法爾的哲學家、詩人氣質甚於軍事領袖氣質，對此叛亂除了給予精神認可，幾乎拿不出別的實質援助。

這時，農民領袖加入反叛陣營，攻擊德里、密拉特周邊的英軍要塞。六月開始時，騷亂已擴及坎普爾（Kanpur，當時稱 Cawnpore）周邊區域，在那裡發生了最嚴重的屠殺歐洲人事件。馬拉塔最後一位佩什瓦之子——納納・薩希卜（Nana Saheb，一八二四～一八五九）宣布支持叛變印度兵，炮轟坎普爾英軍陣地兩星期後，他主動表示願讓四百名英國僑民安全離開。但這些居民登上下恆河的接駁船時，卻遭印度兵攻擊。薩希卜救下約兩百名婦孺，將之囚禁於夫人屋（*Bibighar*）裡，以便一旦英國人來犯，拿他們當談判籌碼。英國援軍會合於坎普爾時，印度兵攻擊夫人屋，處決了屋裡的人，把他們的遺體切碎，丟入井裡。誠如約翰・基伊所描述的：「他們像宰殺牲畜般的殺人手法，與其說從殺人中取樂，不如說是拙劣，此項暴行持續縈繞於英國人腦海，直至英國人退出印度為止。」

總督坎寧想要平定叛亂，但苦於英軍兵力不足；當時已有數千英軍離開印度去打克里米亞戰爭，空缺尚待填補。一八五七年印度境內英國士兵只有四萬五千人，其中一半在旁遮普。各個部隊之間的聯繫不佳，而且數起叛亂同時出現於廣大的北印度境內，英軍要分兵應付，變得勢單力薄。屠殺事件幾天後，准將亨利·海夫洛克（Henry Havelock）在坎普爾擊敗納納·薩希卜，情勢才開始有突破性進展。

英國人從未遭叛變事件波及的區域招募新兵，得以使戰局轉危為安。一八五七年九月奪回德里後，戰事焦點轉移至勒克瑙。此時派駐該地的英國專員亨利·勞倫斯（Henry Lawrence）已在英國特派代表官邸院區挖壕溝、布詭雷，強化該處的防禦。八五五名英國官士兵守在院區裡的屏障之後，當年唯一安然撤離喀布爾的布萊頓醫生也在其中。三十三英畝的官邸院區裡也收留了千餘名平民，其中大多是歐洲人。布萊頓會捱過這場圍攻，但勞倫斯則未逃過此劫——一枚炮彈落在他房間裡，奪走他的性命。最後兩個縱隊來援解了圍，把倖存者帶到安全之處。

占西女王（Rani of Jhansi）拉克什米拜（Lakshmi Bai，一八二八～一八五八）的英勇，則是如今仍令許多印度人崇敬不已。她生於瓦拉納西，自小就善騎術和劍術，嫁入占西王族後，由於丈夫去世而她尚未生下子嗣，因而成為攝政。當地英國代表表示相信這

占西女王拉克什米拜高舉著劍，騎馬衝過敵軍防線，成為自由運動團體的偶像。

位年輕寡婦的治國能力，但根據喪權原則，占西還是遭英國併吞。一九五七年叛亂爆發時，她曾嚴正表示希望叛亂分子「直下地獄」，但一八五八年初，來自孟買的英國援軍往占西奔來時，她決定和受納納・薩希卜提拔的塔提亞・托佩（Tatya Tope，一八一四～一八五九）同一陣線。英國人圍攻占西後，她親自領軍抵抗，然後易容改扮，據傳說，騎馬跳過防禦土牆，逃出堡壘。一八五八年六月，儘管瓜寥爾有座堅可不破的要塞，她和托佩還是奮力攻下瓜寥爾，決意作最後抵抗。但堅守此要塞才三星期，拉克什米拜就死於英軍的一波彈雨攻勢。瓜寥爾陷落，代表這場叛亂的主要階段就此結束。

叛軍若能齊心聯手拿下旁遮普和德干高原，或許能如願將英國人趕出印度；但叛亂陣營山頭林立，各自為政。直到一八五九年七月八日，坎寧終於得以宣布亂事已平定。

英國人的報復非常嚴厲。報復是當時的常態。草草處決司空見慣，叛變士兵有時被綁在炮口，轟成碎片；有人被押去歐洲人喪命處，舔掉該處地板上的血；有些人視其所信宗教，被往喉嚨裡塞進牛肉或豬肉，然後處以絞刑。巴哈杜爾・沙・札法爾因支持叛變士兵而被送上法庭，最後流放仰光。由於不得使用紙筆，他於是以木炭在他被囚的房子牆上寫對句，後來罹患聲帶麻痺，於一八六二年去世，葬於仰光大金塔附近某個院落裡的無名塚之中。

已和時代脫節的怪胎

此叛亂尚未結束，英國國會就已成立一個皇家調查委員會，以查明其肇因。這個委員會被稱作皮爾委員會（Peel Commission），建議大幅增加歐洲籍士兵數量，降低印度籍士兵所占比例。在叛亂初發地——孟加拉管區，一名英籍士兵對應兩名印度兵的比例維持不變；在孟買、馬德拉斯這兩個管區，則是一對三的比例。募兵地點會傾向選擇叛亂期間保持中立或親英的那些地區。為避免日後出現印度兵形成統一戰線的情況，此委員會建議當地的團級部隊由不同民族、種族的兵組成。孟買行政長官蒙斯圖特・埃芬史東（Mountstuart Elphinstone）即為力促這類改革的人士，宣稱「分而治之是古老的羅馬箴言，也應是我們的箴言」。此原則在後來的英國政策上得到更廣泛的應用，從而使印度教徒和穆斯林對立，導致一九四七年印巴分治。

從許多方面來看，對某些人來說，一八五七年的諸多事件是對付東印度公司的好機會，早該到來。誠如英籍史家珀西瓦・史貝爾（Percival Spear）所指出的，此公司「被認為未能善加體察印度民心，遲鈍且保守。趁此叛亂發生之機，正可終結一個已和時代脫節的行政怪胎」。在英國，對於此公司如何挑起民怨，進而導致此次叛變，公眾心中也日益不安。於是，統治印度的方式全面翻新。一八五八年英國國會通過《印度治理法》（*Government of India Act*），把統治權由東印度公司移交給英國國王。一八七四年東印度公司解散，「未得到尊敬，未得到讚頌，但或許不盡然無人惋惜。」二〇一〇年，東印度公司再次以奢侈食品原料品牌之姿，在倫敦重出江湖。

英國治下的和平

一八五八年十一月一日，維多利亞女王發布了聲明，其中既有如何治理印度的任務說明，也有確保英國在印度的統治不再受到威脅的預防措施。此聲明在印度各大城鎮以多種語言宣讀，載明「他們的繁榮成就我們的強大；他們的滿意成就我們的安全」。英籍官員奉命不得干預印度人的信仰和儀式，再怎麼「令人反感」和「原始落後」的信仰和儀式皆然。維多利亞也表明不支持任何「欲把我們的信念強加在任何我們的子民身上的想法」。五十年前麥考利等人所大力鼓吹的英語教育派目標，實質上已遭推翻。

喪權原則也遭廢除。根據維多利亞女王的聲明，英國人「無意擴大我們既有的領土」；追求的目標，不是消滅土邦，而是使土邦主成為盟友。約五六〇個土邦可繼續保有名義上獨立的地位，諸土邦的日常治理事務由當地統治者負責，但受英國特派代表和政治代表在旁監督。外交、國防政策的制訂，則屬英國國王的權力。

地主——例如阿瓦德境內在一八五七年遭沒收土地的地主——自此可以永遠保有自己的土地。英國人任命要他們擔任地方治安官，藉此，他們以羅闍、萊伊（*rai*）的身分，成為新統治階層的一員。為管理印度事務，英方設立了在倫敦辦公的印度事務大臣一職。印度總督之職稱則由 Governor-general 改為 viceroy。印度總督享有不受限制的權力，統治地球六分之一人口，薪資非常優渥，年薪高達兩萬五千英鎊，高居英國公職之冠。

最後，維多利亞宣布，印度人有權利任職於印度文官體系，參與自己國家的治理，只要此人的「教育、能力、廉正程度」足以勝任該職務即可。最後一項讓步實質意義不大。文官任用考試以英語進行，而英語能力應付得了考試的印度人少之又少；買得起船票至倫敦應試的印度人更少，因而至一八七〇年，印度文官體系只有一名印度人。

一八五七年事件的深遠影響，係英國人對印度的種族傲慢程度升高。德里、坎普爾、勒克瑙突然出現為叛變事件中喪命之英國人立起的紀念碑，但誠如後來尼赫魯所抱怨的，沒有任何紀念碑是為印度罹難者設立的。

一九〇一年，印度境內歐洲人已有將近十七萬，其中九成左右是英國人，其中又有一半左右是士兵和其家眷，剩下的則任職於鐵路公司、種茶葉和咖啡、經商或在紡織業等產業擔任當中階經理人。「俱樂部」成為社交生活的中心，防止遭「本地」社會侵犯的堡壘。開舞會和看戲、橋牌聚會和草坪派對、網球賽和馬球賽，係生活的日常。這些俱樂部是第二個家，附有庭園，庭園裡種植在熱帶高溫下很少能存活的玫瑰和矮牽牛。廚房供應印度英式料理，用佛斯特在《印度之旅》裡的話說：「瓶裝豆、假農家麵包、冒牌……歐鰈、更多的瓶裝豆……酒浸果醬布丁、烤沙丁魚。」印度人不被允許加入俱樂部——除了共濟會地方分會。

許多歐洲女人因種姓、種族障礙，無法與印度人社交往來——或許只有那些包辦所有家務雜活的歐洲籍女家僕例外——因此覺得印度是個讓人覺得孤單、沮喪的國家。有些歐洲女人，例如旅遊作家芬妮·帕克斯（Fanny Parkes），則頗為享受「漫遊印度之樂」，留下對這個國度和其人民的生動描述。但帕克斯這樣的人是例外，而非常態。維多利亞女王的兒子，也就是日後成為愛德華八世的溫莎公爵（一八四一～一九一〇），曾於一八七五至七六年遊歷印度，對於在那期間他所遇到的許多英國人「言行舉止之粗魯不文」，感到十分震驚。這些人把印度人稱作「黑鬼」一事，尤其令他反感，「其中許多印度人出身高貴」。印度人在文官體系裡所占比例始終未超過六%。由於種族歧視當道，原因不難想見。

一八七六年，女王向英國國會宣布，她的印度子民「在我統治下生活快樂，忠於我的君權。」她採納首相班傑明．迪斯雷利（Benjamin Disraeli）的意見，採用「印度女皇」這個稱號，以及——為便於她的印度子民理解——「印度皇帝」（Kaiser-i-Hind）這個稱號。後者出自匈牙利東方專家萊特納（G. W. Leitner）的建議，因為此稱號結合了羅馬「Caesar」、德國「Kaiser」、俄羅斯「Czar」這三個皇帝稱號，而且較不會被唸錯。為使這個新稱號廣植人心，印度總督利頓勛爵（Lord Lytton，一八三一～一八九一）不惜巨資，一八七七年一月在德里辦了「帝國大會」（Imeprial Assemblage）。八萬四千名與會者包括六十三名在位的土邦主、數百名酋長和貴族，以及巴哈杜爾．沙．札法爾之家族的前成員。女王則由一頂鑲嵌珠寶、擺在鍍金墊子上的皇冠作為代表。然後由官員宣布：「印度和英格蘭的結合已被斷言為牢不可破」。

這一「牢不可破」的結合，在一八六九年蘇伊士運河開通後，變得更加緊密，因為此運河使印度、英格蘭間的往來時間少了兩星期。一年後，一條海底電報線連接英印，使通信有了革命性進展。公共工程的角色變得更吃重。鐵路網從一八六〇年的一萬三千五百公里增為一八九〇年的兩萬五千五百公里。受到灌溉的土地，隨著恆河運河等大型工程建成而暴增；至一八九一年，印度受灌溉面積已超過一千萬英畝，可供養兩億八千五百萬人口的八分之一。

不過如果說這些基礎建設意在強化英國人統治印度的正當性，那就白忙一場。誠如學者瓊．威爾森所指出的，鐵路和運河對一般印度老百姓的生活改變都不大。在旁遮普設立的新拓居地或運河殖民地，最初的榮景通常繼之以農業生產力的長期衰退。同樣的，就運送重貨來說，鐵路比不上牛車；靠人力的河運，也比蒸汽驅動船來得便宜。威爾森寫道：「由於政治領導階層無法統籌印度人的生產活動，而使整個社會因此受益，一八四〇、五〇年代的現代性先知所提出的『改善』夢想，最終是泡沫幻影。」

長期乾旱導致農作物歉收，進而引發一八七〇、八〇年代為害甚烈的一連串大飢荒，連運河也未能防止這些飢荒發生。一八七七年的飢荒，奪走德干高原五百五十萬條性命，就發生於利頓舉行盛大隆重的帝國大會之時。利頓是死忠的保守黨分子，認為自由市場力量是解決此問題的最佳法門，不但讓穀物在飢荒期間繼續出口，也堅持向德干高原農民收稅。《印度信使報》（*Indian Herald*）主編因此抱怨：「已有數百萬人因為這條政治經濟原則喪命。」利頓或許把心思都擺在使英國捲入第二次阿富汗戰爭的那個要命的決定上，對於印度國內外報紙所刊登那些骨瘦如柴的飢民照片無動於衷，宣稱「光是困苦還不足以構成展開援救的理由」。一名受命調查此飢荒的皇家委員會委員提出的報告，被許多人批評為粉飾太平，並為政府未能防止飢荒和處理此危機不當脫罪，更重要的是，報告裡絲毫未提切實可行、能防止重蹈覆轍的措施。

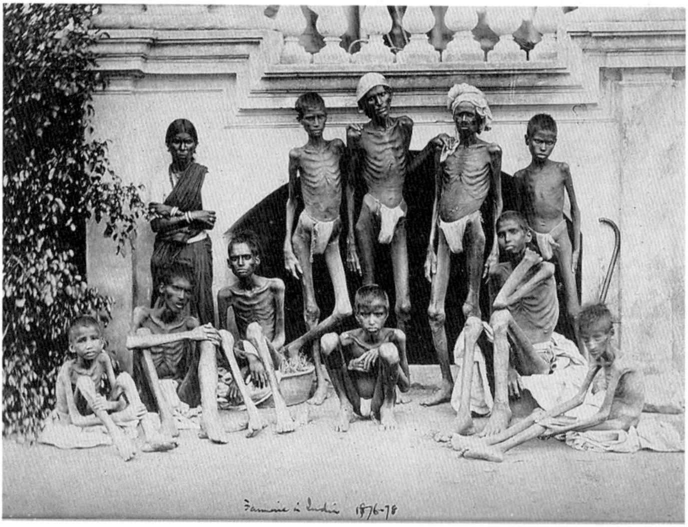

多虧記者報導和報章雜誌上刊登的照片，英國公眾終於注意到一八七七年的飢荒有多麼駭人。其中有些照片係傳教士所拍攝。

維多利亞女王堅稱她的子民快樂、忠心，和當地實際情況之間的強烈差異，並非無人注意到。反帝國的騷亂，就要爆發。所謂「印度第一位革命分子」，多半指的就是瓦蘇德夫・巴爾旺特・帕德克（Vasudev Balwant Phadke，一八四五～一八八三）。他在浦那周邊鄉村起事，要求讓印度獨立，參與者大多是低種姓的部落民。帕德克於一八七九年被捕，判處流放亞丁。一八八三年他逃獄，但不久就被捕，最後絕食而死。此後數十年，絕食抗議成為反對英國人統治的有力武器。

至一八九〇年代後期，馬哈拉施特拉、孟加拉境內都已出現革命會社。就連據說忠於英國的公務員，都開始為日後飢荒的不可避免而憂心忡忡，認為需盡快建立紓解人民不滿的情緒的管道，以防民怨再度沸騰，演變為全面性的叛亂。

Chapter

08

通往自由的漫漫長路

談印度的自由運動，必定要談到甘地、尼赫魯、真納（Mohmmad Ali Jinnah）這三位了不起的人物。但一九四七年引領三億四千萬印度人履行其「與命運之祕密約定」（tryst with destiny）的印度國大黨，係一位英格蘭鳥類學家所創立。

艾倫・奧塔維恩・休姆（Allan Octavian Hume，一八二九～一九一二）為大無畏的蘇格蘭改革家詹姆斯・休姆（James Hume）之子，一八四九年來到印度時才二十歲。他在孟加拉文官體系裡升遷甚快，奉派至坎普爾附近的埃達沃（Etawah）擔任區治官安期間，不願將參與一八五七年叛亂的印度兵處以死刑，為他贏得行事公正、穩健的名聲。用他自己的話說，他也是個「沒安全感、衝動、不聽話的官員」，這些特質使他最終遭貶謫，離開文官體系。擺脫官場束縛後，他全心投入成為印度獵鳥（game birds）的專家，在避暑山城西姆拉興築羅思尼堡（Rothney Castle），以安置他所收藏的八萬件鳥皮和鳥巢；後來他把這批收藏捐出，該機構即是今日的倫敦自然史博物館。

印度國大黨之所以會成立，是因為一八八三年頒布的伊爾伯特法案（Ilbert Bill）允許印度籍法官主持對英國國民的庭審，可能因此刺激憤怒的歐洲人發動「白人叛變」。這群人以商人和藍染植物種植者居多，深信自己會因此不再擁有「支配性種族」的地位。對於歐洲人強烈反彈伊爾伯特法案，有些人感到極為憤慨，休姆就是其一。一八八三年三月，在總督達佛林勛爵（Lord Dufferin，一八六二～一九〇二）的支持下，休姆向加爾各答大學畢業生寫了一封公開信，鼓勵他們成立追求國家重生的協會。這一由受過教育的印度人組成的協會，作用也有如安全閥，讓印度境內「龐大且日益高漲的（不滿）力量得以宣洩」。

西元一八八五年十二月二十八日，印度國大黨創黨大會在孟買舉行，七十二名受邀出席的代表申明忠於英國國王。他們主要的訴求「係應擴大政府的基礎，人民應擁有他們所應有且正當的參政權」。四十四年後，國大黨將會為印度能夠完全脫離英國獨立而奮鬥不懈。

由於國大黨黨員以律師、記者、公務員居多，未免妨礙平日的工作，成立前十年，每年於聖誕節開會一次，會議以英語進行。不妙的是，黨員裡穆斯林不多，這使賽義德·艾哈邁德·汗爵士等穆斯林領袖甚為不滿。他於一八七五年在阿里格爾（Aligarh）創立了穆罕默德英國-東方學院（Muhammadan Anglo-Oriental College），堅決主張在「被種族、宗教、禮儀、習俗、文化、歷史傳統的紐帶合為一體」的社會裡，代議制或許行得通，但「少了以上這些，代議制只會傷害這個國度的福祉和平靜。」他的主張日後會成為印巴分治和創立以穆斯林占人口多數的巴基斯坦國合理化的依據。

國大黨贊同英國人統治（其黨員明確贊許「日不落帝國」），此舉也激怒了右翼印度教徒；巴爾・甘格達爾・提拉克（Bal Gangadhar Tilak，一八五六～一九二〇）是其中的要角。一八九一年的《合意年齡法》（*Age of Consent Act*），把適婚年齡提高至十二歲，他反對此法，從而踏上從政之路。提拉克曾在著作中引用了《薄伽梵歌》，以合理化殺害壓迫者之舉。一八九七年六月兩名英籍軍官遇害後，他因而被控以煽動謀殺的罪名，判處十八個月徒刑。獲釋之後，他被尊為民族主義運動的烈士。

這類暴力行徑很少見，社會改革者奧羅賓多・戈修（Aurobindo Ghose，一八七二～一九五〇）和詩人、哲學家暨教育家泰戈爾等名人，多半強調消極抵抗和經濟自給自足甚於和英國統治當局正面對抗。英國人則維持其仁慈統治的精神。有人建議，印度人一旦歷練到足以自己管好自己，英國就能漸漸退出，在未來某個時刻印度人就能以自治領地的身分當家作主。只是沒幾個印度人能意識到，這一切就要有快速的進展了。

「世上第一強權」——眼下是如此

將近五十年後，印度爆發第一場持續不斷反英國人統治的運動，此運動的引爆點來得非常突然。一九〇三年，印度總督柯森勛爵（一八五九～一九二五）宣布將印度人口最多的省分孟加拉一分為二。

這位凱德爾斯頓的柯森男爵（Baron Curzon of Kedleston）名為喬治・納撒尼爾（George Nathaniel），係牛津畢業生，經驗老到的旅行家和探險家。他曾因發現烏滸河源頭獲皇家地理學會頒予金獎，老早就想要印度總督這個職位。柯森此人對於爭議上身已習以為常，不看好印度人有辦法自己管好自己，因此反對大開方便之門讓他們進入文官體系。有人建議選一名印度人進入行政委員會時，他反駁道：「整個次大陸沒有印度人勝任此職。」他曾呈文上司，表明身為總督的抱負，係協助「不代表民意」且「根基不穩」的國大黨「安詳死去」。他曾在加爾各答大學向聽眾解說「真理是個西方概念」，受過教育的印度人裡，欣賞並崇拜他者少之又少；印度的諸土邦主甚至被他蔑稱為「一票不受管教、無知且很不守規矩的學童」。

柯森並非一無是處。他的確為印度一般老百姓著想，會下鄉視察，還曾因為有人包庇強暴了一名緬族女子的士兵，下令將整個軍團流放到亞丁。他受到最少質疑的成就，係成立印度考古調查所（Archaeological Survey of India），此所的成立宗旨係修復他認為「世上最出色的古蹟」。

柯森出任總督時，孟加拉的人口為英國兩倍，省域涵蓋比哈爾、奧里薩、阿薩姆和今日的孟加拉。西孟加拉居民以印度教徒居多，東孟加拉則是穆斯林居多。為了促進該省東部低度開發區的發展，將孟加拉一分為二有其道理，但

就讀於牛津時，柯森就表現得很高傲，自認該享有特別待遇，因而有這麼一首著名的打油詩：「我叫喬治．納撒尼爾．柯森／世上最優秀的人／我臉頰紅潤，髮色油亮／每週一次在布萊尼姆（Blenheim）享用大餐。」

骨子裡其實居心不良——「分裂、從而削弱反對（英國人統治的）的勢力」，亦即加爾各答那些受過良好教育的高種姓孟加拉人。

儘管倫敦為此示警，表示「切斷古老的歷史紐帶並打破種族團結會招來強烈反彈」，分割案還是在一九〇五年十月十六日施行。東印度許多城鎮，幾乎立刻就爆發憤怒的群眾示威，並且迅速擴及印度其他地區。國大黨領袖呼籲人民抵制英貨，改買國貨（*swadeshi*），全國各地都出現堆集並燒毀大量英國貨之事。在這場國貨運動中，以手織機織成的印度產粗棉布，取代了精緻的曼徹斯特紡織品；民眾也優先購買本地產的糖、鹽等貨物，而非船來品。

孟加拉一分為二，導致國大黨內部也分裂出溫和派和激進派。溫和派主張對話，相信英國人會信守承諾將權力漸漸轉移給印度人，直到印度成為大英帝國內和澳洲、加拿大一樣的自治國。戈帕爾・克里希納・戈卡爾（Gopal Krishna Gokhale）等溫和派示警道：「只有精神病院外的瘋子會想到或談起獨立。」但想要直接行動的激進派對此置若罔聞；他們從愛爾蘭民族主義分子那兒得到鼓舞，認為抵制英國貨是「使國民意識脫離外國思想和制度的辦法之一」。提拉克告嚴正表示，自治是唯一該走的路：「自治（*Swaraj*）是我天生的權利，也是我將會擁有的權利。」

兩派的不和在一九〇七年國大黨的蘇拉特會議時達到頂點。英國人趁國大黨分裂，逮捕包括提拉克在內的激進派要角，提拉克因此入獄六年。主張獨立的報社主編被控以煽動叛逆罪，報紙也遭暫時停刊。在遙遠的安達曼群島上的罪犯流放地，不久就人滿為患。未被控以罪名或未經審判就入獄之事，使越來越多年輕印度人加入民族主義大業。

柯森於孟加拉分割案生效後不久離職，繼任者是敏托勛爵（一八四五～一九一四）。他與新任的印度事務大臣約翰・莫利（John Morley，一八三八～一九二三）開始共同草擬政治改革計畫。莫利-敏托改革又稱《印度議事會法》（*The Indian Councils Act*），一九〇九年生效，增加了既有之中央級、省級立法會的員額，使印度人得以有更多代表為其發聲；這也是頭一遭，總督之行政委員會准許有一名印度成員加入。然而爭議在於，此法也規定，抗議長期在官方機構裡代表名額不足的穆斯林選民，可以單獨選出穆斯林籍議員。這一讓步係晚近成立的穆斯林聯盟從英國人那兒所爭取來，自此使既有的宗教族群差異根深蒂固，並使許多民族主義者相信，英國人如有必要會採行分而治之的政策。

專欄

一八九九～一九四七歷任印度總督（viceroy）：

柯森勳爵（Lord Curzon，一八九九～一九〇五）
敏托勳爵（Lord Minto，一九〇五～一九一〇）
哈丁格勳爵（Lord Hardinge，一九一〇～一九一六）
切姆斯福勳爵（Lord Chelmsford，一九一六～一九二一）
里丁勳爵（Lord Reading，一九二一～一九二六）
艾文勳爵（Lord Irwin，一九二六～一九三一）
威靈頓勳爵（Lord Willingdon，一九三一～一九三六）
林利思戈勳爵（Lord Linlithgow，一九三六～一九四四）
魏菲爾勳爵（Lord Wavell，一九四四～一九四七）
蒙巴頓勳爵（Lord Mountbatten，一九四七～一九四八）

英國統治期間的最光輝時刻，出現於一九一一年為慶祝英國喬治五世到訪而舉辦德里大會（Delhi Durbar）之時。這場德里大會之盛大、鋪張程度前所未見，喬治五世親臨現場。現任英王到訪印度，這是頭一遭，也是唯一一次。在有著鍍金圓頂的英王閣裡，國王和其妻瑪麗王后坐在金色寶座上，面對十萬觀眾。喬治五世的第一要務係給印度各大土邦主授勛。各土邦主皆一身珠光寶氣，逐一上前向英王鞠躬，然後後退三步，唯獨抱持民族主義立場、巴羅達的蓋克瓦德王朝土邦主薩亞吉拉奧（Sayajirao）例外。他把頭側向一邊，然後突然轉身背對英王。由於接下來所發生的事，使這一據稱怠慢的舉動（蓋克瓦德土邦主聲稱是一時緊張，但此說令人存疑），變成只是個小插曲。喬治五世發出令人意外的宣告：印度首都將由加爾各答遷至德里。沒人料到會有此聲明。眾人一時驚呆，鴉雀無聲，隨後爆出歡呼聲。

遷都德里，從地理和象徵角度看，合情合理——蒙兀兒王朝大半時期以此為都城——但經過一八五七年叛亂，此城殘破不堪，尚待復原。此一決定也意味著儘管孟加拉人堅不妥協，英國人還是決意貫徹己意。遷都決定受到印度大部分土邦主歡迎，他們從此將更靠近權力中心；但在英格蘭，反應卻頗為冷淡。柯森是其中一位批評此舉的人士，認為加爾各答象徵著英國人所代表的一切事物，而德里只是「一堆荒涼的廢墟和墳墓」。柯森此說漏掉一個重點——藉由在過去帝國的廢墟上建立新都，英國就能把自己寫進印度歷史。誠如哈丁格總督所說的：「印度每個築有城牆的城鎮都有一座『德里門』，廣大老百姓仍尊它為前帝國的首府。」為緩和此事對孟加拉人自尊心的打擊，喬治五世也宣布廢止孟加拉分割案。

甘地因素

喬治五世訪印後才三年，第一次世界大戰就爆發，打破了英國堅不可摧的神話。不過一戰期間，諸土邦主、國大黨、穆斯林聯盟，都展現了對英國的效忠，前後共有一百多萬印度籍戰士和後勤人員，在加利波利（Gallipoli）、法蘭德斯、美索不達米亞等戰場為英國效力。對提拉克等民族主義者來說，這一慷慨支持作戰之舉，正證明印度人能管好自己的事。一九一四年結束流放從緬甸回來後，他與維權人士安妮・貝贊特（Annie

Besant，一八四七～一九三三）合作，於一九一六年創立自治聯盟（Home Rule League），主張全印度在大英帝國裡自治。貝贊特的愛爾蘭裔出身、工會背景、費邊社會主義原則、永不匱乏的活力，使她成為印度自治最理想的提倡者。兩年後，貝贊特當選國大黨主席，該黨正式將自治目標納入黨綱。

英國政壇發出的矛盾信號，只使那些想要擺脫英國統治者更有本錢和英國人對抗。一九一七年八月，印度事務大臣愛德溫．蒙塔古（Edwin Montagu，一八七九～一九二四）告訴下議院，要使印度人自己當家作主，使其成為「大英帝國不可或缺的一部分」，需要採取重大措施才能實現。蒙塔古偕同新總督切姆斯福勛爵（一八六八～一九三三）巡察印度五個月。一九一九年底，兩人向英國政府提交一份立法改革報告，後人稱之為蒙特福德改革（Montford reforms），明文載於《一九一九年印度治理法》（*Government of India Act 1919*），擴大了印度政府的民主基礎。此後每個省裡由印度人選出的立法會，將負責教育、公共衛生、公共工程之類領域，執法、課稅、防衛事務則交給歸總督管轄的帝國官員負責。消息一出，強硬派民族主義者立刻斥之為改革幅度太小——只有五百五十萬地主，也就是一成的印度成年男子，能在省級選舉裡投票。

但這些改革與羅拉特報告（Rowlatt Report）相抵觸，大多胎死腹中。這份報告發表於一九一八年四月，建議將《一九一五年印度防衛法》（*Defence of India Act 1915*）中旨在控制民亂和恐怖主義活動、那些近乎極權主義的戰時權力訂為永久性措施。對此前願意為大英帝國犧牲性命的數百萬印度人來說，一九一九年三月羅拉特法案的通過是當頭的羞辱，意味著英國不惜以高壓手段使其敵人噤聲。

此時，四十九歲的甘地（Mohandas Karamchand Gandhi，一八六九～一九四八）密切注意民心對羅拉特法案的反應。甘地是印度獨立運動裡最有影響力的人物，在其性格和觀念形成的時期，有大半時間投入在替南非的印度人爭取權利，但他擔任國大黨主席的時間甚短，待在牢裡或其靜修處的時間，遠多於直接引領印度擺脫桎梏的時間。他也未特別著意將其政治學說化為白紙黑字出版。九十卷的《甘地選集》（*Collected Works*），含有他前後不一且往往自相矛盾的想法。對於從西方醫學（他口中的「巫術」）到種姓制度和賤民身分（即使賤民是種姓制度所造成，種姓制度仍有其存在必要）等種種事物，他都有其看法，而若想從中找到前後一致性的人，只需看看一九三九年九月三十日他在報紙《賤民》（*Harijan*）裡所寫的一段文字便可明瞭：「我寫作時從未想過先前我可能說過什麼。我的用意不在於和我先前對某問題的陳述一致，而在於與特定時刻我所看到的真理一致。於是，我在一個個真理間流轉。」

甘地一八六九年生於古吉拉特境內的小土邦波爾本達（Porbandar），父親在該土邦擔任迪旺（*diwan*，即首相）。他十三歲時迎娶年長他一歲的卡司杜巴（Kasturba）為妻，十九歲時留學英格蘭，在倫敦內殿律師學院（Inner Temple）攻讀法律。他就讀的時間並不長而且表現也不突出，後來，一名想找個法律顧問的古吉拉特穆斯林商人邀他去南非。一八九四年，搭車去普勒托利亞途中，他首度見識到南非的種族歧視現象。一名白人男性乘客提醒鐵路局員工，有個印度人坐在一等車廂，違反了有色人種只能坐三等車廂的規定。甘地說他持有車票，不肯離座，於是被強行趕下火車，在寒冬夜裡被丟在月台上。

接下來二十年，他為開普、納塔爾兩省境內的十五萬印度籍移工爭取權利。在法規匯編中，這些移工被稱作「半野蠻亞洲人或屬於亞洲未開化種族之人」。一九〇八年，從倫敦搭船前去南非途中，他寫了他的第一份政治小冊子《印度自治》（*Hind Swaraj*）。《印度自治》係對當代狀況發出的評論，受到托爾斯泰著作裡反戰、反物質主義思想影響，也受了約翰·羅斯金（John Ruskin）尊敬勞工和窮人權利的思想影響。在這份具開創性且影響深遠的著作中，甘地闡述了如何以非暴力作為政治武器，並頌揚烏托邦式村社互相依賴的生活，主張所有宗教、階級平等——但未主張廢除賤民身分。他的族群和諧共存主張，吸引許多穆斯林和下層種姓印度教徒支持。他提倡以道德力量為基礎的非暴力抵抗，則為他在西方贏來大批景仰者，其中包括拿到諾貝爾獎的法國散文家暨小說家羅曼・羅蘭。羅曼・羅蘭將甘地和耶穌相提並論，認為他所欠缺的就只有「十字架」。他使英國屈服的成就，激勵了從美國民權運動到布拉格之春的世界各地數百萬人和運動團體。

他透過法律途徑訴請南非政府讓印度人享有憲法所規定的公平待遇未能如願，轉而走直接抗議之路。他把此作法稱作「堅持真理」（*satyagraha*），「堅持真理」汲取了他家鄉古吉拉特的耆那教、印度教毗濕奴派的非暴力傳統思想，把受苦和棄絕物欲提升為類似宗教的紀律，如同瑜伽或冥想。對甘地來說，「堅持真理」是一種精神，使人得以為了自己眼中合乎道德之事而受苦。它不只是抵抗壓迫的武器，還是使反對者轉而接受自己看法的工具。

甘地一九一五年從南非回印度，兩年後開始投身政治。在印度，有可能追隨其志業的潛在人口高達三億人，其中絕大部分人最終都被其奮鬥精神感動。最初，他把重心放

專欄

甘地談「堅持真理」：「堅持真理並非意味著對作惡之人逆來順受，而是用整個靈魂去對抗暴君的意志。照此生存法則運作，個人便受得住不公不義帝國的全部力量，並保住其榮譽、宗教、靈魂，為該帝國的覆滅或重生打下基礎。」

在替受剝削的堅巴蘭（Champaran）區靛藍染料工人和艾哈邁達巴德工廠工人爭取權益上，最終使這兩個群體的處境都得到改善。鼓吹反對羅拉特法案一事，則是他在印度本土第一次接受考驗——為「我人生最大一役」，而且此舉會招來特別強烈的反效果。

甘地號招和平罷工罷市（*hartal*），並絕食祈禱一日，導致德里、孟買等許多城市出現暴力事件。民憤高張，且無意以平和方式表達其不同意見。憤怒的群眾攻擊英籍平民；警察則朝示威者開槍。甘地發現騷亂擴及小鎮時，坦承他「大大失算」，在人民還未準備好執行公民不服從時，就呼籲人民這麼做。

印度面積如此遼闊，甘地對印度全境局勢的影響力其實有限。在阿姆利則，數千名抗議者無視他結束示威的呼籲，四處胡作非為，殺害五名英籍男子，毆打一名女傳教士

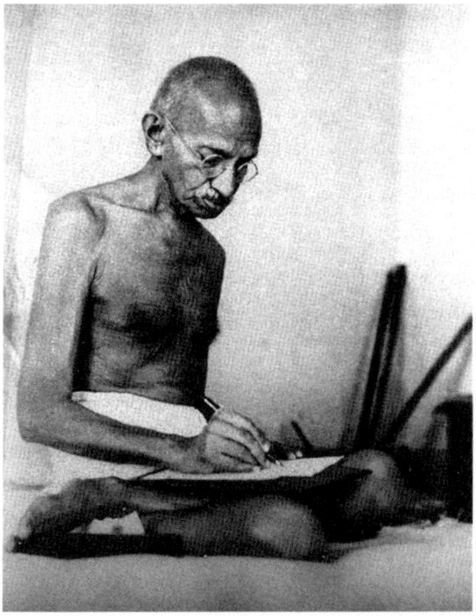

甘地是他那個時代最常被拍照、討論的人，但世人對其人生和影響力的看法極為分歧，因而至今仍是個讓人捉摸不透的人物。根據印度學校教科書，第一個把甘地稱作「聖雄」的人是泰戈爾，時間為一九一五年。

後，認為她大概活不了而棄之不顧（一戶印度教人家將她拖進屋裡，轉交給英國人，她才保住性命）。阿姆利則的部隊指揮官是准將雷金納德·戴爾（Reginald Dyer，一八六四～一九二七），以暴躁易怒、受到壓力就反應過度而著稱。一九一九年四月十三日，估計有兩萬人聚集於賈利安瓦拉庭園（Jallianwala Bagh）這個四周被高牆圍住的開闊區域。在場者大多是為了錫克教豐收節（Baisakhi）而來，不知道戴爾已於那天早上發布全面禁止集會的命令，不管是宗教性或非宗教性的集會皆然。下午四點半，戴爾親自帶領由廓爾喀籍、錫克籍、帕坦籍、俾路支籍步槍兵組成的部隊至賈利安瓦拉庭園，未向群眾發出警告，即命令士兵開槍。士兵堵住此庭園的狹窄入口，而且庭園圍牆高到無法翻越，裡面的人無處可逃。最終官方統計死亡三七九人，國大黨調查後認為死亡超過千人。

戴爾的作為很快就招來譴責。溫斯頓・邱吉爾（Winston Churchill，一八七四～一九六五）稱這樁對群眾開槍事件「在大英帝國的近代史上前所未見或未曾有類似情事……是非比尋常、駭人聽聞、獨一無二且惡性重大的事件。」因文學貢獻獲封為爵士的泰戈爾，為抗議此慘案，將其爵位歸還。甘地也宣布，「與這個邪惡政府作任何形式或形態的合作都是可恥的」。

數個月後，戴爾被叫去拉合爾接受調查委員會訊問，宣稱當時開槍合情合理，係為了打擊「叛亂分子的士氣」而為。戴爾遭解職，但回到英格蘭後，卻成為頑固托利黨人和統一黨人（Unionists）眼中的英雄，這些人認為要維持英國的帝國於不墜，需要的是征服，而非合夥關係。戴爾獲得如此推崇，只加深印度人對英國統治的敵意。

甘地以絕食回應阿姆利則慘案。對他來說，絕食是最弱勢、最貧窮者可用來對付最強大對手的武器；他也把絕食視為彌補自己罪行、過失、缺點的手段。誠如溫蒂・多尼格所寫道，甘地絕食，「首先意在控制自己；其次控制他的人民，使他們同心抗議，但又不致於訴諸暴力；接著控制英國人，使他們數次放他出獄，最終使英國人撤離印度」。

提拉克一九二〇年去世，甘地隨之毫無爭議地成為國大黨領袖。在其指導下，這個原被嘲笑為上層中產階級辯論社的組織，轉型為紮根於小鎮和村莊的全國性團體，組織有效率且等級分明。一九二〇年國大黨在中印度的那格浦爾召開會議，共一萬四千名代表與會。甘地公民不服從的理念流行開來，有助於動員印度社會的大部分人民關心政治，尤其是占人口九成的農村人口。數千名高種姓律師和專業人士奉命至村莊吸收新黨員；對其中大部分人來說，這是他們第一次接觸印度的貧困大眾。甘地在工人階級也有所斬獲；工人階級人數不多（一九二〇年代占人口不到一％），但因為集中於大城市裡，是很重要的族群。

然而印度教徒和穆斯林日益加深的嫌隙，使甘地驚絕不妙。一次大戰期間出現了基拉法特運動（Khilafat Movement），旨在反對政府動用穆斯林士兵對付君士坦丁堡哈里發，但甘地認為國大黨若支持該運動，可為團結這兩個族群創造「百年未有」的機會。由於色佛爾條約的簽訂，實質上使土耳其消失於地圖上，也使哈里發喪失對伊斯蘭聖地的控制，在此情況下，基拉法特運動聲勢更盛。此運動的領導人極欲爭取印度教徒支持，於是告訴甘地，如有必要，他們願意禁止殺牛——只是甘地並未理會此提議。

一九二一年十二月，國大黨授權甘地發動公民不服從運動。他呼籲其支持者刻意違反英國人訂定的法律，並保證一年內就能達成自治。他要公務員離開工作崗位；要人民拒繳稅，抵制法院。藉由使英國人治理不了印度，最終不得不撤離。

甘地理想高遠，但要實現這樣的理想，印度還未作好準備。一九二二年二月，一群國大黨、基拉法特運動的志工，在聯合省的焦里焦拉（Chauri Chaura）村遭警方開槍射擊，群眾以放火燒警察局報復。二十名警員，若非在欲逃離警局時遭砍成好幾塊，就是在「聖雄甘地勝利」的口號中被燒死。甘地大為驚駭，隨即取消公民不服從運動，要其追隨者教育群眾，擴大基層組織，並拿手紡車紡紗。他請求追隨者紡紗一事，既是要藉由紡製棉紗來達成自給自足的務實辦法，也是團結對抗壓迫者的有力象徵和精神修煉之舉。英國人的回應，係判他六年徒刑，但服刑不到兩年，就因健康理由獲釋。

趨於兩極化的政治主張

公民不服從運動以失敗收場，甘地的回應之道，係退回他位於艾哈邁達巴德附近的靜修處，去到那裡的人可看到他坐在他的手紡車旁，每日舉行祈禱會，多次以絕食抗議不公不義之事。一九二七年國大黨抵制賽門委員會（Simon Commission），他也隨之退出政壇。此委員會係史丹利．鮑德溫（Stanley Baldwin）的保守黨政府所設立，負責檢討蒙特福德改革成果並為印度自治擬訂憲法。國大黨憤於此委員會全無印度籍成員，於是經由投票決定「在每個階段、以各種形式」抵制該委員會，並且首度決定將徹底脫離英國訂為其追求的目標。一年後，各大追求獨立的團體派出代表，共同自擬了憲改方案。

一九二八年十二月，在莫逖拉爾．尼赫魯（Motilal Nehru，一八六一～一九三一）主持下提出的尼赫魯報告獲國大黨批准，言明印度的「下一步」必須是享有自治領地位，一如加拿大、澳洲等已獨立的英國前殖民地。未來印度會採聯邦制，並成立兩院制國會，內閣則向國會負責。這份報告不採用由少數族群選民單獨選出少數族群議員的主張，而是透過保障名額制保護少數族群的權益。

真納鼓吹建立一個完全以宗教為基礎的國家，但他的伊斯蘭是溫和且具進步思想的伊斯蘭。據說，他背不出可蘭經的任何段落，也很少上清真寺作禮拜。

國大黨激進派對此表達反對，認為接受自治領地位，等於從一年前所採納的完全獨立目標往後退了一步。揚棄少數族群自行選出議員的原則，也激怒真納（一八七六～一九四八）所領導的穆斯林聯盟。一如甘地，真納曾在內殿法律學院攻讀法律，一八九六年取得律師資格，為其中年紀最輕的印度人。回到印度以孟買唯一穆斯林籍律師的身分執業兩年後，他於一九〇六年加入以印度教徒居多的國大黨，並於一九一三年成為穆斯林聯盟領導人。他對獨立前印度的影響，建立在他高明的政治手腕上，但他要求脫離印度另建巴基斯坦國一事，究竟是為了替穆斯林爭取更多妥協的空間而採行的策略，還是自始至終都在追求的目標，至今仍沒有定論。

穆斯林聯盟與國大黨的合作關係本就必然有瓦解的一天，而該聯盟不接受尼赫魯報告，加快瓦解之勢。對許多穆斯林來說，針對未來的中央政府所擬出的權力安排，使他們更加相信英國人統治結束後，會換成國大黨統治，從而限制了他們在未來的民主、獨立印度裡分享權力、保護自身利益的能力。

一九二九年十二月國大黨在拉合爾召開的黨代表大會，使自由運動走上新階段。除夕午夜，獨立印度的三色旗於「革命萬歲」（*Inquilab zindabad*）的歡呼聲中在拉維河畔升起。甘地宣布一九三〇年一月二十六日為獨立日，向總督艾文勛爵提出十一點綱領。這份綱領如果獲得認可，將形同讓印度獨立。為向英國施壓，他規畫了空前未有、浩大的非暴力抗議行動——食鹽長征（salt march）。

自蒙兀兒王朝時代起，鹽的生產和銷售都由官方獨家經營。鹽稅甚低，一年不到三安那（anna，譯按：一安那為一盧比的十六分之一），但不管貧富，鹽都是必需品，鹽稅又採累退稅率，對最窮的人來說開銷反而最大。在來自世界各地的記者和新聞短片攝影師跟隨下，甘地於一九三〇年三月十二日離開其位於薩巴爾馬蒂（Sabarmati）的靜修處，打算步行三八〇公里，抵達位於古吉拉特西海岸的丹迪（Dandi）。他告訴同行者，印度未獲自由，就不回去。甘地每日的祈禱會引來大批群眾，抵達丹迪時，追隨者已達數萬人。他於四月五日下海沐浴，從海灘抓起一把鹽——一個微不足道但極具象徵意義的舉動。政府對此行動不當一回事，把心力擺在集體逮捕國大黨領袖上，甘地因而入獄，但接下來幾星期、幾個月裡，數十萬人效法他造鹽，而甘地從未料到會引發這樣的回應。

一九三〇年末，雙方都認識到陷入僵局。總督艾文擔心國大黨改採更暴力手段，邀甘地赴德里會談。就甘地來說，他終於找到一位對溫和民族主義者的要求心存同情的總督。艾文認為甘地是個

理察・艾登伯勒（Richard Attenborough）的電影《甘地》，重現了長征者抵達丹迪時，警察拿鋼頭棍對付他們的情景。

「極度聰明，明理、強勢、勇敢，有著奇特之細膩特質」的領導人；甘地對艾文亦是惺惺相惜，他曾說：「我未屈服於艾文勛爵，而是折服於他的正直。」攝影師拍下這位自由運動領袖身著招牌纏腰布，手拄拐杖，大步踏上總督官邸台階的情景。邱吉爾看過此照片後，在下議院裡嘲笑甘地從中殿律師學院出身的律師變成「著稱於東方的那種（半裸的）的苦行者」。儘管如此，會談相當順利，也促成甘地-艾文協定，甘地同意暫停公民不服從運動，政府則會釋放因參與食鹽長征入獄的六萬人中的大部分作為回報；甘地也同意出席倫敦的第二次圓桌會議（第一次遭國大黨抵制），為印度擬訂憲法。

一九三一年九月十二日，甘地搭船抵達倫敦。三天後，他依舊穿著纏腰布和披巾，向出席的百餘名代表發表演說。然而他在倫敦出現一事，只換得媒體的爭相報導。數週的會談，因為宗教和其他少數族群保留席次的問題而毫無進展。他要求立即建立完全的責任政府，但英國政府不予理會。一九三一年十二月，他懷著失望心情離開倫敦。

甘地回到印度時，總督艾文已去職，繼任者是極保守的威靈頓勛爵（一八六六～一九四一）。威靈頓挑明他打算不計代價保住英國在印度的支配地位；國大黨則以宣布展開第二次全國性不服從運動作為回應。此次政府祭出比以往更高壓的手段反制，宣布國大黨為非法組織，逮捕十餘萬人。隨著死亡衝突加劇，甘地不得不再度暫停此運動。

隨之而來的僵局被《一九三五年印度治理法》打破。這是英國國會歷來所通過的最長法律，八月頒行，允許中央政府讓有民選政治人物的省分自治，使選舉權擴大適用於印度約六分之一人口，並首度賦予女性投票權。複雜的選舉權規定占了五十一頁篇幅，明訂基於某些理由——例如身為位在穆斯林選區的錫克教徒——不得列入選舉人冊。在德里召開的集會，成員共

賈瓦哈拉爾·尼赫魯（左）和泰戈爾（右）都想要建立不容宗教插手社會生活和政治活動的印度。尼赫魯本人則受到這位孟加拉籍諾貝爾文學獎得主之著作和其普適性理論影響。

二五〇人中一半來自諸土邦，之後會成為與中央政府共享權力的行政機構。雖然此法較諸先前有所進步，但公認只是另一招拖延戰術。

對此法失望者包括賈瓦哈拉爾．尼赫魯（Jawaharlal Nehru，一八八九～一九六四）。尼赫魯生於一八八九年，哈羅公學、劍橋大學畢業，一如甘地，曾在內殿法律學院攻讀法律。他父親莫逖拉爾是阿拉哈巴德高等法院的出庭律師，一九一九年曾當選國大黨主席。一九二三年，尼赫魯當選國大黨總書記，迅即成為該黨的首席理論家。他的著作，主要寫於他數次長期坐監期間，反駁英國人所謂印度是個被種姓、宗教、語言分化的破碎實體，需要慈善的殖民主義之手指導，才能將其合為一體的說法。尼赫魯把此說法斥為旨在保住英國統治地位的「奴役特許狀」，把這份充斥防護措施的文件稱作「一台煞車制動

專欄

尼赫魯談印度一體性：「自文明初始，某種一體性夢想就占據印度的腦海。這個一體性未被認為是自外部強加的東西，或是外表、乃至信念的標準化，而是更深層的東西，而且在一體化的範圍裡，信仰和習俗得到最大的寬容，各種不同事物得到承認，乃至於鼓勵。」

力強但沒有引擎的機器」。

儘管尼赫魯覺得不妥，國大黨黨員還是投入一九三七年三月的印度省級選舉。投票結果，國大黨在五個省拿下絕對多數選票，在另外四個省成為最大黨。要求政府保證不動用其特別權力後，國大黨在旁遮普、信德、孟加拉以外的各省都組成內閣；相對的，穆斯林聯盟在保留給穆斯林的四百八十二個席次裡，只拿下四分之一。真納表態欲在數省組成聯合政府，吃了國大黨的閉門羹。國大黨這時已控制安全、國防之外的大部分政府部門，自覺甚得民心。

穆斯林聯盟遭國大黨冷遇，印度教徒和穆斯林攜手邁向獨立的機會自此告終。印度教沙文主義政黨激化了穆斯林日益濃烈的疏離感和不安全感，其中最著名的政黨是全印印度教徒大會（All-India Hindu Mahasabha）。根據該黨主席薩瓦爾卡爾（V. D. Savarkar，一八八三～一九五六）的說法，將印度教徒團結為一體的，係「我們與共同祖國之間的連結、流貫我們血管的共同血液、還有該向我們的偉大文明或印度教文化致上共同敬意的這層關係」。只有發源於印度之宗教的信徒，才能稱作印度教徒——根據此標準，錫克教徒、佛教徒、耆那教徒都屬之，穆斯林則不在此列（這一區別如今仍是印度教民族主義意識形態的核心觀念）。一九三八年，尼赫魯強調將會禁止印度教基本教義派加入國大黨，欲藉此平息穆斯林的恐懼，但未能如願，且為時已晚。一九四〇年穆斯林聯盟在拉合爾開會時，穆斯林自立建國的主張已不只是目標，而且還有了國名——巴基斯坦，意為「純潔者之地」。

英國人撤離印度和獨立前時期

一九三九年九月三日英國對德宣戰，從而使印度也跟著對德宣戰時，並未就此事向國大黨徵詢意見，反倒提出多條限制省政府自主權、約束公民自由權的新法，要國大黨遵守。甘地矢言非暴力，卻還是在與總督林利思戈勛爵（一八八七～一九五二）會晤時宣布支持英國。國大黨工作委員會跟進，通過決議重新申明其「完全不贊同法西斯主義、納粹主義的意識形態和作法，以及它們對戰爭和暴力的推崇與對人心的壓迫」。但該委員會也強調，「對印度來說，和戰問題必須由印度人民決定」，要求英國政府「清楚無誤宣告其在民主主義、帝國主義方面所追求的戰爭目標為何，他們所構想的新秩序為何，尤其要宣告打算如何將這些目標用在印度身上，如何在現在使這些目標實現於印度。」因為英國高調聲明為自由而戰，卻同時不願讓印度人自己當家作主，太過虛偽。林利思戈迴避此問題，國大黨的九個省級內閣即辭職抗議。此一辭職舉動對穆斯林聯盟來說可喜可賀：他們認為國大黨統治終於結束。一九四〇年三月，穆斯林聯盟正式通過所謂的巴基斯坦決議案，要求在印度西北部、東部建立「獨立國」，但僅提出這樣的目標，卻未就如何達成此目標擬訂計畫。

一九四〇年九月日本參戰，一九四二年二月新加坡突然陷落，日本急速挺進穿過緬甸，入侵印度似乎是早晚的事。印方在孟加拉擊沉四萬多艘船，以防落入日本人之手；在馬德拉斯，政府官員疏散至內地，動物園裡的老虎遭槍殺，以免有人將牠們放出牢籠，遊走街頭。

支持日本進犯的，則有印度國民軍（Indian National Army）。這支軍隊由數千名遭日軍拘留的印度籍戰俘組成，領導者是蘇巴斯・昌德拉・博斯（Subhas Chandra Bose，一八九七～一九四五）。博斯曾短暫擔任國大黨主席，但不久就因觀點過於激進遭尼赫魯、甘地罷黜。一九四〇年後期因組織反英抗議遭捕後，曾演出一場精彩的逃亡之旅，經阿富汗、莫斯科，最後抵達德國。在歐洲軸心國占領區境內的印度人譽之為「內塔吉」（Netaji，尊敬的領袖）。一九四三年，他在日本所占領的新加坡登上潛艇，前往安達曼群島，那是唯一落入日本人之手的印度領土。安達曼群島成為自由印度（Azad Hind），以博斯為該國元首。然而印度國民軍終究未對印度構成威脅；上戰場的六千士兵，病死者多於戰死者，許多人受到他們所認為之盟友日本人的虐待和忽視。博斯則在日本投降的幾星期前，死於飛往東京途中的墜機事故。

一九四二年三月，邱吉爾戰爭內閣的社會主義閣員斯塔福德·克里普斯（Stafford Cripps，一八八九～一九五二），帶著至截至當時涵蓋層面最廣的印度獨立提案飛往印度。為回報印度支持英國作戰，英國政府承諾「盡早實現自治」，屆時會創立「新印度聯邦」——一個「藉由共同效忠英王而與英國和其他自治領聯合在一起，但在各個方面與之平起平坐、而非從屬於任何一方的自治領」。國大黨受邀加入總督的行政委員會，擔任印度政府的內閣。待戰爭一結束，印度就會完全自由，屆時印度要不要留在大英帝國裡，由其新領導人決定。

正當尼赫魯等國大黨領袖準備接受這些提議，強硬派和他黨代表卻懷疑英國共享行政權的誠意，尤以國防之類重要領域為然；有個條文允許省和土邦脫離自立，更被視為欲安撫穆斯林聯盟和土邦之舉。最終克里普斯空手離開印度，未談成協議。甘地形容克里普斯的提議為一張「委託快倒閉的銀行開立的遠期支票」。

甘地心裡還想著另一種破產。不合作運動未能把英國人趕出印度，他的絕食效果也不大，而與總督在倫敦圓桌會議上的談判成果甚少。甘地深信英國擋不住軸心國進攻，斷定英國人「讓印度自生自滅」的時候到了。一九四二年八月八日，全印國大黨委員會批准他至當時為止最冒進、最大膽的動議——「撤離印度決議」（Quit India Resolution）。此決議核准「發動遵照非暴力原則，層面最廣的群眾抗爭」。誠如甘地於隔日所宣布的：「除了完全自由，其他任何安排我都不會滿意。我們要行動，不然會死；我們若非解放印度，就是死於努力過程。」

這是戰爭結束前他發表的最後聲明。此聲明一出，他就遭逮捕，國大黨領導階層的幾乎所有成員亦然。群龍無首之際，有人自動出面接掌抗爭活動。許多城鎮出現大抵平和的抗議，但在警察以持鋼頭木棍衝入人群、開槍和逮捕更多人作為回應之後，抗議很快就轉為暴力。生產作戰物資的工廠遭蓄意破壞，電報線遭切斷；歐洲人被拖出脫軌的火車殺害；某些區域還成立了「國民政府」。林利思戈呈文邱吉爾，說這場動亂是自「一八五七年以來最嚴重的叛亂」。

有人把甘地的「撤離印度運動」說成他「最後一次擲骰」；真納則把此舉說成「聖雄天大的失策」。大部分史家同意此說——國大黨領導階層入獄，使穆斯林聯盟得以趁勢壯大，要求分治。在世界大戰打得正酣之際，英國人如果給國大黨找麻煩，不大需要擔心國內民意反彈——英國人真的這麼做了。而且由於日本已占領東南亞大半，印度作為人力、物力、財力的來源，地位比以往更不可或缺。英國官員主張，屈服於國大黨的要求，可能引發族群衝突——印度承受不起這樣的衝突，且對國家的自豪感也可能不保。此外，英國從未以戰爭以外的方式放棄領土，而印度是大英帝國皇冠上的明珠。因此只要帝國主義龍頭人物邱吉爾擔任首相，印度獨立就會被列為不急之務，甚至是完全沒指望的事。

除了戰爭逼近印度門口的威脅，還有一件令英國人很頭痛的事：孟加拉飢荒。稻米數年歉收、缺船發送糧食補給、戰爭導致來自緬甸的稻米供應中斷、印度籍商人囤穀這些因素，聯手造成二十世紀災情最慘重的飢荒；邱吉爾堅決不願將防衛歐洲用的船隻轉用於運糧救飢，更是雪上加霜。邱吉爾曾得意說道，飢荒與否無關緊要，因為「印度人會像兔子一樣繁殖」。甫接任總督一職的魏菲爾勛爵（一八八三～一九五〇）則否決了邱吉爾的意見，下令印度軍開始發糧救飢，但在此之前，餓死者已達一百五十萬至三百萬人之間。

與命運的祕密約定

一九四五年五月七日歐戰結束，英國的印度帝國終於開始進入尾聲。七月廿六日，保守黨所領導的邱吉爾政府在大選中敗給長年以來支持印度獨立的工黨。新任首相艾德禮（Clement Attlee）下令釋放獄中的國大黨領袖，並於次年初期，派內閣使團赴印度。會談的議題不再是英國要不要撤離印度或在何種情況下撤離，而是多久可完成移交，以及最重要的，移交給誰。

就尼赫魯來說，穆斯林聯盟是英國人所創造出來，是英國人分而治之策略的一環。他認為英國人一撤離，穆斯林就會奔向國大黨。但他印度統一的夢想與現實脫離。一九四五年十二月和一九四六年一月舉行的省議會選舉，只加深印度教徒、穆斯林的對立，國大黨稱霸印度教徒居多的區域，穆斯林聯盟則得志於穆斯林占高比例的區域。作為眾所公認的印度穆斯林領袖，真納自此有民意支持推動自立建國。

經過兩個月的商議，內閣使團提出複雜的三層式治理結構。穆斯林聯盟接受此計畫，儘管該計畫未載明獨立自主的穆斯林國家。經過幾番有所保留的意見表達後，國大黨也同意和穆斯林聯盟共組內閣的安排。然而甘地不願為任何讓穆斯林聯盟和國大黨雙方依憲法享有平等代表權的協議背書，從而打破了印度維持一統的最後希望，他聲稱這樣的對等「比成立巴基斯坦還糟」。雙方的關係急劇惡化。與尼赫魯在孟買會晤後，真納宣布他將不再與他的對手打交道，宣布一九四六年八月十六日為「反對國大黨專制」和支持創建巴基斯坦的「直接行動日」。穆斯林人家掛起黑旗。他的聲明引發後來所謂的「加爾各答大屠殺」（Great Calcutta Killings），數千人死於長達一星期的族群濫殺中。

魏菲爾擔心印度情勢會迅速惡化為內戰，宣布將施行「打破僵局計畫」（Breakdown

Plan）。依據該計畫，英國將在一九四八年三月三十一日前從南到北逐省撤出，但倫敦認為此計畫是讓出權力而非有序轉移權力，予以駁回。魏菲爾遭召回，英國撤離的日期改為一九四八年六月。在同一宣告中，艾德禮並證實最後一位印度總督會是蒙巴頓勛爵（一九〇〇～一九七九）。蒙巴頓曾任東南亞戰區盟軍最高指揮官，係英王喬治五世的表兄弟，在如何解決印度問題上，可以自己作主，毋須徵詢倫敦上司的意見。國大黨和穆斯林聯盟難得都稱讚此人事調動。

蒙巴頓於一九四七年三月廿二日抵印後才幾天，就發動魅力攻勢，利用其就職演說強調他「不是平常的」總督，會爭取「盡可能多的印度人的最大善意」。他吸引人的坦白，很快爭取到甘地、尼赫魯等國大黨高階領導人支持。尼赫魯與蒙巴頓妻子愛德溫娜（Edwina，一九〇一～一九六〇）走得特別近，據印度籍部隊指揮官克羅德·奧欽萊克（Claude Auchinleck）的軍事祕書夏希德·哈米德（Shahid Hamid）的說法，「引來許多不以為然的目光」。但蒙巴頓未能爭取到真納支持，曾私下說真納是個「邪惡天才」、「瘋子」、「精神病」。

不久，這位新總督明白到，印巴分治勢所難免。國大黨終於在四月廿八日簽字同意此原則，尼赫魯深信巴基斯坦撐不了幾年，最終會回到印度的懷抱；蒙巴頓亦持此看法，把巴基斯坦比喻為尼森組合屋（Nissen hut）——一種臨時、易拆卸的小屋。經受不住總督施壓，真納不得不拋棄其欲建立一個連成一片之國家的夢想，轉而接受他所謂的一個「肢體不全且被蟲蛀過」的巴基斯坦。這個巴基斯坦由穆斯林人口占多數的西旁遮普地區和東孟加拉地區組成，而且兩地被印度領土隔開，相隔兩千多公里。孟加拉總督凱西（R. G. Casey，一八九〇～一九七六）也認為巴基斯坦無法長存，並且預言人口較多且語言、族群方面自成一格的東巴基斯坦最終會脫離自立。他的預言成真。一九七一年，孟加拉國在經歷慘烈內戰後創立。

一九四七年六月四日，即雙方同意分治計畫的隔天，蒙巴頓在記者會上表示，權力轉移「可能在八月十五日」，比原訂時間表提早了將近一年；後來他坦承這個日期係他不假思索提出，未經仔細盤算。這個交接日期使政府只有七十三天來為印度獨立完成必要的軍事、經濟安排。這時，國大黨已同意分治不可避免，但仍有兩大障礙要克服。首先，要說服領土占印度次大陸三分之一的數百個土邦主交出權力，加入印度或巴基斯坦。其次，要為不久後就要獨立的兩國畫定國界。受命完成此一幾乎不可能完成之任務者是倫敦律師西里爾．雷德克利夫（Cyril Radcliffe，一八九九～一九七七）。他從未來過印度，真納和尼赫魯對此都欣然接受——比起心存成見，毫無經驗更合他們的意。大部分土邦主接受劃歸的安排，但在不久後就要劃定的國界的兩端，印度教徒、穆斯林、錫克教徒則都在準備迎接最糟的情況。

就在一九四七年八月十五日零時前——占星家所選定的吉日——賈瓦哈拉爾．尼赫魯在新德里的立法大會上發表演說：「多年以前，我們與命運締結了祕密約定，而今，履行我們承諾的時刻已經到來……零時鐘響之際，世人沉睡之時，印度會甦醒，獲得自由。」兩天前，蒙巴頓已飛到喀拉蚩——巴基斯坦獨立建國大典會於八月十四日在該地舉行。在大會堂致詞後，這位總督與第一任巴基斯坦總督的真納並肩同搭借來的敞篷勞斯萊斯汽車遊街。蒙巴頓收到消息，有人密謀暗殺真納，他相信自己在場，印度教徒或錫克教徒就不會動手。

但在剛分割開的區域裡，族群殺戮已漸漸失控，身陷於此的人，得不到真納那樣的保護。關於加快權力轉移一事究竟避免了內戰發生，還是加快暴力的出現，史學界莫衷一是。早在七月時就開始有流血事件，當時成群錫克教徒、印度教徒攻擊已開始西遷的穆斯林，這些穆斯林深怕若不西遷，會被困在敵視他們宗教信仰的國家裡。雷德克利夫的邊界圖定稿，照官方說法，要在八月十六日發布，但那的一星期前，定稿就洩漏給穆斯林聯盟和國大黨，暴力隨之加劇。

印巴分治引發史上規模最大、且據某些估計說法，最血腥的強迫性遷徙。多達一千五百萬印度教徒、穆斯林、錫克教徒越過剛劃定的邊界，前往他們所被應許的家園。報宿怨時手段之殘酷，猶如中世紀場景再現，斧頭、長柄大鐮刀、劍、矛、棍紛紛上場；數千名女人遭強暴、劫走或毀傷肢體。根據晚近的研究，死亡人數在五十萬至六十萬之間，穆斯林和非穆斯林死亡人數大略相當。由於英軍已開始撤走，且蒙巴頓下令只在英籍國民有危險時才出手干預，地方軍警人員使不上多少力。五萬人的守邊部隊也大抵不濟事，因為該部隊由印度教徒、穆斯林士兵組成，而這些兵見到同教之人為非作歹時皆無意出手阻止。儘管出現屠殺情事，尼赫魯還是說道：「我寧願讓印度每個村子毀於大火，也不願讓一名英國兵在印度多待一會兒。」

甘地並未出席德里的慶祝獨立大典，而在一千五百公里外的加爾各答絕食、紡紗、祈禱。政府官員請他為八月十五日權力轉移說說話時，他回道：「他已枯竭，沒意見可說。如果很糟糕，那就這樣吧。」甘地的失望與印巴分治有關，畢竟他曾極力阻止此事。他出現於加爾各答，使已困擾該城一年多的野蠻暴行一時暫歇，印度教徒和穆斯林一同上街遊行慶祝獨立。但這場所謂的「加爾各答奇蹟」只維持了九年。印度教、伊斯蘭教暴民重啟攻擊時，甘地再度訴諸絕食。這一次，暴民領袖來到他床邊，保證改過，有些人邊哭邊認錯。

局勢重歸平靜後，甘地前去暴亂依舊熾烈的德里。他開始視察穆斯林難民營，要其中的難民放心，說他們在印度會有未來，並且投身於救濟工作，以協助身心受重創的印度教徒、錫克教徒。一九四八年一月，已然七十八歲且罹患嚴重腎臟病的甘地宣布，他會絕食到暴力結束為止。這一出手立即見效，印度教徒、穆斯林組織都承諾會為和平而努力；人民結夥修復受損的神廟和清真寺。唯一拒絕接受和平承諾的團體是極右派的全印印度教徒大會。

一九四八年一月三十日，即甘地結束絕食的十二天後，一名印度教徒大會的黨工來到甘地位於德里畢爾拉宅（Birla House）的每日祈禱會場。甘地在他的兩名年輕女助手攙扶下前去祈禱會場時，納圖拉姆・高德西（Nathuram Godse）擠過人群，出現在甘地面前，掏出貝瑞塔手槍開了三槍，甘地幾乎當場斃命。這位聖雄最後說的話是「*Hey Ram*」（「噢，羅摩」）。在這幾個月前，甘地曾寫道：「即使我被人殺了，我還是會繼續念誦羅摩、拉希姆（Rahim，譯按：阿拉的名字之一）之名，在我看來這兩者是同一個神。道出這兩個名字，我會愉快死去。」他得其所願。

如今甘地仍因其非暴力改革的信念受到全世界的人崇敬，但他的影響繼續將印度史學界分成兩派。蘇尼爾．吉爾納尼寫道：

在一個歷史上未曾有大規模集體行動的社會裡，政治對大多數人來說是遠方那些巨大強權所擅場的領域，甘地卻使眾人相信自己能促成改變。他打造了一個運動，塑造出民族主義想像，為世界提供了更多表達異議、抗議、和平反對的方法。

印度史教授馬朱姆達爾（R. C. Majumdar）則貶低甘地的地位，堅稱他「既缺政治智慧，也缺政治謀略」。他並非絕不會犯錯，反倒「犯下一個接一個大錯，追求不切實際的烏托邦式理想和方法」。真理始終處在理想和現實之間。

儘管有那麼多歌頌甘地的著作，我們可以說，沒有他，印度還是會獨立。誠如英籍學者茱迪絲・布朗（Judith Brown）所推測的：

就鬆開英國和印度之間的連結來說，經濟、政治因素所起的作用，遠大於一人的領導統御——這些因素源於印度，源於英國，源於更廣泛的世界經濟和權力平衡。但他的本事和他的天賦異稟，使這場民族主義運動獨具一格，賦予它本世紀其他任何反帝民族主義所沒有的特點。

接下來，就要由尼赫魯等政治領袖來實現甘地建立自由印度的理想。

Chapter

09

創造民族國家

聖雄甘地遇刺身亡，給印度獨立初期的局勢留下長遠且不利的影響。就在印度最脆弱的時刻，印度受到排他性的族群主義勢力打擊。但事實證明，甘地的新印度願景，比殺害他的人所用來合理化其作為的仇恨主張，更經得起打擊。賈瓦哈拉爾·尼赫魯是個意志堅定且具群眾魅力的領袖。在國大黨這個亞洲最大、最有力的政治組織支持下，他著手為新印度國打造四大支柱：世俗主義、民主主義、社會主義、不結盟原則。

這個新國家所面臨的挑戰極為艱鉅。政府必須為約八百萬難民提供吃住，使他們融入社會。一九五一年印度施行獨立後第一次人口普查時，識字率只有一成。在農村地區，只有四·九%的女性有讀寫能力，平均餘命為三十二歲，四成七的農村人口生活在貧窮線下（一九五〇年代中期會達到最高點——六成四）。英國人或許留給印度令人艷羨的鐵路網、灌溉溝渠網，但工業只貢獻國民所得六·五%，雇用不及三%的勞動人口，而這個數據自二十世紀開始以來幾乎沒變。六十四萬個村子裡，只有一千五百個有電可用；一九五一年三億六千萬人口，只有七三五個初級衛生所。印度的新領袖也得想辦法整合這個五花八門、且被語言、宗教、地理、種族和種姓分割的社會；其中種姓最為重要，因為那是個等級分明且與政治平等理念相忤的體制。在東北部，那加（Naga）部族武裝叛亂，要求自立家邦，共產主義叛亂勢力則已在德干高原站穩腳跟。

當下攸關印度國存亡的威脅，來自一個意想不到的領域。印度獨立前，五六二個土邦的統治者得到自擇未來的權力，可在加入印度、加入巴基斯坦、保持獨立地位三者中擇一。除開那些被畫入巴基斯坦這個新國國境內的土邦，其他土邦只有三個未加入印度聯邦。這三個堅不加入者裡，面積最小者是位於西印度卡提阿瓦（Kathiawar）半島上的朱納格特（Junagadh）。其熱愛養狗的穆斯林土邦主納瓦卜穆罕默德．馬哈巴特．汗（Muhammad Mahabat Khan，一九〇〇～一九五九），把土邦收入的一成多用於維護他的犬舍。他所統治的人口大多是印度教徒。一九四七年八月十五日，這位納瓦卜同意加入巴基斯坦。由於印度軍事干預的威脅，兼之境內印度教徒人民造反，未免最後落得一無所有，他決定趁早收手，把土邦交給印度治理，帶著四隻心愛的獵犬搭機去了喀拉蚩。印度撤銷朱納格特加入巴基斯坦的決定一事，巴基斯坦始終未予承認，如今，在巴國官方地圖上，這個小邦仍屬於巴國領土。

在海德拉巴，則有個更為嚴重的危機正醞釀，該土邦的尼札姆奧斯曼．阿里．汗（Nizam Osman Ali Khan，一八八六～一九六七）擁有眾多土地和珠寶，名列世上首富。

一如在朱納格特，這位尼札姆是個穆斯林，治下以印度教徒居多。在人稱拉札卡爾人（Razakars）的伊斯蘭狂熱分子鼓勵下，他宣布海德拉巴獨立。由於這個土邦戰略位置重要、面積甚廣（約和法國相當），加上此先例一下，必後患無窮，新成立的印度政府絕不容此事發生。當時仍以第一任印度自治領總督（governor-general）身分待在印度的蒙巴頓勛爵，竭力阻止海德拉巴獨立，但該土邦主不為所動。尼赫魯不想再等下去，決定用武力解決。一支印度軍隊入侵，迅速解決掉裝備不良的海德拉巴部隊。一九四八年九月十八日海德拉巴部隊投降。幾天前才去世的真納預言，如果海德拉巴遭入侵，會有一億穆斯林揭竿而起，結果並沒有這樣大型的起事，只有「馬球行動」（Operation Polo）——這是印度吞併海德拉巴的行動代號，數千平民因此喪命，也引發另一波印度教徒對穆斯林的報復性攻擊。

查謨和喀什米爾土邦帶來的問題最為複雜。其信仰印度教的土邦主哈里・辛格（Hari Singh，一八九五～一九六一）治下宗教多元，而且與印度、巴基斯坦這兩個新自治領相接壤。查謨區以印度教徒居多，此邦最東邊的拉達克，居民大多是佛教，只有美麗絕倫的喀什米爾谷地，居民以穆斯林居多。這位土邦主早在一九四六年七月就有獨立的念頭，憧憬著使他的土邦成為「東方的瑞士」——獨立且中立。與朱納格特、海德拉巴不同的，這個土邦有個已成氣候的反對勢力，其領袖是具群眾魅力的穆斯林政治人物謝赫・阿卜杜拉（Sheikh Abdullah，一九〇五～一九八二）。此人是尼赫魯的親密盟友，希望喀什米爾留在印度版圖裡。

辛格能選擇的路顯而易見。他看國大黨不順眼，就和國大黨看他不順眼一樣。加入印度，他的封建獨裁地位會跟著結束；若加入巴基斯坦，下場也差不多。一九四七年十月二十二日部族民兵開始越境進入喀什米爾時，問題得到解決。這些民兵大多是來自巴基斯坦西北邊境省的帕坦人。時隔七十五年，他們為何入侵，誰在幫他們，仍未有確切答案。可以確定的是，印度完全措手不及。入侵者離斯利那加（Srinagar）只八十公里時，土邦主緊急請求印度軍援。尼赫魯同意，但條件是喀什米爾加入印度。哈里・辛格別無選擇，只能照辦。簽署加入協議後才幾小時，印度政府就開始將數千印度士兵空運至斯利那加。拿下首府後，印度部隊接著奪回落入巴基斯坦非正規軍之手的城鎮。印度保住喀什米爾，但該地的未來仍有待談判決定，而且戰火也未停歇。雪融之後，戰事於一九四八年再起，得到巴基斯坦支持且裝備更佳的部隊大舉侵犯此邦北部。

一九四八年聯合國倉促調停促成雙方停火時，巴基斯坦已經據有喀什米爾谷地北邊、西邊的高山和山谷。控制線成為實際上的邊界線。尼赫魯同意舉行公投，由喀什米爾人民自行選擇自己的未來，但公投始終未辦。他未能信守承諾，使謝赫・阿卜杜拉與這位印度總理反目。此後餘生，阿卜杜拉因為提倡分離主義觀點而入獄的時間，多於他擁有自由之身的時間。如今，喀什米爾未定的身分，仍是這個次大陸上最棘手也最危險的政治難題。

印度共和國誕生

尼赫魯走世俗主義路線的決心從未動搖。他在《發現印度》裡寫道：「把印度文化說成印度教文化，只會令人產生誤解。」保障少數族群的權利，係印度憲法的中心信條。經過四年的制訂，一九五〇年一月二十六日憲法施行，印度從此由以英王為國家元首的自治領，轉變為完全的共和國。其憲法有三九五條、八個附件，係世上最長的憲法。憲

安倍德卡爾和數千名賤民失望於政府未能廢除賤民制度，一九五六年在集體儀式中改信佛教。

法起草委員會主席是安倍德卡爾（B. R. Ambedkar），他也是印度第一任法律和司法部長，賤民的領袖。聖雄甘地的支持者主張制訂以地方選出的村共和國為基礎的憲法；立場處於另一個極端者，則主張採行美式總統制。最後兩種模式都未獲採用，而是採行英式議會制——有上下議院，下議院（Lok Sabha）根據全民選舉制選出，上議院（Rajya Sabha）則充當複審院，其議員若非由總統派任，就是由邦議會議員間接選出。收稅事宜則由複雜的財政聯邦制統籌管理。

這部憲法載明分權、法律之前人人平等、宗教自由、言論自由諸原則，並禁止

專欄

運行中的民主

印度第一次全國大選舉行於一九五一年。凡是年滿二十一歲的公民（當時超過一億七千萬人），都必須登記為選民，儘管當時沒有製發身分證，而且八成五的人沒有讀寫能力。下議院四八九名議員和省議會四千名議員，會經由同時舉行的選舉選出。為維持十三萬二五六〇個投票所的秩序，這場選舉需要五萬六千名投票所主任和二十萬四千名警察。政黨的識別象徵形形色色。在加爾各答，走失的乳牛被印上懇請票投國大黨的口號——該黨的象徵是兩頭閹牛和一把犁。最終投票率不到四成六，國大黨拿下下議院三六四席，贏得大選，得票率四成五；最大反對黨印度共黨只拿下國會十六席。二〇一九年大選時，年滿十八歲的合格選民已增至九億一千一百萬，投票率為史上最高的六成七，女性選民投票率達到創紀錄的六成八，投票所數量為一百萬多一點，其中許多投票所還設有電子投票機，投票安全則有總數超過二二五萬人的警察和準軍事人員負責維持。此次大選，印度人民黨拿下下議院五四三席裡的三〇三席，國大黨只拿到五十二席。女性候選人占比從一九五七年選舉的二．九%增為二〇一九年將近八%。下議院女性議員只有六十六人，因此，從女議員占比的角度看，印度在一九三國裡排名一四九。

以宗教、種族、種姓或性別為由歧視他人。第十七條則廢除賤民制。雖然未載明給予穆斯林或女性保障名額，但建議在政府職位和大學教職上給予配額，在邦議會席次也給予保障名額。此憲法最具爭議的地方，在於賦予總統宣告進入緊急狀態、暫時中止憲法、拘留任何據認威脅國家安全之人的權力——廿五年後，英迪拉．甘地（Indira Gandhi，一九一七～一九八四）即利用這些權力，宣布全國進入緊急狀態，為期將近兩年。總統也有權力暫時中止邦議會活動，從德里施行直接統治，而自一九八〇年代起這會越來越常見。憲法保障人人平等，但女性處境仍差。童婚司空見慣，離婚不易，女性繼承權和財產權受到嚴重限制，受教機會亦然。

「印度教式經濟成長率」

尼赫魯不時掛在嘴上的自力更生經濟論調，就觀點上和執行上來說都是社會主義路線。一九二七年走訪蘇聯後，他大為雀躍，宣告「如果未來充滿希望，那大抵是因為蘇聯和其已有的作為」。他在自傳裡寫道，馬克思主義哲學「點亮了我心中許多陰暗角落」；但他很清楚社會主義必須配合印度國情。政府會控制經濟的制高點（commanding heights），同時允許私部門投資政府所批准的重點產業。為打造以社會正義為基礎的社會，針對土地持有面積設了最高限額，向有錢的個人和企業課以重稅，針對舶來品輸入也大幅設限。

一個個五年計畫訂下生產目標，監控著國家的經濟進展。目標是由政府所控制的公部門領導工業，達成工業的自力更生，這個公部門也會成長為共產集團以外世上最大的公部門。尼赫魯的「現代印度的新神廟」，由大煉鋼廠、煉油廠、發電站、水泥廠、肥料廠組成。政府築了大型水壩，但未顧及水壩對環境的衝擊，也未顧及不得不搬遷的數千名貧農。在高關稅障礙政策下，稅率通常高達三五〇％，境內落伍、效率不彰的劣質產品得以大量生產；大使汽車（Ambassador）就是其中最鮮明的例子。

「大使」是畢爾拉（Birla）公司所製造的車款，畢爾拉則是在英國人統治期間已頭角崢嶸的數家甚受矚目的家族型企業之一，但此時卻受縛於法規，難以大展身手。即使「大使」的製造商——畢爾拉集團旗下的印度斯坦汽車公司（Hindustan Motors）——僅

大使汽車是根據莫里斯公司第三代牛津車型製造出，一九五六年開始生產，二〇一四年停產，其間只有甚小幅度的修改。據某車評的說法，它「擁有巧妙如牛車的方向機，吃油像喝水，震得厲害，但在所有經銷商，下訂都要等上幾年才能拿到車」。

僅想藉由添加動力方向盤這樣基本的零件來改善車輛性能，該公司經理人都會受阻於扼殺創新的官僚高牆而無法如願。製造過程的方方面面，從聘用、解雇到蓋新廠，都受到所謂的「許可證制度」（Licence Raj）規範。外匯管制使輸入新技術、新設備幾乎辦不到。但畢爾拉家族覺得這倒好。高關稅壁壘使較便宜、品質更佳的東亞汽車進不來，免除了市場競爭，他們也就沒什麼衝勁去改善自家產品或提升效率。

政府部門情況也一樣。一九八〇年代中期，印度鋼鐵管理局有限公司

（Steel Authority of India）雇用二十四萬七千人，生產了六百萬噸鋼；而南韓只用了一萬名工人，就生產出一千四百萬噸鋼。對港口、公路、鐵路、發電、通信投資不足，使本已不佳的經濟表現雪上加霜。獨立後的前四十年，印度經濟幾乎始終無法超越三．五%左右這個「印度教式經濟成長率」（Hindu rate of growth）——一個誇大不實的貶義詞——或者只稍稍超越二．五%這個每年人口成長率。同一期間，巴基斯坦經濟成長率為四%，南韓達九%。一九四七年南韓人均所得為印度兩倍，一九九〇年已成長為其二十倍。

尼赫魯新印度願景的第四大支柱是不結盟政策。他於一九四七年闡明此政策時說，印度不會「抱著會有麵包屑從他們餐桌上掉下來的冀望」，靠向美國或蘇聯。隨著歐洲人放手讓殖民地獨立，尼赫魯認為印度的獨立是亞洲復興的一環。不結盟集團可在日益兩極化的世界裡發揮穩定局勢的影響力。一九五五年，被視為不結盟運動開端的印尼萬隆會議有二十九國代表出席，尼赫魯在此會議裡扮演要角。次年，根據不干預內政、和平共存、領土完整原則，印度和中國締結友好條約。

但中印友好（Hindi-Chini Bhai Bhai）於一九六二年嘎然而止。該年，中國攻占今日印度東北部阿魯納恰爾（Arunachal Pradesh）邦大片土地，聲稱拉達克北邊主權歸屬有爭議的阿克賽欽地區為其所有，讓其南邊鄰國顏面無光。先前中印兩國未能畫定邊界線，以及印度接納一九五九年帶著數千名追隨者逃離中國壓迫的西藏精神領袖達賴喇嘛，已使這兩個亞洲大國關係緊繃。措手不及的印度軍隊打不過中國的人民解放軍。雖然中國後來自行撤出攻占區，使印度免遭更大的羞辱，但尼赫魯的政治地位受此重創，始終未能恢復。反對黨以更大火力抨擊他領導無方，未能早早看出中國侵略警訊。國大黨於是輸掉一連串補選，地區性政黨漸漸壯大。

一九六四年五月二十七日尼赫魯去世，引發國大黨內為時不長的權力鬥爭，最終拉爾．巴哈杜爾．夏斯特里（Lal Bahadur Shastri，一九〇四～一九六六）脫穎而出，出任新總理。巴基斯坦的軍事獨裁者——陸軍元帥阿尤卜．汗（Ayub Khan，一九〇七～一九七四）認為夏斯特里是個軟弱無能的領導人，斷定印度可欺。一九六五年四月，喬裝為「平民志工」的士兵大舉越過控制線，進入印度管轄的喀什米爾，希望奪取斯利那加，在喀什米爾谷地挑起支持巴基斯坦的叛變。不過斯利那加未被攻下，也沒有揭竿而起之事。夏斯特里反之下令軍隊攻占拉合爾。顏面掃地的阿尤卜．汗不得不求和。他的地位受損，未再恢復，在兩年後的人民叛亂裡遭推翻。對印度來說，打敗巴基斯坦是無比榮耀的一刻，就在受辱於中國之手後才三年。但夏斯特里沒多少時間享受這甜美滋味。一九六六年一月十一日，他於塔什干死於心臟病發，就在與巴基斯坦簽訂和約，正式結束一九六五年戰爭的隔日。

這一次，國大黨主席卡瑪拉吉（K. Karmaraj，一九〇三～一九七五）決定支持已在夏斯特里政府擔任新聞廣播部長的尼赫魯女兒英迪拉。卡瑪拉吉和其派系深信這個「沒腦子的漂亮女人」（dumb doll，他們私底下對她的稱呼）易操縱，結果他們看走了眼。英迪拉早已從她父親那兒學到政治操作手段，也是一名政壇求生高手。她第一個要克服的難關，係慘淡的經濟局面。受到與中國、巴基斯坦戰爭的波及，加上一連幾個雨季降雨量遠低於正常值，經濟情況雪上加霜。印度倚賴美國援糧，靠國際貨幣基金會緊急紓困才得以使經濟不致崩潰，卻引來政敵指控她把印度出賣給外國利益集團。為了保住政權，英迪拉於競選期間奔波兩萬四千多公里，在一百六十多場造勢大會上發表演說，還是未能止住政黨的頹勢。一九六七年投票結果，國大黨的過半優勢降為五二〇席裡的二八三席。國大黨衰落的主要受益者則是拿下四十二席的共產黨、拿下卅五席的極右派政黨印度人民同盟（Jan Sangh），以及旁遮普的阿卡利黨（Akali Dal）、南印度的達羅毗荼進步聯

英迪拉·甘地是世上最有權勢的女人之一，但一九七五年宣布國家進入緊急狀態之舉，使她的歷史形象受損。

盟（DMK）等地區性政黨。尼赫魯魔力漸漸消退。

這次選舉結果也使莫拉爾吉·德賽（Morarji Desai，一八九六～一九九五）的實力加強。此人是英迪拉競逐總理之位的最大對手，得到國大黨幾個大權在握的省級領袖支持，這些領袖組成國大黨內派系，名叫辛迪加（Syndicate）。英迪拉為迎擊此挑戰，把國大黨的意識形態猛然向左傾，宣布計畫將銀行收歸國有，並取消印度前王族享有的私用金等津貼——其中有些王族成員已從政，並以反國大黨的政綱拿下下議院席次。

英迪拉的民粹主義政策導致國大黨分裂。一九六九年，為對抗德賽和辛迪加派，

專欄

家族政治

政治王朝在南亞大行其道。在斯里蘭卡，西麗瑪沃・班達拉奈克（Sirimavo Bandaranaike，一九一六～二〇〇〇）接下她丈夫所留下的總理之位，成為第一位民主國家女性元首；印度的英迪拉・甘地則是第二位。在巴基斯坦，班娜姬・布托（Benazir Bhutto，一九五三～二〇〇七）在父親祖爾費卡爾・阿里・布托（Zulfikar Ali Bhutto，一九二八～一九七九）遭巴國軍事獨裁者處決後，克紹箕裘當上總理；在孟加拉，謝赫・哈西娜（Sheikh Hasina）如今仍主宰其父親所創建之國家的政治；在印度，政治王朝現象起源於一九二九年，當時莫逖拉爾・尼赫魯讓兒子賈瓦哈拉爾擔任國大黨主席。賈瓦哈拉爾如法炮製，讓女兒英迪拉在一九五九年當上黨主席（她與費羅茲・甘地〔Feroze Gandhi〕有過短暫婚姻，因此冠上夫姓甘地，但費羅茲・甘地與聖雄甘地並無親緣關係）。一九八四年英迪拉遇刺身亡後，棒子交給她兒子拉吉夫（Rajiv，一九四四～一九九一）。一九九一年拉吉夫死後，國大黨找他信仰天主教的義大利籍妻子索妮雅（Sonia，一九四六年生）當總理，她未接受，但仍擔任黨主席。國大黨在她兒子拉胡爾（Rahul，一九七〇年生）帶領下，二〇一四、二〇一九年的選舉都慘敗。

她成立名叫國大黨正式要求者派的派系（Congress〔Requisitionists〕），並帶走大部分國大黨老臣。黨內選舉遭廢棄，忠誠度成為取得黨中央、邦黨部高階黨職競選資格的唯一條件。國大黨從功能性政黨徹底轉變為尼赫魯家族世襲財產。

英迪拉的人氣就要進一步上漲。一九七〇年，東、西巴基斯坦大選，結束了數十年軍事統治，投票結果也突顯巴國東西兩部的尖銳對立。在東巴基斯坦，謝赫・穆吉布爾・拉赫曼（Sheikh Mujibur Rahman，一九二〇～一九七五）的孟加拉人民聯盟（Awami League），趁著人民不滿於中央政府投入資源不足的勢頭，一九七一年三月宣布孟加拉獨立，履行了他政黨的競選承諾。巴基斯坦以派遣坦克上達卡街頭回應，從而引發內戰，數百萬難民湧入西孟加拉。一九七一年十二月，巴基斯坦空軍開始轟炸印度機場，給了印度派兵進入東巴基斯坦的藉口，巴基斯坦隨之也入侵印度西部邊界。美國第七艦隊正前往孟加拉灣的消息，讓巴基斯坦燃起盟友美國會出手相助的希望，但為時已晚。經過一場兩星期的戰爭，印度於十二月十六日接受東巴基斯坦境內九萬三千名巴國士兵投降；西戰線則奉命停火，因為印度已在該戰線擊退巴國部隊，並占領約一萬三千平方公里領土。英迪拉單方面終止戰爭，恢復了印度的國家自豪。千年來慘敗於西邊穆斯林入侵者、歐洲殖民者和晚近中國軍隊之手，如今印度人終於品嘗到勝利的滋味。英迪拉權勢如日中天，媒體稱之為杜爾迦（Durgā），即騎虎的印度教戰爭女神；在蓋洛普民調中，她成為世上最受敬愛的女人。英迪拉保證終止貧窮，於一九七一年三月辦了選舉，她的國大黨正式要求者派席次回升，拿下三五二席；該黨另一個派系——國大黨組織派（Congress〔O〕）——只拿下十六席。但好景不常。

英迪拉當上總理才兩年，石油輸出國家組織的阿拉伯會員國為報復贖罪日戰爭而減產，把油價調漲三倍。由於印度高度倚賴進口石油，經濟因此停擺，通膨達到每年三十三%。她不切實際的競選承諾——掃除貧窮——讓人覺得越來越空洞，於是英迪拉再採民粹主義路線，下令加嚴對大企業的規範。從此，大企業要擴大產能、買新設備或和其他公司合併，都需要經官方許可。

午夜黑暗

一九七四年，印度在塔爾沙漠成功試爆核子裝置，成為世上第六個擁有核武的國家。但如果此舉意在爭取民心，那就大大失算。印度的經濟弊病漸漸成為人民最看重的問題，阿卡利黨、達羅毗荼進步聯盟等地區性政黨，以及共產黨、極右派印度教民族主義者、英迪拉在國大黨裡的宿敵，開始集結在甘地派社會主義老將賈亞·普拉卡什·那拉揚（Jaya Prakash Narayan，一九〇二～一九七九）身邊。更糟的情況還在後頭。一九七五年六月，阿拉哈巴德高等法院就四年前有人提出的請願案作出裁決，判定英迪拉選舉舞弊，從而在實質上宣告她國會議員資格無效，使她六年無法參選公職。

英迪拉並未因此辭職下台，反倒逼任人擺布的總統發布全國緊急狀態，起始時間為一九七五年六月二十六日零時，憲法暫時中止，數百名反對派領袖遭逮捕，報社遭斷電，國民志願服務團（Rashtriya Swayamsevak Sangh，簡稱 RSS）等組織遭禁。根據大部分估計數據，未經審判遭拘留者達十一萬人左右。英迪拉為緊急狀態辯解，說那是未「挽救國家免於混亂、瓦解」而不得不然，並未廢掉民主，反倒是「欲保衛民主的作為」。然而實情正好相反。國會匆匆通過憲法第三十八、三十九條修正案，禁止司法部門複審緊急狀態，最高法院因而失去質疑總理當選資格的權利。

最離譜的緊急處分權濫用情事，出自英迪拉兒子桑傑（Sanjay，一九四六～一九八〇）之手。他是國大黨青年團團長，一聲令下剷平了貧民窟，六百多萬人被迫接受強制絕育，其中大多是男人，比納粹強制絕育的人數多了十四倍。未達配額要求的官員更遭撤職或趕出其公家配房。這場強制絕育運動使十年來推廣志願性計畫生育的努力為之一挫。

一九七七年一月，英迪拉廢止緊急狀態，其事發之突然與突兀，就和宣布緊急狀態時一樣。此一決定出於傲慢自大，而非出於奉行民主的決心。對於即將舉行的全國大選，她勝券在握，深信在民主外衣下她能繼續其冷酷無情的統治方式。冒險如此一搏，結果適得其反。選舉結果公布，國大黨只拿下一五四席，為該黨參選以來最大敗績。在北方邦——該黨的心臟地帶——它輸掉每個選區。英迪拉的宿敵莫拉爾吉．德賽於是繼任成為總理和印度人民黨聯合政府領袖。

作為印度第一場聯合政府實驗，人民黨聯合政府以大敗收場。它由分別代表社會主義者、右翼團體、農民的諸黨合組而成，由於沒有共同的目標，不久就陷入內鬥。

一九七九年後期，兩名遭德賽革職的政府成員透過不信任案使政府解散。新大選訂於一九八〇年一月。

六十二歲的英迪拉展開艱苦的拉票行程，前後奔波六萬四千公里，每天在兩場造勢大會發表演說，據估計接觸到的選民達一億，行程大半有桑傑陪同。她甩掉緊急狀態事件帶來的汙點，帶領國大黨拿下大勝，在五二四席的下議院拿下絕對過半的三五一席，寫下印度政治史上最了不起的東山再起事例。英迪拉重登總理之位，其子桑傑出任國大黨總書記，外界皆猜測英迪拉欲培養桑傑接掌總理。但一九八〇年六月二十三日，桑傑的新特技飛機從德里的薩夫達君機場（Safdarjung Airport）起飛後不久即墜毀，桑傑和共同駕駛當場殞命。英迪拉心情煩亂又孤單，找上長子拉吉夫——對從政沒經驗也沒興趣的客機駕駛，要他代為完成她對桑傑的寄望。一九八一年，拉吉夫在北方邦的家族傳統選區阿梅蒂（Amethi）勝選，成為下議院議員。

桑傑生前最後幾年期間，曾贊助錫克教巡迴傳道士賈奈爾・辛格・賓德蘭瓦勒（Jarnail Singh Bhindranwale，一九四七～一九八四），希望他可以削弱旁遮普最大反對黨阿卡利黨的實力。國大黨擔心阿卡利黨要求在印度聯邦內成立錫克邦一事，會鼓舞其他信仰同一宗教的族群起而效尤，從而使印度巴爾幹化。英迪拉的回應，係設立印地語居民占多數的哈里亞納（Haryana）邦，藉此，根據語言差異，把旁遮普一分為二。此舉未平息阿卡利黨的不滿，反倒鼓舞強硬的分離主義者更加堅定自建獨立家邦的決心。

賓德蘭瓦勒未成為國大黨傀儡，反倒有了權力欲，開始鼓吹建立嚴守教規的錫克教徒邦——哈利斯坦（Khalistan）。錫克教激進分子受其主張鼓舞，開始對付印度教徒，殺害無辜平民和保安機關人員。阿卡利黨的溫和派也成為賓德蘭瓦勒之黨羽的下手目標。一九八四年五月，這位錫克教傳道士和數百名他的追隨者設路障據守阿姆利則的金殿（錫克教最神聖的廟宇），開始用武器強化遼闊廟區的防禦。六月四日，印度陸軍發動「藍星行動」（Operation Bluestar），派坦克進入廟區。經過二十四小時的交火，賓德蘭瓦勒和約五百名錫克教激進分子喪命，金殿建築群嚴重受損，許多獨一無二的錫克教典籍被毀。

不久，即有人揚言報復英迪拉，其中大部分的威脅來自英國、美國、加拿大境內的龐大錫克教僑民。但有人提議撤掉她身邊的錫克教籍警衛時，她在公文上寫道：「我們不是世俗主義國家？」一九八四年十月三十一日上午，她的兩名晚近恢復原職的錫克教私人警衛近距離將她槍殺。

「全印廣播電台」（All India Radio）宣布英迪拉去世不到四十分鐘，拉吉夫・甘地就宣誓就任世上最大民主國家的總理。他上任後的作為，立即讓人看出他根本還未作好擔任此職的準備。英迪拉遇刺身亡，引發自印巴分治以來最嚴重的族群暴力，在北印度諸城市，印度教徒攻擊錫克教徒。大部分情況下，警方若非袖手旁觀，不願出手止暴，就是把錫克教徒居多的居住區解除武裝，以讓暴民恣意報復。有些國大黨領袖未上街頭制止作亂者，反倒鼓舞暴民，領導暴民作亂。得到官方支持的暴力橫行了三天，使多達三千名錫克教徒喪命，財產被毀，信賴蕩然。兩個星期後，拉吉夫才終於承認殺戮之事。

一九八四年十二月的選舉，國大黨拿下五四三個席次裡的四一五個——這是印度共和國建立以來，單一印度政黨所拿下的最多席次。有記者請拉吉夫說明為何他所領導的國大黨贏的如此漂亮，他回道：「主要因為我母親的死……大家都完全不認識我，於是以為我和他們想法一樣。我成為他們所希望之事的象徵。」

「乾淨先生」到來

拉吉夫謙恭有禮，不愛出風頭，以「乾淨先生」之名投入公共生活，但欠缺他母親那種光環。他過著特權階級獨有的優渥生活，不愛拋頭露面，因此與真實的印度脫節。他最常掛在嘴上的口號——「至二十一世紀時每個學校一台電腦」，忽略了大部分村子連電都沒得用這個現實情況。他讓三十個左右的產業不再受許可制束縛，但經濟依舊只稍稍超過「印度教徒式成長率」。在其母親領導下的「公事包政治」（briefcase politics）——商人以捐款給政黨之名行賄賂之實，以取得承包權和營運許可——已成痼疾。誠如拉吉夫在一九八五年十二月國大黨成立一百週年慶祝活動上所坦承的：「貪腐不只受到容忍，還甚至成為我們領導階層的特色。」

十八個月後，他的那番話反倒成為他揮之不去的困擾。瑞典媒體披露，涉入瑞典波佛斯（Bofors）高射砲採購案的國大黨政府高層官員收受了巨額回扣。這件醜聞導致改革停擺。拉吉夫著眼於即將舉行的選舉，改採過去屢試不爽的民粹主義政策——調高奢侈品課稅，推行農村就業保障計畫。

拉吉夫．甘地在一九八四年選舉大勝，並在掌權後推動經濟改革，但其削弱印度的世俗主義結構和未能抑制貪腐的形象長留後人心中。

拉吉夫未能壓下貪腐歪風，並非他執政時期的唯一汙點，影響更深遠者，係他背叛了印度的世俗主義結構。尼赫魯決意施行普通民法典一事，雖然得到安倍德卡爾支持，但由於印度為數眾多的穆斯林少數族群反對，始終無緣實現。一九五〇年代中期，印度終於施行涵蓋離婚、監護、贍養費等方面之屬人法的法律，適用於穆斯林以外的所有群體。一九八五年，最高法院裁定，離婚婦女沙．巴諾．別姬（Shah Bano Begum）有權利索取比伊斯蘭律法規定的三個月還要長久的扶養費，激怒了恪守傳統的穆斯林。這個裁決實際上讓穆斯林女人在法律之前得到平等對待，但拉吉夫未肯定這個裁決，反倒向揚言使所屬族群不再支持國大黨的強硬派低頭，迅速通過一項使穆斯林男子不必付扶養費的法案。

印度政府決意保護穆斯林並維護世俗化國家這一傳統，巴布爾清真寺則是這一決心的象徵。

這一自毀立場的舉動，使印度教民族主義者的勢力更為壯大。此時他們已擁有一股政治勢力替他們表達心聲——印度人民黨（Bharatiya Janata Party）。此黨成立於一九八〇年，係把印度人民同盟（Jana Sangh）重新包裝而成。印度人民黨在一九八四年初次參選雖然只拿下兩個席次，但不久該黨就會鴻圖大展。一九八六年，某地方法院認可一項允許印度教徒在巴布爾清真寺（Babri Masjid）膜拜的請願案；據說該寺建在印度教神羅摩的出生地上。數千名穆斯林上街頭抗議時，拉吉夫未清楚表態，印度人民黨隨之指控國大黨利用官方強推的世俗主義姑息穆斯林。拉吉夫經不起這些指控的刺激，允許印度教徒在巴布爾清真寺院區裡為神廟打地基；地基係以數千塊經過特別祝聖的磚塊建成，磚塊則是從印度各地村子拿來。

一九八九年選舉時，印度的選民結構已徹底改變，再也回不去了。北部以種姓為基礎和南部以語言為基礎的政治團體，開始大受支持。與此同時，宗教性民族主義者填補國大黨留下的權力真空，重申其欲建造羅摩神廟的承諾，保證還印度教徒應有的尊嚴。這套辦法奏效了。一九八九年選舉，印度人民黨拿下六十五席，國大黨原本的過半席次少了一半以上。

由於沒有任何政黨取得過半席次，於是由「國民陣線」（National Front）政黨聯盟執政，該聯盟的領導政黨是維什瓦納特・普拉塔普・辛格（Vishwanath Pratap Singh，一九三一～二〇〇八）所領導的賈納塔達爾黨（Janata Dal）。印度人民黨則不入閣，希望從外部支持政府。辛格倚賴所謂的「弱勢種姓」（backward castes）的政治效忠來穩固政權，於是決定執行已塵封二十餘年的曼達爾委員會（Mandal Commission）報告。此報告建議將政府兩成七的職務保留給「弱勢」種姓，另外廿二・五%保留給「預定的種姓和部族」，被認為爭議太大，因而遭擱置。中階、高階種姓想到政府一半職務將落入其他種姓之手，憤怒不已，有十二人因而自焚抗議，其中大多是學生。

但把辛格的政府送上死路者，係該政府未能就阿約提亞問題達成協議一事。一九九〇年，印度人民黨主席阿德瓦尼從古吉拉特邦索姆納特神廟出發，搭乘被裝扮成神話中羅摩戰車模樣的卡車，踏上前往阿約提亞的一萬公里朝聖旅途。比哈爾邦首席部長擔心引發族群暴力，於是下令在途中將他逮捕。印度人民黨對此收回對政府的支持，以示抗議。輸掉不信任投票後，辛格辭職。總統找下議院最大黨的黨主席拉吉夫出來組閣，遭拉吉夫拒絕。拉吉夫決定從外部支持脫離賈納塔達爾黨自立的一個派系來組閣。這個派系由政壇老將昌德拉謝卡爾（Chandrashekhar，一九二七～二〇〇七）領導，在下議院只擁有五十四席。然而一如前一任聯合政府，這場多黨聯合執政實驗注定失敗收場。一九九一年三月十三日，昌德拉謝卡爾辭職，議會解散，疲乏的選民在事隔僅僅十五個月再度赴投票所選出國會議員。

這次，欲二度連任的拉吉夫所面臨的最大威脅，不來自國內，而來自境外。一九八七年，斯里蘭卡總統賈亞瓦爾德納（J. R. Jayewardene，一九〇六～一九九六）請拉吉夫出面調解該國纏鬥甚久的慘烈內戰。此內戰中與政府為敵者，係欲在斯里蘭卡北部自建泰米爾人家邦的泰米爾之虎（Tamil Tigers）。根據可倫坡和新德里雙方所簽署的協議，印度會派維和部隊至該島，斯里蘭卡部隊則會退回營房，也會請泰米爾之虎解除武裝。然而此協議遭不肯妥協的僧伽羅人和泰米爾人反對，始終無緣實現。印度維和部隊未被當成維和者而受到歡迎，反倒不久後就被視為占領軍。斯里蘭卡成為印度的越南；一九九〇年初印度從斯里蘭卡撤軍時，已有一千餘名印度士兵死於這個戰場。

一九九一年五月二十一日，泰米爾之虎報了仇；該團體所派出的一名自殺炸彈客，在拉吉夫·甘地於泰米爾納德邦跑競選行程時要了他的命。國大黨再度面臨誰來接任黨主席的問題，自然而然找上哀痛的拉吉夫遺孀索妮雅，但遭索妮雅嚴詞回絕，最終敲定由納拉辛哈·拉奧（Narasimha Rao）出任。七十歲的拉奧是半退休的政治人物，來自南部的安得拉邦，國大黨的權力掮客視之為立場中立、可暫解燃眉之急的領袖。這些權力掮客已在想方設法於時機成熟時拉他下來，取而代之。同情國大黨的選民心態，使該黨在大選中拿下二四四席，但離過半還差約三十席，拉奧不得不倚賴無黨無派議員支持，才得以組閣執政。印度人民黨這次拿下一二〇席，成為最大反對黨。

拉奧上任後未顯得無所適從，反倒表現出果斷領導人形象，令印度百姓和國大黨大感意外。他的第一項作為，係任命曼莫漢・辛格（Manmohan Singh，一九三二年生）為財政部長。此人為牛津大學畢業，曾任經濟學教授和印度儲備銀行的董事。蘇聯垮台使印度失去其最大貿易夥伴，而由於伊拉克入侵科威特，數千名印度籍工人逃離波斯灣，從而導致維繫印度外匯儲備的海外匯款枯竭。這場戰爭也造成油價飆漲，印度每月石油進口支出暴增六成。在國際貨幣基金會施壓下，拉奧將盧比貶值兩次，並宣布一項大幅度的撙節計畫。辛格廢除「許可證制」，給產業鬆綁，取消外人在三十四個領域（包括食品加工和發電）的投資障礙，提供民間企業稅務優惠，並將關稅從三〇〇%減為五〇%。這番改革的成效簡直立竿見影，工業產量和工業雇用人數出現此前未見的增長。至一九九五至九六年，GDP成長率已達六・二%。印度虎掙脫了束縛，雖然還是比不上中國。

印度教徒多數統治說的興起

身為少數派政府的領導人，拉奧最初欲拉攏印度人民黨，希望透過協商解決阿約提亞爭端，但希望採取果斷行動的強硬派占了上風。十多萬名志工（*kar sevak*）響應印度教領袖解放阿約提亞清真寺和建立神國（Rama Rajya）的呼籲，一九九二年十二月六日來到阿約提亞。數千名印度教籍狂熱分子，拿著三叉戟、弓箭、斧和錘當武器，爬上巴布爾清真寺的圍牆，才幾小時，此寺的三座圓頂就淪為瓦礫。拉奧得知，隨即解散四個印度人民黨所領導的邦政府，禁止印度教組織活動，並再度逮捕黨主席阿德瓦尼。印度各地皆發生印度教徒-穆斯林暴動，商業首府孟買受害最烈，至少九百人遇害，其中大多是穆斯林。作家兼記者卡皮爾·科米雷迪（Kapil Komireddi）論及毀掉巴布爾清真寺一事時寫道：「發生於阿約提亞的野蠻行徑，含有一個自己當家作主、乃至救世的主張——藉由剷平彰顯一古老文明臣服的紀念性建築，該文明已洗脫了歷史所加諸其身的恥辱。許多人覺得已為過去的恥辱報了仇。」

拉奧政府捱過阿約提亞危機，但國大黨此時的確已過了政治勢力巔峰期，且從巔峰摔落甚多。穆斯林一看出重建該清真寺的保證只是空話，即不再寄望於該黨；辛格的經濟改革加劇貧富不均，貪腐猖獗；農村窮人向來是國大黨的選票基本盤，但面對糧價上漲和公共投資、社會計畫經費縮減，他們首當其衝。結果一九九六年投票結束，國大黨遭遇成立以來最大敗績，只保住一四〇席；相對的，印度人民黨拿下一六〇席。國大黨需要另覓新血，但鐵桿死忠分子無法接受這點，因而把索妮雅·甘地扶上黨主席之位。

印度人民黨領袖阿塔爾·比哈里·瓦巴依（Atal Bihari Vajpayee，一九二四～二〇一八）領導下議院最大黨，卻未能組閣，因為大部分政黨對阿約提亞事件記憶猶新，不願和由印度教民族主義者領導的政府扯上關係。接下來兩年，由諸多地區性政黨組成的聯盟——自稱「國民陣線」——執政，然後，一九九八年期中選舉，印度人民黨席次再增，才得以吸引到足夠的盟友聯合執政。該黨執政後才幾星期，就在拉賈斯坦的塔爾沙漠引爆三個核子裝置，展現其軍力；巴基斯坦隨即於約兩星期後回敬以在俾路支斯坦山區底下五次核子試爆。印度人民黨已以行動表明其民族主義立場貨真價實，但其所領導的聯合政府撐了才一年，就因一個重要的地區性政黨退出而垮臺。一九九九年全國大選，十年來第五次大選，國大黨的民意支持度再降，只保住一一四席；印度人民黨的席次，則多到足以組成聯合政府，並執政五年——掌舵者是瓦巴依。

瓦巴依能言善道又會作詩，代表印度教民族主義溫和穩健的一面。他暫時擱置了該黨三項最具爭議性的目標：在阿約提亞蓋一座羅摩神廟、採用普通民法典、廢除喀什米爾在憲法裡的特殊地位。根據該特殊地位，喀什米爾享有有限自治、邦旗、和財產等事物有關的某些權利。一九九九年二月，他為了啟用印巴兩國間的新巴士服務而到訪拉合爾。各界希望這次訪問促成雙方就此長期修好，但巴國部隊占領斯利那加至列城公路上格爾吉爾（Kargil）附近的戰略高地，引發一場小戰爭，從而打破了這樣的期待。然後，二〇〇一年十二月，巴國所支持的民兵公然襲擊新德里國會大廈，雙方關係緊繃到差點再度引發這兩個核武俱樂部新成員的公開衝突。

瓦巴依擔任總理期間，族群之間的暴力事件激增程度令人怵目驚心。二〇〇二年二月二十七日，一列火車載了從阿約提亞朝聖返回的印度教徒，在駛入古吉拉特邦的戈德拉（Godhra）站時遭人縱火，造成五十八人罹難。沒有證據證明作案者的身分或動機，但在戈達拉等古吉拉特邦境內諸多城鎮，穆斯林遭攻擊，據估計導致三千人喪命，十萬多人被迫流離失所。

這場攻擊事件發生於印度人民黨總書記納倫德拉・莫迪（Narendra Modi）當上古吉拉特邦首席部長的四個月後。莫迪父親是茶水販（*chai wallah*），在火車月台上賣茶水；莫迪本人一九七一年成為國民志願服務團——準民兵性質的印度教民族主義志工組織——的全職成員。十五年後他加入印度人民黨，在黨內青雲直上，以極善於組織和演說著稱。二〇〇一年他被找去遞補凱蘇拜・帕特爾（Keshubhai Patel）之職，出任古吉拉特邦首席部長，受命挽回印度人民黨在該邦的頹勢。

雖然最高法院所任命的調查小組未發現莫迪涉入此暴力事件的證據，但批評者指責他未盡力制止殺戮，而且其中許多殺戮由他的黨員一手策畫。根據「人權觀察」（Human Rights Watch）的報告，印度教團體以劍、三叉戟（*trishul*）、爆裂物、煤氣桶為武器。「他們根據電腦列印出來的資料行凶，上面列有穆斯林家戶的地址和其財產，這些資料則得自艾哈邁達巴德市政當局等處。他們恣意殺人，深信警方站在他們那一邊。在許多案例裡，警察還帶頭衝鋒，槍殺擋暴民路的穆斯林。」

二〇〇四年選舉，印度人民黨的競選口號「印度發亮」已開始有點蒙塵；國大黨則重拾掃除貧窮、保護少數族群的民粹主義口號，藉此奪回政權，由前財長曼莫漢・辛格領導聯合進步聯盟（United Progressive Alliance，簡稱 UPA）。最初，國大黨得益於強勁的經濟成長（平均超過八％），這樣的成長有助於減少各群體、各地區境內的貧窮。二〇〇七年，印度與俄羅斯同時躋身（國內生產毛額）兆美元俱樂部。但如此漂亮的數字掩蓋了極難堪的事實：印度人均所得九五〇美元，在全球一九七個國家中排名一六〇；二〇一〇年，仍有四億印度人生活在貧窮線下，最頂端一％的人囊括了印度一半的國民財富；五歲以下孩童，將近四成五營養不良；中國的經濟規模為印度七倍大，而且還在成長。

聯合進步聯盟第二次執政時（二〇〇九～二〇一四），其光采也已消磨殆盡。二〇〇八年，孟買曾遭遇恐怖攻擊，巴基斯坦好戰分子濫殺四天，奪走一六六條人命，聯合政府對此事處置不當，至這時仍深受其害。二〇一一年，七十四歲，外號「安納」的前陸軍軍官基桑・巴布拉奧・哈札雷（Kisan Baburao 'Anna' Hazare）在新德里絕食抗議，以促使政府通過其政黨所提出的反貪法案。他的怨憤抒發了數百萬印度中產階級的心聲，然而辛格並未以抑制「公事包政治」作為回應，反倒暫緩經濟改革，退回農村救濟金、農業福利制度的龐大計畫。

改造印度

曼莫漢．辛格不願參選二〇一四年選舉，國大黨轉而找拉吉夫．甘地之子拉胡爾出馬。拉胡爾是政治新手，擔任兩屆國會議員期間依舊幾乎完全不拋頭露面，甚至拒絕了邀他入閣的提議。莫迪把選戰當選總統般來打，鎖定拉胡爾得天獨厚的貴公子出身，同時打造自己行事果斷、能做事的形象。由於拉吉夫一九八四年未能遏制反錫克教徒的暴力活動，拉胡爾無從批評莫迪處理二〇〇二年古吉拉特暴亂不當；莫迪反過來宣揚自己「古吉拉特模式」的成就，此成就據認建立在善治、所得提升、就業率提升上。眼見民心思變，莫迪淡化印度人民黨的印度教民族主義目標，轉而為該黨打造對市場友善、支持自由化的形象。國民志願服務團動員基層民眾支持印度人民黨；位在光譜另一端的大企業，也開始離國大黨而去。多人公開宣布支持莫迪的威權統治方法，其中包括美國哥倫比亞大學的經濟學教授賈格迪什．巴格瓦蒂（Jagdish Bhagwati）。他告訴《金融時報》：「不行使公權力，什麼事都辦不成。需要有人出來指點未來何去何從。」

針對十八至二十三歲初次投票者（共一億兩千萬人）所作的民調，四成二中意莫迪，

莫迪嘲笑拉胡爾・甘地是「太子黨」（shahzada），同時突顯自身的較低階種姓、工人階級、白手起家的形象。

只有一成七支持拉胡爾。拉胡爾雖然比對手小二十歲，但誠如廣受肯定的記者拉吉迪普・薩爾德賽（Rajdeep Sardesai）所指出的：「讓人覺得在講老印度的話——救濟、應享權利、乃至鐵票選民。」印度人民黨在社交媒體上大量曝光。以3D投影呈現的莫迪虛擬人像，在全國各地數百場造勢大會上發表演說。投票結果，印度人民黨拿下二八二席，國大黨只拿下四十四席、十九・四％的選票。雪上加霜的是，距取得正式反對黨身分所需的席次，國大黨還差了十五席。

二〇一四年選舉使印度政局從此改觀。印度人民黨成為三十年來第一個取得國會過半席次的政黨。該黨只提名了少許穆斯林候選人，而且這也是印度史上頭一遭，執政黨的下議院黨團裡沒有穆斯林。拉胡爾・甘地因選戰失利請辭，但黨內老臣並不同意。

印度人民黨曾被貶為婆羅門-巴尼亞人黨（Brahmin-Banai

party）——意指其支持者限於高階種姓印度教徒和商人——但此時其支持民意已跨過地域、種姓藩籬，只有一個族群未把票投給該黨，即穆斯林。史學家拉瑪昌德拉·古哈（Ramachandra Guha）思索國大黨這場大敗時說道：「莫逖拉爾·尼赫魯和其子孫所建立的有時高貴、有時可恥的『名望結構體』，此時只是一堆碎磚爛瓦。」

二〇一九年選舉，印度人民黨戰果更輝煌，得票率從三十一%增為三十七·四%，共拿下三〇三席。但與此同時，宗教因素所驅動、矛頭指向少數族群的暴力活動，以及對女人所犯下，駭人聽聞的性侵事件，也出現令人怵目驚心的成長。對於二〇一六年十一月廢止五百元、一千元盧比紙鈔流通之決定所導致的經濟困頓，也讓選民反感。此一廢鈔之舉，官方說法係為了消滅貪腐，但使印度八成六的流通貨幣淪為廢紙。

有了創黨以來最高的民意加持之後，印度人民黨開始執行其長久以來的承諾，即廢止讓查謨和喀什米爾享有某種程度之自治地位的憲法第三百七十條。此條文允許該邦擁有自己的憲法、自己的國旗、自己的刑法典，而根據該刑法典，該邦禁止外人購買土地。印度人民黨政府也提出一條將查謨和喀什米爾分割的法案，要把佛教徒居多數的拉達克地區劃為中央直轄區。印度人民黨政府主張，廢除第三百七十條，會使該地區艱困的經濟因投資增加而有所改善，進而有助於打消暴力和好戰性，有助於使喀什米爾融入印度主流。批評者指責印度人民黨違憲，指該黨想要改變這個穆斯林居多數之地區的人口組成特性。喀什米爾境內爆發反對廢止此條文的抗議，導致長達數個月通訊中斷，電話不通，無法上網。

不管對二〇一九年選舉作何種分析有一點毋庸置疑，即印度人民黨掌權一事，偏離了正軌。將近二十年來顛簸動盪的多黨聯合執政實驗已畫下句點。但莫迪的壓倒性大勝也引發了疑慮，擔心印度政治從此擺脫不掉「民主獨裁」或某種「官僚威權主義」，尤以建立在高度個人化的領導下時為然。

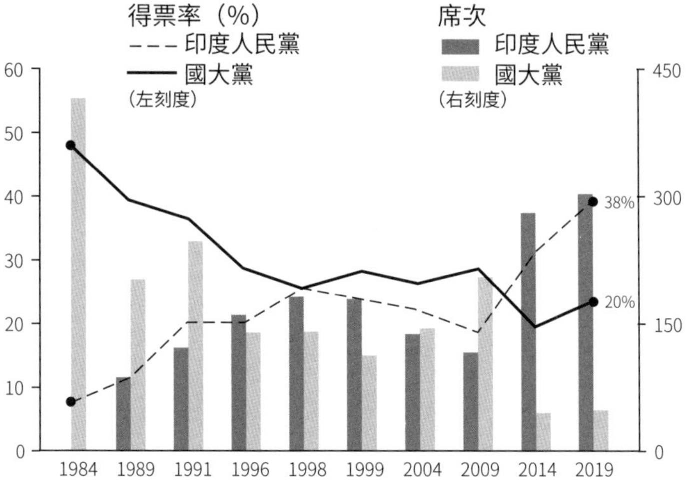

二〇一七年皮尤（Pew）研究中心的一份報告，證實了印度選民接受較霸權式的政治作風。根據該報告，印度境內對獨裁統治的支持度，高居受調查諸國之冠。過半（五成五）的印度人支持由強人在不受國會或法院干預下作決定的政治體制，五成三支持軍方統治。也有過半的人支持由專家，而非由民選官員，根據他們所認定最有利於國家的方針治國。在今日印度，越來越多人認為若要脫貧，要靠統治者的強勢主導躋身經濟強國之林，就要以中國為榜樣。

印度人民黨日益不忌憚清議，主張國家大政就該由多數族群說了算的作風，不只令為數眾多的穆斯林少數族群不安，也令許多印度人不安。但民主所賜予印度的禮物，係強有力且受挫能快速復原的公民社會，和能為沮喪、憤怒提供發洩管道的安全閥。印度人認真看待他們的民主權利，懲罰不符期望的政府。二〇一七年以來印度人民黨所參選過的諸多邦選舉，絕大部分都輸掉。二〇一九至二〇二〇年冬，數千人參與了反對《公民身分修正案》（*Citizenship Amendment Act*）的全國性抗議。此法案為從阿富汗、巴基斯坦、孟加拉逃到印度的各種宗教的難民，提供了取得公民身分的便捷管道，但穆斯林不在此限。一年後，據估計有兩億五千萬人罷工，以支持為了抗議政府解除農業部門管制而走上印度首都街頭的農民，使這成為史上最大規模的抗議。二〇二〇年十一月，莫迪向農民的要求低頭，廢止三項具爭議性的農業法。這三項法律若施行，將廢除農業補貼和作物價格管制。

印度的經濟改革已使想要得到更好教育、就業保障、買得起的房子、安全養育子女的環境的印度青年生起希望。始於一九九〇年代初期的那些改革已不可能回頭，但農民的抗議顯示要逐步擴大改革範圍，同時又不引發大範圍騷亂，絕非易事。

Chapter

10

「新印度」？

自哈拉帕文明開始迄今，已歷時將近五千年，在這段歷史長河裡，印度作為獨立國家只是微不足道的一小點；就連兩百年的殖民統治，也幾乎只是漫長歲月中的一個小插曲。就國祚而言，孔雀、笈多、蒙兀兒三王朝仍位居前列，有些人甚至會認為就盛世輝煌程度來看亦然。印度在這些黃金年代所取得的成就，不管是在哲學還是文學領域、數學還是醫學領域、建築還是藝術領域，都毋庸置疑。

二〇二二年是印度獨立七十五年週年，在放眼未來時，歷史重擔和恢復輝煌過往之心，仍重重壓在印度的政治和社會上。一七〇〇年代初期，印度曾是世上最大的經濟體；英國人離開時，印度在全球經濟產出所占的比重已跌到不足四％。剛獨立的印度是飢荒、匱乏的同義詞。自那之後雖有進步，仍尚未甩掉這些刻板印象，或是充分發揮其潛力。

三百年來頭一遭，印度在戰略、經濟上最大的對手——中國，就快要扭轉西方主宰世界的格局。印度重申自己在文藝復興時期之前的世界地位，認為理該和中國平起平坐。從某些標準來看，印度正在全球排行榜上緩步上爬。即使考慮到新冠肺炎疫情的衝擊，依照其發展勢頭，印度依然很有可能在二〇三〇年代開始時超過日本，成為世上第三大經濟體，並在二〇二〇年代中期成為全球人口第一大國。印度也被認為會在軍事支出方面保住第三之位。但撇開人口不談，從其他每個方面來看，中國幾乎都遙遙領先：中國建造了可擴大戰略影響範圍的航空母艦，提升了其在世界貿易所占的比重，吸引大量外資投入亞洲市場。中國的「一帶一路倡議」更在印度的所有鄰國境內成果斐然，把中國的影響力進一步投射到印度洋地區，入侵新德里以往最能左右的勢力範圍裡。

印度人民黨牢牢控制著印度政局的同時，關於糾正歷史錯誤的討論也正主宰著政治論述。在大學、科學機構、文化機構之類原本政治中立的機構裡，許多行政主管是官方派任。歷史書和學校課程正遭改寫。就連體育活動都未能倖免於這股暗暗滋長的仇外心態之毒害。二〇二一年底，在北方邦，七名印度穆斯林因據稱慶祝巴基斯坦於板球世界盃比賽擊敗印度而遭逮捕。更糟的是，近期更出現私刑處死穆斯林之事，只因有吃牛肉的嫌疑，或只是在錯誤的時間出現在錯誤的地點。毆打、虐待的情景在社交媒體上播放，政府卻幾乎未予譴責。批評印度人民黨的人士，不管是國內還是國外人士，也成為該黨的眼中釘。二〇二一年初，支持莫迪的抗議者，在氣候維權人士葛蕾塔．童貝里（Greta Thunberg）發推文支持德里的罷工農民後，燒掉她的肖像；幾個月後，推特也禁不住壓力，刪掉批評印度人民黨政府處理第二波新冠肺炎疫情不當的貼文。

新冠疫情係印度獨立以來，最無情揭露印度治理之失敗、醫療服務之糟糕、地下經濟工作者處境之悲慘的事件。在此疫情之前，印度曾自豪於身為世上最大的學名藥供應國。在各國搶著生產新冠肺炎疫苗時，印度宣稱它是會「拯救人類免於大災難」的國家。二〇二一年二月，印度人民黨通過一項決議，宣布「總理莫迪能幹、明智、堅定、富遠見的領導」已打敗新冠肺炎。兩個月後，印度新冠疫情之嚴重居全球之冠。大壺節期間在哈里德瓦爾（Haridwar）的群眾集會和邦選舉期間的政治造勢大會，引發超級傳播事件。親人乞求給予氧氣以拯救其心愛的親人，火葬場應付不來太多待焚的屍體，只好在停車場架起火葬堆，腫脹的新冠死者屍體在恆河上順流而下，成為此後許多年世人一想起印度都揮之不去的畫面。

更重要的，新冠疫情突顯了政府承諾和實際作為間的落差。據某項估計，新冠疫情所導致的封城措施，使貧窮線下人口多了兩億三千萬。有一半的女性——不論是擁有正式工作，或從事地下經濟，失去了飯碗。二〇二〇／二一政府的會計年度，經濟萎縮七．三%，創印度史上之最。就連莫迪的鐵桿支持者都開始指責他狂妄自滿。原本聽話的媒體派記者駐守醫院、停屍間外，找到新冠感染率、死亡率為官方統計數據十倍之高的證據。雖然二〇二一下半年各方開始聯合推動疫苗注射，協助抑制了疫情，但搖搖欲墜的印度醫療體系因此更失去民心。

新冠疫情如此嚴重，但堅定往右漂移的印度政治傾向不可能因此止步。二〇二一年發布的皮尤研究中心民調顯示，大部分印度人認為尊重其他宗教係身為印度人所該具備的重要特質，卻也強烈希望能有宗教隔離和差別對待，尤以當面對婚姻和接受某些信仰的人當鄰居的狀況。這一固有的保守心態，加上政治上缺乏有力的反對派，將使印度人民黨和其盟友繼續受惠。

隨著數十年來以文化多元為基礎的世俗性民族主義，漸漸被以最大宗教（即印度教）為基礎的文化民族主義取代，「新印度」、「第二共和」之類名稱進入主流論述。二十一世紀時時掛在嘴上的自力更生論調，成了攻訐他人的利器，但和甘地的愛用國貨的概念沒什麼關係。超市漸漸取代手紡車。比起國營的手工成衣（*khadi*）合作社，中產階級印度人更愛在跨國時裝店 H & M 暢貨中心買衣服。印度如今不再自視為平衡各方勢力的強權，而是想要成為領導性強權。在美國想方設法反制中國在此地區影響力之際，印度此舉為美國所樂見。

印度、巴基斯坦這兩個核武國家關係緊張，因喀什米爾問題和官方支持恐怖主義之舉而惡化，仍使決策者寢食難安。但如今被稱作「世上最危險的強權關係」，係新德里和北京之間相持不讓的僵局。民族主義傾向、數十年未解的領土爭議、錯誤解讀對方的對外政策目標、不信任對方的意圖，使中印之間危險的新對立更加不可收拾。二〇二〇年六月於拉達克東部加勒萬河谷爆發近身肉搏戰，至少造成二十名印度軍人死亡；這是五十多年來首度有人喪命於實控線（兩國實際上的國界）。若非雙方先前商定不使用武器解決邊界糾紛，死亡人數會高出許多。這些衝突過後，雙方皆在邊界增兵，並以新建的基礎設施作為後盾，以利於向邊界守軍再補給和增援。

由於這些印度人認定的中國挑釁，使印度晚近開始熱衷於擁抱「四方安全對話」（Quadrilateral Security Dialogue，簡稱 Quad）。「四方安全對話」聯合了印度、美國、日本、澳洲，以反制北京在印太地區的影響力。它能否減少可能使中印走上公開衝突的緊張和誤解，有待時間給我們答案。中印若走上公開衝突，將會造成無法想像的苦難和破壞，更別提更長遠的影響，亦即使中印兩國更難實現其欲恢復舊世界秩序的雄心——那個西方商人戴頸褶、穿馬褲，在中印皇帝面前請求給予通商權的年代。

後殖民時期可能只是印度漫長且多事之歷史上的續篇，卻是令印度人引以為傲的時期。一九三一年，一般印度人的平均餘命為二十七歲。養活其龐大人口甚為不易，聖雄甘地因此曾說：「如果上帝出現在印度，他得化身為一條麵包現身。」獨立以來，印度境內的極端貧窮比例已降至兩成一，幼兒死亡率在過去二十年降了一半以上。二〇二一年，平均餘命將近七十歲。根據麥肯錫全球研究院的說法，中產階級人數將會從二〇〇五年的五千萬人增為二〇二五年的五億五千萬人，增加了十倍。至二〇三〇年代中期，印度境內說英語的人會比美國還多，從而使其在全球勞動市場大占上風。

雖有上述成就，印度所面臨的挑戰，不管怎麼看，仍然艱鉅。根據二〇二〇年聯合國兒童基金會報告，三十八．四％的孩童因營養不足而發育不良，三年級學童只有四十二．五％看得懂一年級的課本。世界上五歲以下女童死亡率高於男童的國家寥寥可數，印度是其中之一，而這主要是重男輕女的文化因素所致；印度出生嬰兒的女、男比例為九一四：一〇〇〇，也是世上性別失衡狀況最糟的國家之一。雖然法律明文禁止使用產前診斷判定胎兒性別，但擇男棄女之風依舊盛行。

根據人口趨勢，印度一年需要在非農業部門釋出一百萬職缺，才能讓至二〇三〇年為止共六千萬的新增就業人口不致於找不到工作。要達到如此程度的就業水平，每年經濟要成長八至八．五％，因此印度得砸大錢打造具全球競爭力的製造中心，進一步利用其在資訊科技和數位服務、醫療和護理產品、高價值觀光業等領域的優勢。

這些職缺大多得由正迅速增長的城市企業集團提供，而在這些地區，由於缺乏規畫和投資，數百萬人無緣享有電力、水、衛生等基本福利設施。根據「牛津經濟研究院全球城市研究」（Oxford Economics Global Cities）的報告，二〇一九至二〇三五年，全球廿個成長最快的城市，會有十七個來自印度。但嚴重的汙染和擁擠程度已使其中許多城市幾乎不能住人。二〇二〇年，全球三十個汙染最嚴重城市，印度占了廿一個，新德里名列榜首；世界上汙染最嚴重的河川，也有數條在印度，包括聖河恆河。二〇三〇年時，可能會有多達四成的印度人口喝不到乾淨水。

但印度也擁有世上最多的青年人口（十八至廿二歲），而且據預測會在二〇二六年達到巔峰——一億兩千六百萬人，然後至二〇三五年時穩定在一億一千八百萬人。如果這些年輕成年人能獲得良好的受教機會，印度將會擁有龐大的技術工人人才庫。然而其間障礙不小：印度高等教育就學率（廿七％）遠低於中國（四十三％）之類國家。要滿足需求，需要新設多達七百所的大學。

從好的一面來看，印度鮮明的聯邦制政體，使邦政府得以在吸引投資和打造就業機會上自推改革計畫；泰米爾納德、卡納塔卡、克拉拉等南方邦在這方面跑在最前面。在承接外包軟體上，印度依舊使競爭者無法望其項背，而且毫無疑問地，隨著人工智慧日益普及，印度會繼續在這方面稱霸全球。但即使在此領域，其表現也不盡如人意。印度理工學院和美國常春藤名校齊名，但資訊科技教育領域的其他部分則跟不上腳步。在資訊科技業找到工作的印度人，約三分之一自學而成；科技公司所雇用的畢業生，大多需要再培訓。新德里在研發支出方面也落於北京之後，投入此領域的資金只占GDP一%，相對的，中國是二%。

每張選票依舊緊要

毋庸置疑，印度最自豪的成就，在於其作為自由民主國家的紀錄幾乎從未間斷。

一九四七年印度終於獨立時，許多外國評論家認為這個國家無法存活：語言、地域方面的差異必然會使印度巴爾幹化；種姓制度與平等觀念格格不入，從而與民主格格不入；文盲多，也不利於政治看法的表達。

印度從殖民地轉型為名副其實的現代共和國並非毫無瑕疵——貪腐依舊猖獗、政府在喀什米爾行高壓統治、不平等狀況日益惡化，只是其最顯著失敗的一部分而已。但七十多年來，印度順利舉辦了十七次大選和數百場邦選舉，投票率常常超越世界第二大民主國美國。自由且充滿活力的新聞業和強有力的公民社會，時時緊盯著政治人物不可避免的缺失。誠如名作家韋德·梅赫塔（Ved Mehta）所指出的，印度的民主傳統已充當「紓解各種民族對立、宗教對立、種姓對立的安全閥」。印度較令人佩服的民主成就，係四度以選票將賤民出身的婦女瑪雅瓦蒂（Mayawati）送上印度最大人口邦——北方邦——的首席部長之位，最近一次任期是二〇〇七至二〇一二年。

但印度出生的經濟學家暨諾貝爾獎得主阿馬蒂亞·森也警告：

那不足以讓印度繼續擁有系統化的選舉；保護政治自由和民權，保障言論自由和開放媒體，也不足以消滅飢荒或降低中國在壽命和人民生存上的領先優勢。更踴躍，且更加暢所欲言的民主參與，其所能帶給印度的貢獻，會比其已取得的成就大上許多。

森認為印度的實力在於能向外學習，把外來觀念轉化為自己的東西。無所不在的辣椒就是一例。當初葡萄牙人把辣椒帶到印度，如今辣椒成為印度料理的基本材料。森也深信，印度以公共理性（public reasoning）為基礎、「好辯論的傳統」，係印度防杜獨裁傾向和日益不平等的最佳利器。

印度已失去且最難找回的東西，則是政府的世俗主義信念。曾有記者請印度第二任總理拉爾．巴哈杜爾．夏斯特里（一九六四～一九六六年在任）談談其信仰時，他回答道：「不應該在公開場合談論自己的宗教」。這番表態有一部分是受了尼赫魯影響——他曾公開表明不相信有神存在。尼赫魯的國大黨，曾經力倡且保護世俗主義，如今，為了挽回投入印度人民黨這頭權力巨獸之懷抱的選民，卻公開支持在阿約提亞蓋羅摩神廟之類的運動。

最近幾十年，把印度視為歷史實體、民族和文明的觀念已高度政治化。印度教民族主義者把印度稱作婆羅多國（*Bharat Varsha*），這是對印度教徒世居地的梵語古稱，幅員廣及「印度河至大海」。這個稱呼說明了印度歷史的證據，不再於考古記錄裡或遺傳DNA裡尋得，而是在《摩訶婆羅多》之類神話性質的史詩裡覓得。印度的「真正遺產」，位於吠陀經等更古老的典籍裡。印度籍作家暨國大黨政治人物夏希・塔魯爾（Shashi Tharoor）寫道：「今日印度文明裡的主要爭戰，在於一方基於印度的歷史經驗，承認我們的文化既廣且多樣；另一方則擅自以越來越狹隘的方式界定何為、誰是『道地』印度人。」宗教寬容高唱入雲，但印度穆斯林族群人數眾多，依舊無人身居武裝部隊、警隊、法院、大學、媒體之類公共機構的高層職位。

透過國民志願服務團等組織，印度人民黨有廣大民意基礎可倚恃，而且政壇上沒有別的成得了氣候的政治勢力可供人民選擇，但若說印度自此必然走向由多數族群說了算的局面，那就太過武斷。誠如著名政治學家蘇米特・甘古利（Sumit Ganguly）所主張的：

> 要打消我國在文化、語言、族群上的多樣性並不容易。印度固有的多元性會阻礙印度打造出擁抱反自由主義的政權。事實上，印度能維持其雖然混亂但運行不輟的國家形

態，正因為其對自由民主主義信守不渝（儘管不盡完美且不盡完全）。

印度的現在和未來，終究不繫於其政治人物或神職人員之手，而是繫於其人民之手：準備竭盡所能存錢以投資小孩教育的農村窮人；想要過上更好生活且靜不下來的年輕人；日益要求民選官員可問責的中產階級；向世人展現印度之本事的海外印度僑民。

印度的實驗既具有啟發性，又不盡完美。但作為一個文明，印度已展現驚人的韌性，與不斷滋長的不平等、威權主義等挑戰周旋，更為世人樹立了榜樣。在過去，印度已孕育了阿育王、甘地、考底利耶和泰戈爾等人，未來會再出現有遠見的領導人和思想家，能把國內的多元族群合為一體，使社會、經濟進步的利益以公平且可持續的方式讓眾人均霑。作為世上最古老且接續不斷的文明，印度有許多可汲取為用的東西，甚至有更多可提供給世人的東西。若其十多億人民有機會充分發揮自身潛力，印度必會迎來最偉大輝煌的時刻。

謝辭

二〇一九年出版商 Chris Feik 發來電郵，問我有沒有興趣寫《印度簡史》。收到電郵那一刻的情景仍歷歷在目。那時我在孟買一帕西籍友人家，友人講起在同一條路上Breach Candy 區的主教座堂學校（Cathedral School）念書時，向薩爾曼・魯希迪（Salman Rushdie）搞學童惡作劇的趣事，聽得我津津有味。從我的窗戶望出去，正好能瞥見安提利亞（Antilia）豪宅。那是穆凱什・安巴尼（Mukesh Ambani）的宅邸，造價二十億美元，外觀並不好看；安巴尼則是印度「具政治影響力」的首富。我置身孟買，係為了替一本書作研究——談家庭機能不健全的齋浦爾王族，並為雜誌寫一篇專題文章，談某個愛穿鴕鳥皮外衣的紅寶石商人。我著迷於印度已數十年，有機會寫書說明所有一切故事的歷史背景，當然一口答應。

本書得以誕生，當年我就讀大學時曾有幸受教、兩位最偉大的史家功不可沒。合著了兩卷本《印度驚奇》（*Wonder that was India*）的巴夏姆和里茲維，讓我的興趣有了目標，他們與印地語老師 Richard Barz、Yogendra Yadav 使我具備在印度工作多年、然後把我的知識傳達給學生和讀者所需的技能。

幾十年來，許多組織和個人鼓勵我去印度並資助我旅費，包括 Asialink、Australia Council、Australia India Council、Australia India Institute、新德里德的 Australian High Commission、澳洲駐孟買、加爾各答、清奈的領事館和其館員。令人遺憾的是，澳洲境內的南亞裔學者校友越來越少，但多年來仍給了我亟需的鼓勵，其中包括 Kama Maclean, Robin Jeffrey, Jim Masselos, Assa Doron, Mark Allon。

Black Inc. 公司團隊的 Chris Feik 等人，在使本書生動有趣上貢獻甚大。感謝我那出色的主編 Julia Carlomagno 和 Kate Morgan，在我把印度五千年錯綜複雜的歷史濃縮於一書時，挑錯找碴，使其更為完善。我也衷心感謝設計師 Akiko Chan、地圖和平面設計師 Alan Laver、校對 Jo Rosenberg、公關 Kate Nash、國際部主任 Sophy Williams、版權經理 Erin Sandiford。我也要一如以往感謝我在 Curtis Brown 的一流經紀人 Fiona Inglis。

感謝我的伴侶 April Fonti 始終願意和我一起追求我所熱愛的印度，感謝她在我最需要時給予耐心、鼓舞和理解。最後我要感謝我的小孩 Addele, Alexander, Jonathon, Nicolas，他們總以充滿感染力的熱情支持本書的寫作過程，和其他我著手進行的文學旅程。

推薦書單

要列出一份延伸閱讀的推薦書單，簡直就和把印度歷史濃縮成九個小章節一樣困難。就印度史入門書來說，兩卷本的《印度驚奇》（*The Wonder That Was India*）絕不可錯過。該書從穆斯林到來至西元一二〇〇年的部分出自巴夏姆之手；西元一二〇〇至一七〇〇年出自里茲維。約翰・基伊極生動有趣的著作，涵蓋直至一九九〇年代的《印度全史》（*India: A History*）。其他值得一讀的入門書，包括托馬斯・特勞特曼的 *India: Brief History of a Civilisation*，以及尼赫魯於遭英國人囚禁期間撰寫的《發現印度》（*The Discovery of India*）。談印度文明早期階段的書，則有羅米拉・塔帕爾的 *Early India: From the Origins to AD 1300*，以及利用DNA證據重建印度古老過去的《早期印度人：談我們的祖先和我們來自何處》，作者為東尼・約瑟夫。

文森・史密斯的大作 *The Early History of India*，以及 D.D. Kosambi 的著作 *An Introduction to the Study of Indian History*，探討了孔雀、笈多兩王朝。溫蒂・多尼格的 *The Hindus: An Alternative History*，概述印度教，雖引發爭議，但清楚易懂。Diana Eck 的 *India: A Sacred*

Geography，因深入探討印度最大宗教而值得一讀。Andrew Skilton 的 *A Concise History of Buddhism*，係可靠且綜合性的入門書。

Abraham Eraly 的兩部著作 *The Age of Wrath: A History of the Delhi Sultanate*、*Emperors of the Peacock Throne: The Saga of the Great Mughals*，以西元約一一〇〇年起穆斯林的影響和征服為重點。 Richard Eaton 的 *India in the Persianate Age*，則仔細探討了至十八世紀為止的伊斯蘭時期。班伯・加斯科瓦涅的 *The Great Moghuls*，係瞭解這段時期的入門書，有趣易懂；而威廉・達林坡的 *The Last Mughal*，則詳細說明這段時期的悲慘結局。對西元一六〇〇至一八五七年印度史有興趣者，不應錯過達林坡的兩本書：*White Mughals: Love and Betrayal in Eighteenth Century India*、*The Anarchy: The Relentless Rise of the East India Company*。想瞭解英國東印度公司之興亡者，建議也讀讀尼克・羅賓斯的 *The Corporation That Changed the World: How the East India Company Shaped the Modern Multinational*、Nicholas B. Dirks 的 *The Scandal of Empire: India and the Creation of Imperial Britain*。Mike Davis 的著作，*Late Victorian Holocausts: El Niño Famines and the Making of the Third World*，從社會-經濟的有趣角度探討十九世紀印度。夏希・塔魯爾的 *An Era of*

Darkness: The British Empire in India，談殖民統治的代價，辯詰性質濃厚，但極有趣易懂。David Gilmour 的 *The British in India*、Charles Allen 的 *Plain Tales from the Raj*，都是詳述殖民統治時期歐洲人社會最出色的著作。

與印度爭取獨立有關之個人的傳記，包括拉瑪昌德拉．古哈的 *Gandhi before India*、Stanley Wolpert 的 *Nehru, A Tryst with Destiny*、*Gandhi's Passion: The Life and Legacy of Mahatma*。其他談印度最著名歷史人物的著作，包括茱迪絲．布朗的 *Gandhi, Prisoner of Hope*，以及甘地的自傳 *The Story of My Experiments with Truth*。建議一讀的談獨立的著作，包括 Alex von Tunzleman 的 *Indian Summer: The Secret History of the End of an Empire*，以及 Larry Collins、Dominique Lapierre 所合著的 *Freedom at Midnight*。Khushwant Singh 的 *Train to Pakistan*，依舊是談此時期的最佳歷史小說。

至於對獨立印度的概述，絕不可錯過古哈的另一本書，*India after Gandhi: The History of the World's Largest Democracy*。法籍作家 Christophe Jaffrelot 是探討印度教民族主義之興起的權威，他的著作包括 *The Sangh Parivar: A Reader* 和 *Majoritarian State: How Hindu Nationalism Is Changing India*。蘇尼爾．吉爾納尼的 *The Idea of India*，係介紹獨立後時

期經濟史、政治史的佳作，他的 *Incarnations: India in 50 Lives* 一書，檢視印度大歷史，但也扼要介紹重要人物的生平。得過諾貝爾獎的經濟學家 阿瑪蒂亞・森，其所著的 *The Argumentative Indian*，以一連串文章講述印度的歷史和印度如何影響、塑造其文化認同。Katherine Frank 的 *Indira: The Life of Indira Nehru Gandhi*，介紹世上第二位民選領袖的生平，引人入勝，而 Coomi Kapoor 的著作，*The Emergency: A Personal History*，詳述英迪拉暫時中止民主進程之事。晚近談印度經濟的著作，包括 Edward Luce 的 *In Spite of the Gods*、John Elliott 的 *Implosion: India's Tryst with Reality*、James Crabtree 的 *Billionaire Raj.* 卡皮爾・科米雷迪的著作 *Malevolent Republic: A Short History of the New India*，不留情批判當今政治。最後，Katherine Boo 的 *Behind the Beautiful Forevers*、Sonia Faleiro 的 *The Good Girls: An Ordinary Killing*，深入剖析了印度城鄉窮人的生活，並特別著重於女人的困境。

圖片出處說明

p. 12: © Trustees of the British Museum; p. 20: Author unknown, courtesy of Ismoon (talk) 18:08, 21 February 2012 (UTC)-Own work, courtesy of Wikimedia Commons; p. 29: Author unknown, courtesy of Mahavir Prasad Mishra via Wikimedia Commons; p. 36: Photo12/ Ann Ronan Picture Library/ Alamy Stock Photo; p. 37: Syed Muhammad Naqvi, CC BY-SA 3.0, via Wikimedia Commons; p. 39: Unknown author. Own work; photographed by Smuconlaw on 28 April 2012, 15:46:56, CC BY-SA 3.0; p. 51: Richard Brown/ Alamy Stock Photo; p. 56: Biswarup Ganguly-Enhanced image of, CC BY-SA 3.0; p. 64: No machine-readable source provided. Own work assumed (based on copyright claims), CC BY 2.5; p. 64: Photo Dharma from Sadao, Thailand-022 Cave 1, Padmapani, CC BY 2.0; p. 73: Nirinsanity-Own work, CC BY-SA 4.0; p. 77: Los Angeles County Museum of Art, Public domain, via Wikimedia Commons; p. 84: Made in Kota, Rajasthan, India-Public domain, via Wikipedia Commons; p. 87: Clifton & Co. Leiden University Library, KITLV, image 377922 Collection page Southeast Asian & Caribbean Images (KITLV), Public domain, via Wikipedia Commons; p. 88: Author unknown, via https://indophilia.tumblr.com/post/58451347626/ raziyya-al-din-usually-referred-to-in-history, p. 113: Nandanupadhyay-Own work, CC BY-SA 3.0; p. 114: Metropolitan Museum of Art, Public domain, by Govardhan, via Wikipedia Commons; p. 118: Marcin Bia ek-Own work, CC BY-SA 3.0; p. 123: Ustad Mansur-Hermitage, St. Petersburg, Public domain, via Wikipedia Commons; p. 128: Kristian Bertel-Own work, CC BY-SA 4.0; p. 130: Cordanrad, Public domain, via Wikipedia Commons; p. 135: Nathaniel Dance, (later Sir Nathaniel Dance-Holland, Bt) (died 1811), Public domain, via Wikipedia Commons; p. 140: Market scene, Calcutta, West Bengal. Coloured etching by François Balthazar Solvyns, 1799, CC BY 4.0; p. 150: Benjamin West-British Library, Public domain, via Wikipedia Commons; p. 155: Victoria and Albert Museum, CC BY-SA 3.0; p. 162: Copyright unknown, 'Charmers of Serpents,'

The Penny Magazine, 9 February 1833, 49, via https://reynolds-news.com/2021/07/18/victorian-snakes/#_ ftnref13; p. 164: India Post, Government of India-[1] [2], GODL-India, via Wikipedia Commons; p. 168: Elizabeth Thompson, Scanned copy of the painting in the Tate Gallery, Public domain, via Wikipedia Commons; p. 175: Artist unknown, via https://www.amarchitrakatha.com/; p. 181: Willoughby Wallace Hooper, pictured dated 1876-78, Wellcome Library The Shortest History of India pages.indd 265 4/3/22 10:33 am 266 Image credits Image Catalogue, WW Hooper Group of Emaciated Young Men, India Famine 1876-78, Public domain, via Wikipedia Commons; p. 187: George Grantham Bain Collection (Library of Congress). This image is available from the United States Library of Congress's Prints and Photographs division under the digital ID ggbain.16113, Public domain, via Wikipedia Commons; p. 195: Kanu Gandhi-gandhiserve.org, Public domain, via Wikipedia Commons; p. 200: Unknown author -[1] [2] A very similar image published in Muhammad Ali Jinnah: A Political Study by Matlubul Hassan Saiyid (Lahore: Shaikh Muhammad Ashraf, 1945), frontispiece. Copyright expired 1995. First Time People in Pakistan, Public domain, via Wikipedia Commons; p. 201: Yann (talk), Scanned by Yann (talk), Public domain, via Wikipedia Commons; p. 204: Royroydeb, Anonymous, Public domain, via Wikipedia Commons; p. 221: Unknown author, http://www.outlookindia.com/printarticle. aspx?290562, Public domain, via Wikipedia Commons; p. 224: By Tatiraju. rishabh at English Wikipedia, CC BY 3.0; p. 228: U.S. News & World Report photographer Warren K. Leffler. This image is available from the United States Library of Congress's Prints and Photographs division under the digital ID cph.3c34157, Public domain, via Wikipedia Commons; p. 236: Bart Molendijk/ Anefo, Nationaal Archief, CC BY-SA 3.0 nl; p. 241: Ayman Aumi, CC BY-SA 4.0; p. 246: Naveenpf-File:ABD 0165.JPG, File:Rahul Gandhi in Ernakulam, Kerala.jpg, CC BY-SA 3.0.

名詞對照表

三～四畫

三相神 *Trimūrti*
久納爾 Chunar
大夏 Bactria
大壺節 Kumbh Mela
大雄 Mahāvīra
大幹道 Grand Trunk Road
大輪 *cakra*
山奇 Sanchi
中印友好 Hindi-Chini Bhai Bhai
丹迪 Dandi
《五卷書》*Pañcatantra*
什拉瓦納貝拉戈拉 Śravaṇa Beḷagoḷa
公事包政治 briefcase politics
天衣派 Digambara
太陽神蘇利耶 Surya
巴尼伯德 Panipat
巴布爾 Babur
《巴布爾回憶錄》*Baburnama*
巴布爾清真寺 Babri Masjid
巴克提 bhakti
巴拉尼 Barani
巴拉馬爾 Bharamal
巴哈杜爾・沙一世 Bahadur Shah I
巴哈杜爾・沙・札法爾 Bahadur Shah Zafar
巴夏姆 A. L. Basham
巴特納 Patna
巴納 Banā
巴森 Bassein
巴道尼 Badauni
巴爾・甘格達爾・提拉克 Bal Gangadhar Tilak
巴赫馬尼王朝 Bahmani
巴羅達的蓋克瓦德王朝 Gaekwads of Baroda
戈達瓦里 Godavari R.
戈爾孔達 Golconda
文森・史密斯 Vincent Smith
木爾坦 Multan
比亞斯河 Beas River
比哈爾 Bihar
比賈布爾 Bijapur
比德爾 Bidar
比魯尼 al-Biruni(Alberuni)
毛拉 mullah
火祭 *yajna*

五畫

加茲尼 Ghazni
加茲尼的馬哈茂德 Mahmud of Ghazni
加爾各答 Calcutta
加齊／聖戰士 *ghazi*
卡皮爾・科米雷迪 Kapil Komireddi
卡奇奇瓦哈氏族 Kachchwaha
卡姆蘭 Kamran
卡韋里河 Kaveri R.
卡瑙傑 Kanauj
卡爾納提克 Carnatic
卡爾塞瓦克 kar sevak
卡瑪拉吉 K. Karmaraj
古吉拉特邦 Gujarat
古爾人 Ghurids
古爾伯加 Gulbarga
史丹利・鮑德溫 Stanley Baldwin
尼札姆 Nizam
尼克・羅賓斯 Nick Robins
布卡 Bukka
布里 Puri
布里哈迪希瓦拉 Brihadishwara
布哈拉 Bukhara
布路沙布邏 Purushapura
布爾漢普爾 Burhanpur
布蘭達爾瓦札 Buland Darwaza
本生／闍陀伽 *Jātaka*
本德爾肯德 Bundelkhand
札希爾丁・巴布爾 Zahir al-Din Babur
札敏達爾 *zamindar*
正法官 Officer of Righteousness
瓜廖爾的辛迪亞王朝 Scindias of Gwalior
瓦拉納西 Varanasi
瓦朗加爾 Warangal
瓦爾那制 varṇas
瓦濟德・阿里・沙 Wajid Ali Shah
瓦蘇德夫・巴爾旺特・帕德克
Vasudev Balwant Phadke
甘吉 Kāñcī
甘吉布勒姆 Kanchipuram
甘地 Mohandas Karamchand Gandhit
生死輪迴 saṃsāra
白匈人 White Hun
皮尤研究中心 Pew Research Center

六畫

伊本・白圖泰 Ibn Battuta
伊納雅特・汗 Inayat Khan
伊勒圖米什 Iltutmish
伊斯瑪儀派 Ismailis
伐達摩那 Vardhamāna
全印印度教徒大會 All-India Hindu Mahasabha
再生族 *dvija*
《列王紀》*Shahnama*
匈那人 Hūṇas
印多爾的霍爾卡爾王朝 Holkars of Indore

七畫

八畫

拉傑普特人 Rajputs
拉賈斯坦 Rajasthan 邦
拉爾・巴哈杜爾・夏斯特里
Lal Bahadur Shastri
拉維河 Ravi
拉齊婭丁 Raziyya al-Din
拘尸那揭羅 Kuśinagara
昌達・薩希卜 Chanda Sahib
昌德拉謝卡爾 Chandrashekhar
易卜拉欣・洛迪 Ibrahim Lodi
東尼・約瑟夫 Tony Joseph
林伽 liṅgam
朋迪治里 Pondicherry
果亞 Goa
法 dharma
法塔赫布爾西格里 Fatehpur Sikri
法爾曼 *farman*
波西斯（波斯）Persis
波斯波利斯 Persepolis
舍爾・沙・舒里 Sher Shah Suri
金德納格爾 Chandernagore
阿卜杜勒・拉札克 Abd Al-Razzaq
阿尤卜・汗 Ayub Khan
阿卡利黨 Akali Dal
阿布勒法茲勒 Abu'l-fazl
阿瓦德 Awadh
阿克巴 Akbar
阿克巴・沙 Akbar Shah
《阿克巴傳》*Akbar-nama*
阿利亞人 Ārya
阿里亞納 Ariana
阿里格爾 Aligarh
阿拉丁・哈勒吉 Ala al-Din Khalji
阿拉姆・沙 Alam Shah
阿拉姆語 Aramaic
阿拉哈巴德 Allahabad
阿契美尼德王朝 Achaemenids
阿約提亞 Ayodhya
阿迪勒沙王朝 Adil Shahs
阿旃陀 Ajanta
阿傑梅爾 Ajmer
阿富汗布爾 Afghanpur
阿斯卡里 Askari
阿塔爾・比哈里・瓦巴依 Atal Bihari Vajpayee
阿爾貝魯尼 Alberuni
阿爾突尼亞 Altunia
阿爾喬特 Arcot
《阿爾塔薩斯特拉》*Arthaśāstra*
阿瑪蒂亞・森 Amartya Sen
阿德瓦尼 L. K. Advani
阿闍世 Ajātaśatru
《阿闥婆吠陀》*Atharva Veda*
非暴力 *ahiṃsā*

九畫

信德 Sindh
剎帝利 *kṣatriya*
哈利斯坦 Khalistan
哈里亞納 Haryana
哈拉帕 Hrappā
哈勒吉王朝 Khalji
哈斯蒂納普爾 Hastināpura
哈爾 J. C. Harle
威廉・布萊頓 William Brydon
威廉・本廷克勛爵 Lord William Bentinck
威廉・達林坡 William Darlymple
威廉・瓊斯 William Jones
拜拉姆・汗 Bairam Khan
查圖蘭迦 chaturanga
柯森男爵 Baron Curzon of Kedleston
毗闍耶那伽羅 Vijayanagara
《毗濕奴往世書》*Viṣṇupurāṇa*
洛迪王朝 Lodi
科米雷迪 K. S. Komireddi, Kapil Komireddi
科欽 Cochin
科羅曼德爾 Coromandel
約瑟夫–佛朗索瓦・狄普雷克斯
Joseph-François Dupleix
約翰・馬歇爾爵士 Sir John Marshall
約翰・馬爾孔 John Malcolm
約翰・基伊 John Keay
約翰・莫利 John Morley
胡格利河 Hugli R.
胡馬雍 Humayun
英迪拉・甘地 Indira Gandhi
迦毗羅衛 Kapilavastu
迦梨陀娑 Kālidāsa
迦提 jāti
迦膩色伽 Kaniṣka
首陀羅 *śūdras*

十畫

俱盧之野 Kurukshetra
俱盧族 Kauravas
〈原人歌〉Poem of the Primeval Man
哲羅王朝 Ceras
埃米爾 amir
夏希・塔魯爾 Shashi Tharoor
夏希王朝 Shahi
夏希德・哈米德 Shahid Hamid
《娑摩吠陀》*Sama Veda*
庫特卜丁・艾伊巴克 Qutb ud-din Aybak
庫特卜丁・穆巴拉克 Qutb al-Din Mubarak
庫特卜沙王朝 Qutb Shahs
旃陀羅・笈多一世 Candra Gupta I
旃陀羅笈多（孔雀王朝統治者）Candragupta
旃陀羅笈多・孔雀 Candragupta Maurya
栗特 Sogdiana
根戈德里 Gangotri
根韋里瓦拉 Ganweriwala

格爾吉爾 Kargil
桑傑・甘地 Sanjay Gandhi
桑德羅科托斯 Sandrokottos
泰米拉帕拉尼河 Tamiraparani R.
泰米爾之虎 Tamil Tigers
泰米爾納德 Tamil Nadu
泰格・巴哈杜爾 Tegh Bahadur
浦那 Pune
海德・阿里 Hyder Ali
海穆 Hemu
烏里瑪 ulema
烏帕迪亞亞・巴努坎德拉・加尼 Upadhyaya Bhanucandra Gani
烏斯塔德・曼蘇爾 Ustad Mansur
烏滸河 Oxus
特蘭奎巴 Tranquebar
班伯・加斯科瓦涅 Bamber Gascoigne
真納 Mohmmad Ali Jinnah
笈多 J. L. Gupta
納瓦卜 nawab
納拉辛哈・拉奧 Narasimha Rao
納倫德拉・莫迪 Narendra Modi
納納・薩希卜 Nana Saheb
納圖拉姆・高德西 Nathuram Godse
索姆納特神廟 Somnath temple
索瑪 *soma*
耆那教 Jain
般度族 Pāṇḍavas
茱迪絲・布朗 Judith Brown
貢根 Konkan
馬利克・卡富爾 Malik Kafur
馬杜賴 Madurai
馬拉納迦 Mallanaga
馬拉塔語 Marathi
馬拉塔聯盟 Maratha Confederacy
馬欣達五世 Mahinda V
馬哈拉施特拉 Maharashtra
馬哈納迪河 Mahanadi R.
馬圖拉 Mathura
馬爾瓦 Malwa
馬穆魯克／奴隸王朝 Mamluk
馬蘇德 Ma'sud
高韋里河 Cauvery R.
高爾 Gaur

十一畫

勒內・格魯塞 René Grousset
勒克瑙 Lucknow
勒基加爾希 Rakhigarhi
國大黨正式要求者派 Congress(Requisitionists)
國大黨組織派 Congress(O)
國民陣線 National Front
基桑・巴布拉奧・哈札雷 Kisan Baburao 'Anna' Hazare
婆羅多 *Bharata*
婆羅多國 Bharat Varsha
婆羅米文 Brāhmī
婆羅門祭司 *purohita*
婆羅摩笈多 Brahmagupta
密西拉古拉 Mihirakula
密拉特 Meerut
悉達多・喬達摩 Siddhārtha Gautama
排燈節 Diwali
敏托勛爵 Lord Minto
曼杜 Mandu
曼荼羅 mantra
曼莫漢・辛格 Manmohan Singh
梅瓦爾 Mewar
《梨俱吠陀》*Ṛg Veda*
梵天 Brahma
犁車族 Lichchavi
理查・韋爾茲利 Richard Wellesley
畢爾拉 Birla Corporation
莫拉爾吉・德賽 Morarji Desai
莫逖拉爾・尼赫魯 Motilal Nehru
訥爾默達河 Narmada R.
鹿野苑 Sarnath
麥加斯蒂尼 Megasthens

十二畫

傑赫勒姆河 Jhelum River
凱西 R. G. Casey
勝利者塞琉古一世 Seleucus Nicator
勞倫斯・詹姆斯 Lawrence James
喬賽亞・柴爾德 Josiah Child
提林斯 Tiryns
提婆・羅耶二世 Deva Rayā II
提普蘇丹 Tipu Sultan
斯利那加 Srinagar
斯塔福德・克里普斯 Stafford Cripps
普里特毗羅闍・喬漢 Prithviraj Chauhan
普里特毗羅闍三世 Prithviraj III
普拉西 Plassey
普拉克里特語 Prākrit
普拉亞格拉傑 Prayagraj
無政府狀態 mātsyanyāya
《發現印度》*The Discovery of India*
筏蹉衍那 Vātsyāyana
筏羅訶 Varāha
菩提伽耶 Bodh Gayā
華氏城 Pāṭaliputra
華倫・黑斯廷斯 Warren Hastings
菲爾多西 Firdausi
訶里訶羅 Harihara
貴霜人 Kuśāṇas
費爾干納 Ferghana
費蓋河 Vaigal R.
費魯茲・沙・圖格魯克 Firuz Shah Tughluq
超日王旃陀羅・笈多 Candra Gupta Vikramaditya

開伯爾山口 Khyber
雅利安人 Āryan
黑天 Krishna/ Krsna

十三畫

塔克西拉 Taxila
塔拉因 Tarain
塞林伽巴丹 Seringapatam(Srirangapatnam)
塞建陀・笈多 Skanda Gupta
塞迦人 Shakas
塞蘭坡 Serampore
奧里薩 Odisha
奧朗則布 Aurangzeb
奧斯曼・阿里・汗，尼札姆 Nizam Osman Ali Khan
《奧義書》*Upanișhads*
《愛經》*Kāmasūtra*
愛德溫・蒙塔古 Edwin Montagu
愛德蒙・伯克 Edmund Burke
新乘佛教 Navayana Buddhism
溫迪亞 Vindhya 山脈
溫蒂・多尼格 Wendy Doniger
督察使 *dhamma-mahāmātta*
聖大衛堡 Fort St David
聖雄 Mahatma
賈瓦哈拉爾・尼赫魯 Jawaharlal Nehru
賈汗季 Jahangir
《賈汗季回憶錄》*Jahangirnama*
賈奈爾・辛格・賓德蘭瓦勒 Jarnail Singh Bhindranwale
賈拉拉巴德 Jalalabad
賈拉爾丁・哈勒吉 Jalal al-Din Khalji
賈納塔達爾黨 Janata Dal
道阿卜地區 Doab
達瓦南皮耶・皮耶達西 Devanāmpiya Piyādassi
達拉・舒科赫 Dara Shukoh
達曼 Daman
達爾豪西勛爵 Lord Dalhousie
達薩人 Dāsa
達羅毗荼 Dravidian
達羅毗荼進步聯盟 DMK
雷金納德・戴爾 Reginald Dyer
鳩摩羅・笈多 Kumāra Gupta

十四～十六畫

僧伽 saṇgha
圖格魯克王朝 Tughluq
撤離印度運動 Quit India
瑪昌德拉・古哈 Ramachandra Guha
蒙兀兒王朝 the Mughals
蒙塔茲・瑪哈爾 Mumtaz Mahal
蓋克瓦德王朝（巴羅達） Gaekwad of Baroda
赫萊比德 Halebid
德里大會 Delhi Durbar
憍薩羅 Kosala
摩奴法典 *Manu Smriti*
摩亨佐-達羅 Mohenjo-daro
摩揭陀 Magadha
潘地亞王朝 Pāṇḍyas
羯陵伽國 Kalinga
遮婁其王朝 Cālukyas
穆札法爾・江格 Muzaffar Jung
穆伊努丁・奇什蒂 Mu'inuddin Chishti
穆因丁・奇什蒂 Mu'in al-Din Chishti
穆罕默德・古里 Muhammad Ghuri
穆罕默德・賓圖格魯克 Muhammad bin Tughluq
穆爾克 ul-Mulk
穆爾希達巴德 Murshidabad
錫瓦吉 Śivaji
錫拉吉・烏道拉 Siraj ud-Daula
闍耶帕拉 Jayapāla
頻毗娑羅 Bimbisara
默哈伯利布爾 Mahabalipuram
默提莫・惠勒爵士 Sir Mortimer Wheeler
默蘇利珀德姆 Masulipatam

十七畫以上

檀車節 Rath Yatra
聯合省 United Provinces
《薄伽梵歌》*Bhagavad Gitā*
謝爾登・波洛克 Sheldon Pollock
謝赫・阿卜杜拉 Sheikh Abdullah
謝赫・穆吉布爾・拉赫曼 Sheikh Mujibur Rahman
賽亞・霍爾威爾 Josiah Holwell
賽義德・艾哈邁德・汗 Sayyid Ahmad Khan
賽義德王朝 Sayyid
邁索爾 Mysore
齋浦爾 Jaipur
薩巴 *sabhā*
薩瓦爾卡爾 V. D. Savarkar
薩米提 *Samiti*
薩利姆・奇什蒂 Salim Chishti
薩拉斯瓦蒂河 Saraswatī River
瓊・威爾森 Jon Wilson
羅米拉・塔帕爾 Romila Thapar
羅伯特・克萊夫 Robert Clive
羅睺 Rahu
羅摩 Ram
羅闍 raja
羅闍羅闍 Rājarāja
羅闍羅闍希瓦拉神廟 Rājarājeshvara
難陀王朝 Nanda daynasty
蘇巴斯・昌德拉・博斯 Subhas Chandra Bose
蘇尼爾・吉爾納尼 Sunil Khilnani
蘇拉特 Surat
蘇非行者 Sufi mystics
蘇達斯 Sudās
蘇爾 Sur

印度五千年簡史：
從古代文明的廢墟到新興的超級大國

The Shortest History of India

作　　者——約翰・祖布日茨基（John Zubrzycki）
譯　　者——黃中憲
封面設計——ayen
內文設計——劉好音
執行編輯——羅凡怡
責任編輯——劉文駿
行銷業務——王綬晨、邱紹溢
行銷企劃——曾志傑、劉文雅
副總編輯——張海靜
總 編 輯——王思迅
發 行 人——蘇拾平
出　　版——如果出版
發　　行——大雁出版基地
地　　址——台北市松山區復興北路 333 號 11 樓之 4
電　　話——（02）2718-2001
傳　　真——（02）2718-1258
讀者傳真服務—（02）2718-1258
讀者服務 E-mail— andbooks@andbooks.com.tw
劃撥帳號　19983379
戶　　名　大雁文化事業股份有限公司
出版日期　2023 年 2 月　初版
定　　價　480 元
I S B N　978-626-7045-83-1

國家圖書館出版品預行編目資料

印度五千年簡史：從古代文明的廢墟到新興的超級大國／約翰・祖布日茨基（John Zubrzycki）著；黃中憲譯．– 初版．– 臺北市：如果出版：大雁出版基地發行，2023. 02
面；公分
譯自：The Shortest History of India
ISBN 978-626-7045-83-1（平裝）

1. 印度史

737.01　　112000475